Think tank 智库

重庆综合经济研究文库

分析宏观形势 · 预测区域发展 · 提供决策服务

重庆建设国际物流与运营组织中心研究

孙永福
易小光 等著

中国经济出版社
CHINA ECONOMIC PUBLISHING HOUSE
北 京

图书在版编目（CIP）数据

重庆建设国际物流与运营组织中心研究／孙永福等著．—北京：中国经济出版社，2023.3
ISBN 978-7-5136-7211-5

Ⅰ．①重… Ⅱ．①孙… Ⅲ．①国际物流-运营管理-研究-重庆 Ⅳ．①F259.1

中国国家版本馆 CIP 数据核字（2023）第 014234 号

审图号：GS 京（2023）0645 号

策划编辑　姜　静
责任编辑　郑　潇
责任印制　马小宾
封面设计　久品轩

出版发行　中国经济出版社
印 刷 者　河北宝昌佳彩印刷有限公司
经 销 者　各地新华书店
开　　本　710mm×1000mm　1/16
印　　张　15
字　　数　250 千字
版　　次　2023 年 3 月第 1 版
印　　次　2023 年 3 月第 1 次
定　　价　78.00 元
广告经营许可证　京西工商广字第 8179 号

中国经济出版社 **网址** www.economyph.com **社址** 北京市东城区安定门外大街 58 号 **邮编** 100011
本版图书如存在印装质量问题，请与本社销售中心联系调换（联系电话：010-57512564）

课题组成员名单

总报告　重庆建设国际物流与运营组织中心研究

课题顾问

孙九林　中国工程院　院士

郭华东　中国科学院　院士

向仲怀　中国工程院　院士

杨永斌　中国工程院　院士

白和金　中国宏观经济研究院原院长、研究员

王昌林　中国宏观经济研究院院长、研究员

课题组长

孙永福　中国工程院　院士

易小光　重庆市综合经济研究院院长、研究员

课题副组长

丁　瑶　重庆市综合经济研究院总经济师、研究员

技术负责人

邓兰燕　重庆市综合经济研究院科研处处长、推动成渝地区双城经济圈建设研究中心负责人、研究员

余贵玲　重庆市综合经济研究院经济咨询研究中心主任、研究员

课题组成员

林仲洪　中国铁路经济规划研究院副院长、教授级高工

苟文峰　重庆市综合经济研究院统筹城乡发展研究中心处长、研究员

李　林　重庆市综合经济研究院城市和区域经济研究室主任、研究员

李　权　重庆市综合经济研究院技术经济研究中心副处长、高级经济师

赵炜科　重庆市综合经济研究院统筹城乡发展研究中心副处长、高级经济师

牛　丰　中国铁路总公司办公厅高级工程师

张　超　重庆市综合经济研究院经济形势分析室主任、助理研究员

贾静涛　重庆市综合经济研究院 GIS 空间应用实验室副主任、助理研究员

张　佳　重庆市综合经济研究院投融资研究室主任、副研究员
王文文　重庆市综合经济研究院内控管理室主任、副研究员
杜　婷　重庆市综合经济研究院科研处副处长、高级经济师
张海荣　重庆市综合经济研究院科研处综合室主任、高级工程师

分报告一　重庆国际物流与运营组织中心的功能及目标研究

课题组长

李连成　中国宏观经济研究院交通运输所副所长、研究员

课题组成员

王杨堃　中国宏观经济研究院交通运输所技术中心主任、研究员
贺兴东　中国宏观经济研究院交通运输所技术中心副主任、研究员
卢　越　中国宏观经济研究院交通运输所博士

分报告二　重庆建设国际物流与运营组织中心的现实需求与问题

课题组长

钱丽萍　重庆大学经管学院教授

课题副组长

杨翩翩　重庆大学经管学院副教授
王　睿　重庆大学可持续发展研究院副教授

课题组成员

李　华　重庆大学工程科教中心教授
王懿瑶　重庆大学经管学院博士生
叶菲菲　重庆大学经管学院博士生
梁多琰　重庆大学经管学院硕士生
曹燕敏　重庆大学经管学院硕士生
王茂田　重庆大学经管学院硕士生
江荣杰　重庆大学经管学院硕士生
田　甜　重庆大学经管学院硕士生

特别鸣谢

罗雨泽　国务院发展研究中心外经部副部长、研究员

张立群　国务院发展研究中心宏观部研究员

王心源　中国科学院空天信息创新研究院研究员

金凤君　中国科学院地理科学与资源研究所研究员

肖金成　中国宏观经济研究院国地所原所长、研究员

汪　鸣　中国宏观经济研究院交通运输所所长、研究员

张文涛　交通运输部科学研究院研究员

阮宝君　中国工程科技发展战略重庆研究院原副院长

张　松　中国工程院学部办公室处长

李　华　中国工程科技发展战略重庆研究院办公室副主任、教授

黄朝永　重庆市委副秘书长、市委财办常务副主任

王济光　重庆市政协副秘书长

陈德敏　重庆大学原党委常务副书记、副校长、教授

马述林　重庆市发展改革委原副主任

胡红兵　重庆市口岸物流办副主任

张奇瑞　中铁二院重庆公司总规划师、高级工程师

李国田　重庆市商务委规划发展处处长

唐忠伟　重庆市经信委研究室主任

杨黾勉　重庆市政府口岸物流办规划处副处长（主持工作）

黄　伟　重庆机场集团监事会主席、重庆航空产业研究会会长

周树林　渝新欧（重庆）物流有限公司监事长

黄　继　重庆港务物流集团有限公司副总经理

韩　超　西部物流园国际物流枢纽公司副总经理

目 录

总报告

重庆建设国际物流与运营组织中心研究

建设西部陆海新通道物流和运营组织中心，是国家交给重庆市的重大历史任务。2016 年 1 月，习近平总书记视察重庆，对重庆提出建设内陆国际物流枢纽和口岸高地的指示，加快建设内陆开放高地。2019 年 8 月 15 日，国家发展改革委印发了《西部陆海新通道总体规划》（发改基础〔2019〕1333 号），其中明确要求，重庆要充分发挥位于“一带一路”和长江经济带交汇点的区位优势，建设通道物流和运营组织中心，同时，明确了重庆是西部陆海新通道两大主通道起点、内陆国际物流分拨中心和内陆口岸高地等的功能目标。建设西部陆海新通道物流和运营组织中心（以下简称运营中心），是重庆建设内陆开放高地的核心内容和支撑。重庆市委、市政府认真落实国家部署，2020 年 6 月，设立西部陆海新通道物流和运营组织中心，为重庆市政府口岸物流办管理的正处级公益一类事业单位，作为各地政府协商共建西部陆海新通道的常设机构，为运营中心的建设提供专门的组织服务。

建设国际物流与运营组织中心，是对西部陆海新通道物流和运营组织中心的拓展和深化，对重庆及西部地区发展意义重大。重庆建设国际物流与运营组织中心，源于西部陆海新通道规划赋予重庆的功能，《西部陆海新通道总体规划》中明确了西部陆海新通道是“推进西部大开发形成新格局的战略通道、连接‘一带’和‘一路’的陆海联动通道、支撑西部地区参与国际经济合作的陆海贸易通道、促进交通物流经济深度融合的综合运输通道”，这四项战略定位有着特定含义。重庆建设的国际物流与运营组织中心，也有别于西部陆海新通道物流和运营组织中心，我们认为，其功能和作用虽源于此但不仅限于此，也不应该局限于此，其主要是为西部服务，但重点在于建设成为国际物流与运营组织中心，包括以西部陆海新通道为代表的铁路，也包括公路（南彭）、航空、水运、管道。重庆将之延伸扩充为公铁水空管立体交通体系，并依托这一国际物流与运营组织中心为重庆内陆开放高地建设、国内国际双循环新格局构建和成渝地区双城经济圈建设发挥更大支撑作用。运营中心的建设，有利于发挥重庆区位优势，促进重庆及西部地区全面融入国家对外开放战略；有利于放大重庆产业优势，培育重庆推进高质量发展的新动能；有利于发挥重庆体制优势，提升重庆带动西部地区发展的能力；有利于优化区域发展的营商环境，提升重庆内陆开放的综合竞争力。

重庆建设国际物流和运营组织中心具备良好的基础优势。已初步构建起东向、西向、南向、北向四大国际物流通道体系，西向的中欧班列（重庆）和南向的西部陆海贸易新通道是当前重庆开放发展过程中最具活力和影响力的两条国际物流大通道。渝新欧班列开创了内陆与欧洲陆上快捷国际物流贸易的先河，为建立完善的跨国协调机制积淀了丰富的经验。中新（重庆）战略性互联互通示范项目成为两国合作新亮点，在金融服务、航空、交通物流和信息通信技术等重点合作领域探索出诸多有益经验和丰硕成果，为运营中心建设奠定了政策环境和实践基础。

完整、准确、全面贯彻新发展理念，推进高水平对外开放，加快构建以国内大循环为主体、国内国际双循环相互促进的新发展格局，要强化顶层设计，依托我国超大规模市场优势，以国内大循环吸引全球资源要素，增强国内国际两个市场两种资源联动效应，提升贸易投资合作质量和水平。这就要求，重庆贯彻落实党中央决策部署，加快建设国际物流和运营组织中心，促进资源要素高效配置，形成推动高水平对外开放的强大合力，在国际竞争中赢得主动、取得实效。本项目通过深入分析和系统谋划国际物流与运营组织中心的主要功能、形态布局、体制机制设计、实现路径和政策研究，有助于重庆加速或率先集聚发展要素，放大枢纽作用、做强通道经济、提升开放水平、形成示范效应，带动和引领西部地区形成开发开放新格局。

一、支持重庆建设国际物流与运营组织中心的意义

在新发展格局下，争取国家支持，加快建设综合性国际物流与运营组织中心，打造西部陆海新通道物流和运营组织中心的升级版，对充分发挥重庆“一带一路”与长江经济带连接点、内陆国际物流枢纽、国际消费中心城市作

用，抢抓《区域全面经济伙伴关系协定》（Regional Comprehensive Economic Partnership，RCEP）国际经济合作战略机遇，统筹西部地区对外通道和物流资源，改善长期以来制约内陆地区经济发展的物流成本过高问题，加快推动成渝地区双城经济圈建设，服务国内国际双循环新发展格局具有重要现实意义。

（一）促进“一带一路”与长江经济带高质量发展有机衔接的客观需要

随着全球地缘政治格局深度调整，次区域经济合作成为全球开放合作新趋势。加快打造国际物流与运营组织中心，有利于加快落实共建“一带一路”倡议，推动西部陆海新通道建设与“一带一路”倡议、长江经济带战略贯通融合，形成覆盖中国西部地区、辐射欧亚的战略大环线，对中国有效应对国际风险挑战具有重要意义。把重庆建设成为对东盟、欧盟等“一带一路”沿线的转口贸易中心和国际物流枢纽，有利于统筹推进中欧班列与西部陆海新通道建设，促进“一带一路”沿线国家和地区重要枢纽节点互联互通，有助于实施更大范围、更宽领域、更深层次对外开放，助力我国形成陆海内外联动、东西双向互济的开放格局。

（二）服务构建新发展格局和确保产业链供应链自主可控的战略需要

重庆是西部地区唯一直辖市和国家重要的中心城市，打造国际物流与运营组织中心，有利于重庆发挥作为西部陆海新通道、中欧班列、长江黄金水道联结点的战略区位优势，将西部陆海新通道从物流通道打造成经济通道，加快打造国内国际双循环重要战略枢纽，推动产业、资本、人才等高效流动，增强通道对区域物流的辐射带动能力，在服务和融入新发展格局上展现新作为。推动形成连接中国西部与欧洲、中亚、东盟市场的战略中转枢纽，增强国际商品多式联运和物流分拨集散功能，有助于降低内陆地区物流综合成本，引导产业链随着国际产业分工体系的变化有序向我国内陆地区转移并合理布局，破解部分行业“高端回流”“低端外迁”发展困局，从供给和需求两端保障产业链、供应链安全稳定发展。

（三）贯彻落实扩内需战略和培育建设国际消费中心城市的现实需要

重庆作为中西部地区唯一入选国家首批培育建设的国际消费中心城市，迫切需要发挥国际物流枢纽、通道的支撑作用，提升国际国内消费的承载力、集聚力和辐射力。争取打造重庆国际物流与运营组织中心，以国际消费中心城市和具有巴蜀特色的国际消费目的地建设为契机，依托国际物流枢纽畅通需求端和供给端，激活占我国西部地区30%人口规模的成渝地区双城经济圈的市场潜力，有助于发挥川渝两地在区域发展中的辐射带动作用，统筹国际国内两个市场、两种资源，加快释放西部地区巨大的内需潜力，为我国扩大内需提供新的空间。

（四）打造带动全国高质量发展的重要增长极和新动力源的内在需要

聚焦“畅通道、建平台、优服务、促经贸、兴产业”，加快建设内陆国际物流枢纽和口岸高地，有助于重庆围绕扩大服务业开放综合试点及国际消费中心城市建设等深入推进投资、贸易等体制机制改革创新，做大做强通道经济、枢纽经济、口岸经济，加快培育经济新业态、新模式，提升内陆开放型经济能级，助力打造西部地区重要经济增长极，有力撬动西部地区发展，进而有效带动全国高质量发展。将国际物流与运营组织中心建在重庆，有利于发挥重庆大通道、大口岸、大物流综合优势，进一步提升通道运营能力，提高西部地区的物流组织效率，在更高水平上充分利用国内国际两个市场、两种资源，激活沿线国家和城市资金流、信息流、物流、商流，增强区域经济发展活力和动力。

二、重庆建设国际物流与运营组织中心的基础

（一）重庆在西部地区的引领带动辐射作用不断彰显

1. 在国家战略中的地位逐步提升

重庆历来发挥着重要的战略枢纽功能。作为中国著名的历史文化名城，以之为中心的巴渝地区是中华民族的发源地之一。重庆地处我国东西接合部，长江和嘉陵江交汇处，具有承接东西、传递南北的特殊区位，从3000多年史料记载来看，重庆一直发挥着地区物资集散地功能，在清朝中晚期发展为长江上游地区的物资集散中心，昔日四川学使宋公讳衡所作“巴歈四章”之一中写道：“宇内人争聚，区中货拥关。”新中国成立以来，尤其是改革开放和直辖以来，随着立体交通枢纽的不断构建和完善，开放平台和功能的不断提

升，重庆逐步成为西部乃至中西部地区重要的交通枢纽和内河口岸，目前已基本建成内陆开放高地，西部地区的重要增长极、长江上游地区的经济中心的功能逐步彰显。

重庆在国家战略布局中的地位不断提升。随着我国经济社会的快速发展和国家发展战略的不断深化，重庆在国家发展战略中的地位不断提升。1994年，江泽民同志视察重庆，提出打造“长江上游经济中心”。1997年，重庆直辖，中央赋予重庆四大任务。2002年，胡锦涛同志考察重庆，提出“重庆作为长江上游的工商业重镇和连接我国中西部的一个重要战略枢纽，在实施西部大开发的战略中应该走在前列”。2007年，胡锦涛同志为重庆发展“导航定向”，作出“314”总体部署，同年重庆获批全国统筹城乡综合配套改革试验区。党的十八大以来，习近平总书记亲自为重庆发展导航定向，提出了“两点”定位、“两地”“两高”目标、发挥“三个作用”和营造良好政治生态的重要指示。2020年，习近平总书记亲自谋划、亲自部署、亲自推动成渝地区双城经济圈建设，提出“使成渝地区成为具有全国影响力的重要经济中心、科技创新中心、改革开放新高地、高品质生活宜居地，打造带动全国高质量发展的重要增长极和新的动力源”。2021年，国务院批准重庆开展国际消费中心城市培育建设。直辖以来，特别是党的十八大以来，重庆始终牢记党中央赋予的历史使命，以改革开放为动力，深度融入国家战略，在高质量发展、改革开放创新、生态建设等领域积极探索，在构建现代经济体系方面取得积极进展。搭建了以两江新区、重庆自贸区、中新示范项目、高新区等为主体的开发开放平台，形成了电子信息、汽车、装备制造等九大支柱产业；内陆开放高地建设初见成效，建设大通道、大枢纽、大平台，中欧班列（重庆）、西部陆海新通道开创全国先河；作为三峡库区腹心之地和长江上游地区，生态文明建设和生态环境保护制度体系加快形成，在“一带一路”倡议和长江经济带、西部大开发等战略中起到了带头示范作用，在国家区域发展战略中的地位日渐提升。

2. 经济地理区位优势明显

重庆作为我国中西部地区唯一的直辖市，地处丝绸之路经济带、西部陆海新通道、长江经济带大通道联结点，是西部地区唯一具有铁公水空多式联运条件和江海联运条件的城市，也是我国东西互济、海陆统筹重要的战略腹地、战略要地、战略节点，在我国对外开放格局中发挥着东西互济功能、南北互通枢纽的重要作用。依托中欧班列（渝新欧）、西部陆海新通道、空中丝绸之路等陆海空通道，连接欧洲、亚太、东盟三大经济圈，在以国内大循环为主体、国内国际双循环相互促进的新发展格局中，发挥着联结国内国际双循环的战略枢纽作用，在国际商品要素集散、推动形成强大国内市场、维护全球供应链稳定等方面发挥着不可替代的作用。目前，重庆已形成铁公水空四式联运、东西南北四向齐发通道体系，为重庆建设西部陆海新通道物流和运营组织中心奠定坚实的基础。

3. 综合经济实力西部领先

党的十九大以来，重庆深入贯彻新发展理念，深化供给侧结构性改革，不断优化空间结构，综合经济实力明显提升，区域辐射引领作用不断增强。

经济规模不断壮大。直辖以来，重庆经济持续快速增长，体量不断壮大。2020 年，重庆地区生产总值（GDP）突破 2.5 万亿元，是 1997 年的 16.4 倍，年均增长 12.9%；占西部地区比重由 2000 年的 9.8% 上升至 2020 年的 11.9%（见图 1-1、图 1-2）。人均 GDP 突破 8 万元，居西部地区第一位。领军企业加速集聚，“世界 500 强”企业有 296 家入驻重庆，本土企业上榜 2020 年“中国企业 500 强”“服务业企业 500 强”数量分别达到 15 家、23 家，居西部地区第一位。

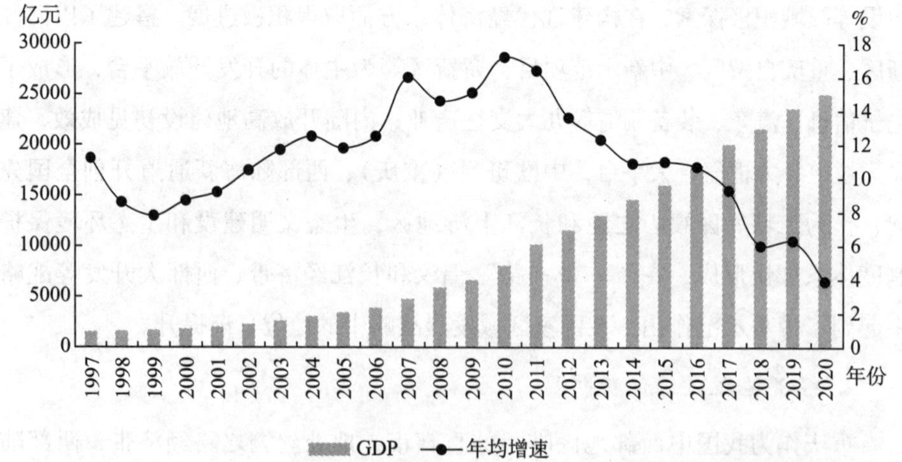

图 1-1　重庆直辖以来 GDP 及增速变化情况

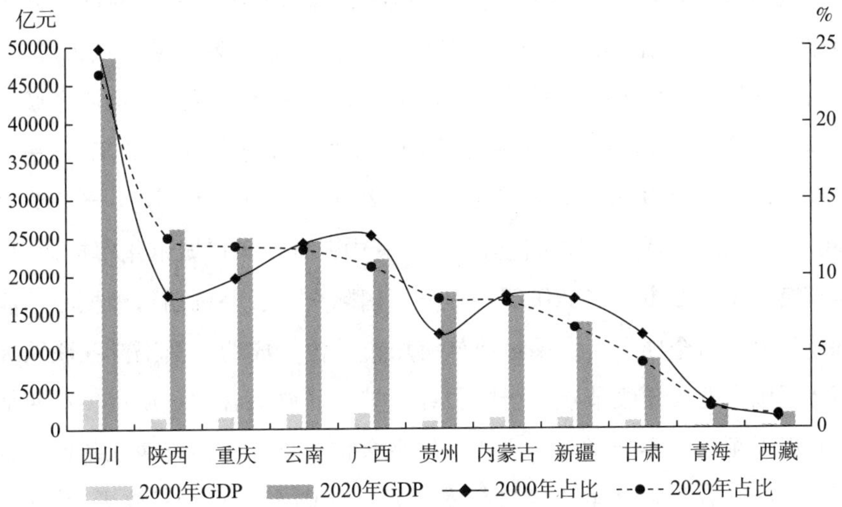

图 1-2　2000 年、2020 年西部各省份 GDP 及占西部地区比重

现代产业体系加速完善。重庆产业门类齐全，拥有全国 41 个工业大类中的 39 个。产业结构持续调整，三次产业结构由直辖初的 19. 1∶40. 9∶40 调整为 2020 年的 7. 2∶40. 0∶52. 8。支柱产业集群化发展步伐加快。建成汽车、电子两个 5000 亿级产业集群，笔记本电脑产量占全球的 1/3 左右、手机产量占全国的 10%左右、汽车产量占全国的 10%左右、摩托车产量占全国的 35%左右，成为全球最大的笔记本电脑基地和国内最大的汽车基地，装备、化医、材料、消费品、能源等产业规模均迈上千亿级台阶。战略性新兴制造业和高技术制造业发展势头迅猛。“芯屏器核网”全产业链加快构建，机器人、新材料、新能源汽车、节能环保、生物医药、页岩气和高端交通装备等新兴产业加速集聚。战略性新兴产业和高技术产业增加值占规模以上工业增加值比重分别由 2015 年的 13. 3%和 12. 4%提高到 2020 年的 25. 0%和 19. 1%，成为拉动工业经济增长的主要动力。服务业内部结构不断优化。新兴金融、国际物流、电子商务及跨境结算等战略性新兴服务业正加快培育，在产业结构中的地位和作用持续提高。2020 年，重庆服务业增加值 1. 32 万亿元，居西部城市第二位，经济增长贡献率达到 52. 8%。

城市服务集聚能力快速提升。积极对接融入“一带一路”倡议和长江经济带、成渝地区双城经济圈等国家重大战略，深入实施“一区两群”协调发展战略。城市空间结构不断拓展，国家中心城市功能不断完善，城市影响力、竞争力显著提升。城市空间承载能力明显增强。城市发展重点由原主城9个区扩至主城都市区21个区，面积由5479.72平方千米拓展至2.87万平方千米，经济体量、常住人口数量也由9334.22亿元、919.55万人分别扩大至18180亿元、2027万人，体量优势突出。其中，常住人口城镇化率接近70%，居西部第一位。城市发展能级明显提升。国际交往、科技创新等核心功能要素加速汇聚，居全球十大发展最快旅游城市首位，成功入围工业互联网标识解析体系国家五大顶级节点、全国服务业扩大开放综合试点城市，对西部地区的辐射引领作用不断增强。产业载体平台扩容提质。拥有两江新区、重庆高新技术产业开发区、重庆经济技术开发区等国家级开发开放平台，荣昌、永川升级为国家级高新区，铜梁、涪陵、潼南正在积极争取创建国家级高新区，产业未来发展的平台载体支撑不断强化。

创新引领潜力加速释放。近年来，重庆聚焦“智造重镇”“智慧名城”，深入实施以大数据智能化为引领的创新驱动发展战略，创新活力和创造潜能不断释放。2020年，重庆综合科技创新水平居全国第七位、西部第一位。创新投入持续提高。2020年，重庆R&D经费投入强度为2.1%，有研发机构的规模以上工业企业占比预计达到25%，规模以上工业企业研发投入占西部总量的26%以上，居全国第四位、西部第一位。万人发明专利拥有量达到11.3件，专利授权数居西部第三位。2020年西部各省份专利授权数见图1-3。创新平台加快建设。西部（重庆）科学城、两江协同创新区建设稳步推进，成功引进中科院大学重庆学院、中国工程科技发展战略重庆研究院、北京理工大学重庆创新中心、中电科联合微电子中心、英特尔FPGA中国创新中心等国内外知名高校院所和企业88家，累计建设新型研发机构142家、国家重点实验室10家。创新主体持续壮大。腾讯西南区域总部、科大讯飞西南总部等大数据智能化行业标杆企业纷纷入驻，拥有誉存科技、云从科技、猪八戒等多家“独角兽”企业。截至2020年底，高新技术企业、科技型企业数量分别达到4222家、26371家。

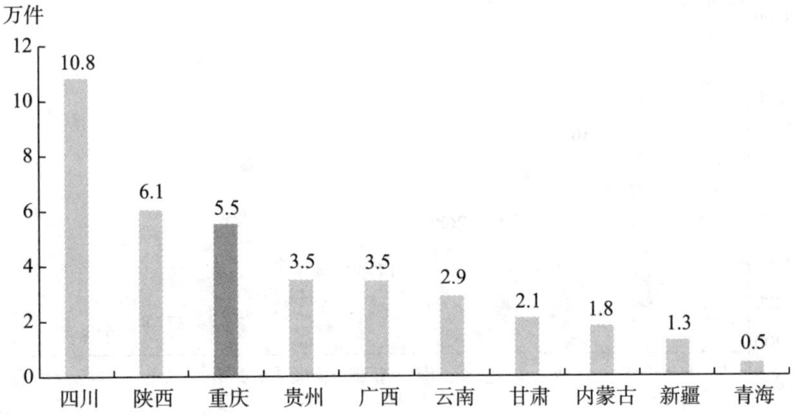

图 1-3　2020 年西部各省份专利授权数

4. 对外开放水平西部领先

近年来，重庆紧抓国家“一带一路”、长江经济带、西部陆海新通道建设的新机遇，全面推进通道、平台、口岸、市场主体和营商环境建设，开放型经济发展水平显著提高。

开放型经济发展成效显著。目前，重庆累计引进外商投资超过千亿美元，6000 余家外商投资市场主体贡献了全市 50%以上的进出口总额，已经成为重庆对外开放的“主力军”。截至 2020 年底，“世界 500 强”企业已落户 296 家，居西部第二位。2020 年，实现货物进出口总额 6513. 4 亿元，占西部地区货物进出口总额的 22. 2%，居西部第二位。其中，重庆对东盟、美国、欧盟三大贸易伙伴分别进出口 1121. 7 亿元、1076. 5 亿元、1037. 8 亿元，占重庆总额比重分别为 17. 2%、16. 53%、15. 9%。2020 年西部各省份进出口总额和实际利用外资额见图 1-4、图 1-5。

对外通道建设日趋完善。重庆积极推进“四向”通道功能拓展，构建起东向、西向、南向、北向和航空五大国际通道体系。中欧班列（渝新欧）、西部陆海新通道、长江黄金水道等多种运输方式协同布局，“通道+枢纽+网络”的高效立体运行体系加快构建。截至 2020 年底，中欧班列（重庆）累计开行 7600 班，运输货值年年稳居中欧班列全国第一位，在不断壮大的“钢铁驼队”中始终发挥着先行者和中流砥柱的作用；西部陆海新通道的铁海联运通

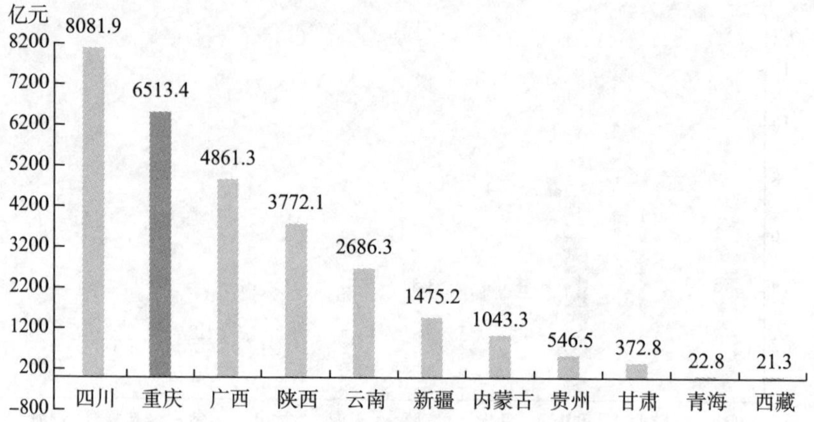

图 1-4　2020 年西部各省份进出口总额

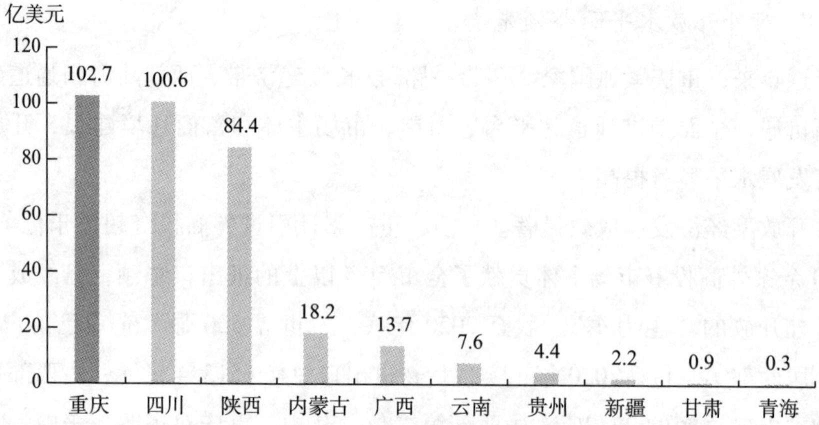

图 1-5　2020 年西部各省份实际利用外资额

道网络由 35 个国家（地区）的 58 个港口扩展至 107 个国家（地区）的 315 个港口，联运班列累计开行突破 3000 列，占西部陆海新通道铁海联运班列总量的 1/3，提升了西部地区对外开放整体水平。江北国际机场开通国际航线 101 条，通达 33 个国家 74 个城市，周边地区货物经重庆港中转比重超过 45%。

专栏 1-1 重庆对外通道体系建设情况

向东：依托长江黄金水道、渝甬沿江铁海联运国际班列等，以果园港、重庆国际物流枢纽园区（团结村）为起点，融入长江经济带，并通过上海、宁波等港口与全球市场联通。实施外贸货物三峡优先过闸机制，每天保持3班以上通行，开行渝甬沿江铁海联运班列，满足了长江货运需求。

向西：以重庆国际物流枢纽园区（团结村）为起点，依托中欧班列（渝新欧），形成国际铁路联运大通道，连通欧洲丝绸之路经济带沿线国家，已成为“一带一路”倡议的重要载体，将重庆与欧洲、中亚、南亚、东南亚紧紧联系在一起。通道全长约 11000 千米，运营线路达到 20 条，境外集结点和分拨点涵盖 15 个国家 30 多个城市，境外分拨点超过 40 个，运行时间约 15 天（海运 45 天），平均每天开行 4~5 班，运输货物主要覆盖 IT 产品、整车及零配件、食品药品、国际邮件等。目前，重庆获批建设中欧班列集结中心。2020 年，中欧班列（渝新欧）开行 2431 列，增长 60%，运输货值 900 亿元，增长 65%，居全国第一位。

向南：在中新（重庆）战略性互联互通示范项目合作框架下，重庆深入推进西部陆海新通道建设，形成了铁海联运班列、国际铁路联运班列、跨境公路班车 3 种物流组织运营模式。西部陆海新通道连接中南半岛国家及新加坡，全长约 1100 千米，运输时间 39.1 小时，已实现“天天班”双向对开，目的地覆盖全球 96 个国家的 226 个港口。运输货物涵盖汽车整车及零配件、轻工及医药产品、粮食、生鲜冻货等 300 余个品类。2020 年，国际铁海联运班列开行 1297 班，累计开行数量和货值均居全国第一位。

向北：依托第一欧亚大陆桥，以重庆国际物流枢纽园区（团结村）为起点，创新开设渝满俄国际铁路联运班列，经俄罗斯直达中东欧，覆盖俄罗斯及中东欧国家，全程运行时间约 10 天，平均每周开行 2~3 列。截至 2020 年底，“渝满俄”班列已累计发运 2680 班，其中 2020 年开行 1355 列，占比超过 50%。货品主要覆盖整车零部件、木材、工业中间产品等。

空中：江北国际机场是国家十大枢纽机场之一，重庆江北国际机场年旅客吞吐量为4479万人次，单日航班起降突破1000架次，位列全国机场第九。2020年，开通国际（地区）航线101条，开通国际（地区）货运航线22条，形成了覆盖全球的航空网络。全市空运出港货物主要是电子器材、高档服饰、生鲜产品和快件等高附加值以及时效性高的商品。

开放开发平台引领带动作用凸显。近年来，重庆开放开发平台体系不断完善，形成“战略平台+园区平台+功能平台+活动平台”的平台体系。目前，重庆国家级开放平台达到20个，形成了“1+2+7+10”的对外开放平台体系，是中西部地区开放开发平台最多、开放资源最丰富的地区。重庆相继获批建设港口型、陆港型、空港型国家物流枢纽，成为全国唯一兼有陆港型、港口型国家物流枢纽的城市。江津综合保税区、涪陵综合保税区、果园保税物流中心（B型）实现封关运行，永川综合保税区成功获批建立。两江新区、国家级保税区、国家级开发区利用外资达到56.7亿美元，占全市利用外资总量的76.9%。中新（重庆）战略性互联互通示范项目（以下简称中新示范项目）、自由贸易试验区（以下简称自贸区）对外资吸引力较强，其中自贸区大项目招商推进有力，成功引进星光国际精准医疗创新中心等百亿级项目，外向型产业集聚效果明显，区内新设外资企业数占全市的20%，外贸进出口占全市的70%。展会平台成为利用外资重要渠道，2021年重庆西洽会、智博会总计签约项目451个，合同金额超过6100亿元。

口岸服务功能更加完善。目前，水陆空立体口岸体系基本形成，口岸功能日渐完善，口岸经济日趋成熟。获批保税航油、出入境免税商店、过境144小时免签证、跨境贸易电子商务综合试验区等多项重大改革试点，拥有4个对外开放口岸和9类指定进口商品口岸功能①，口岸经济发展业态更加多元化。建立了多国海关“一卡通”协调机制，与沿海沿边口岸实现了信息互换、功能共享、监管互认、执法互助。建成重庆国际贸易“单一窗口”，进出通关

---

① 4个对外开放口岸：江北国际机场航空口岸、重庆港水运口岸、铁路口岸、万州机场；9类指定进口商品：进口汽车整车、药品、进境肉类、粮食、水果、冰鲜水产品、食用水生动物、植物种苗、毛坯钻石。

便捷度进一步提升。截至2020年底，累计申报业务量5500万票左右，报关单量保持中西部第一位，取得了全国“第一票货物申报”等7项全国率先，实现口岸“7×24”小时通关全覆盖和国内关区通关一体化。

开放环境优化呈现新亮点。开放型经济体制改革深入推进，营商环境持续改善，开放型经济发展政策措施不断完善。一是营商环境不断优化。成为中西部地区唯一入选营商环境创新试点城市，整体营商环境居中西部前列，成功被纳入世界银行评价中国营商环境的样本城市之一。二是多式联运体系不断健全。依托西部陆海新通道物流和运营组织中心，建立“一次委托”“一次保险”“一单到底”“一次结算”的多式联运服务模式，形成改革创新案例并上报商务部。三是推动陆上贸易规则不断创新。持续深化“铁路运单物权凭证属性”改革创新，探索建立连通海上与陆上贸易物流金融新规则，积极推介铁路提单运行模式，实现了跨境铁路提单融资、结算便利化、常态化。四是自贸区制度创新持续发力。出台自贸区条例，设立“一带一路”法律服务研究中心和“陆海贸易新通道”法律服务研究中心。在知识产权保护等重点领域开展实施制度型开放，协同攻关，形成“关银一 KEY 通”等16项自主培育改革创新成果，10项在全市推广，1项向全国推广。

5. 交通信息网络西部领先

目前，重庆已形成水陆空立体综合交通基础设施网络，综合交通网络平均密度及公路网、铁路网、内河航运密度均居西部前列，支撑能力明显提升。

国家综合立体交通网络3条主轴2条走廊1条通道在重庆汇集。重庆依托高速铁路、高速公路、长江黄金水道等，融入全国交通网络，构建起横贯东西、纵贯南北的综合交通骨干网络。在“6条主轴7条走廊8条通道”的国家综合立体交通网主骨架中，有3条主轴、2条走廊、1条通道在重庆交会，国家综合交通枢纽战略地位更加突出。

重庆纳入国家“八纵八横”高速铁路通道数量居周边城市首位。在国家“八纵八横”高速铁路通道中有京昆通道、包（银）海通道、兰（西）广通道、沿江通道、厦渝通道等“三纵二横”经过重庆，居周边城市之首。

形成了“一枢纽十一干线”铁路网。目前，重庆拥有成渝高铁、渝万高铁、兰渝铁路、成遂渝铁路、渝利铁路、渝昆高铁、襄渝铁路、渝怀铁路、成渝铁路、渝贵铁路、川黔铁路 11 条干线铁路，形成联通全国乃至欧洲、东北亚、中亚、南亚、东南亚的国内国际铁路大通道（见图 1-6）。2020 年，重庆铁路营业里程 2394 千米，其中高铁里程 896 千米，占比 37.4%。

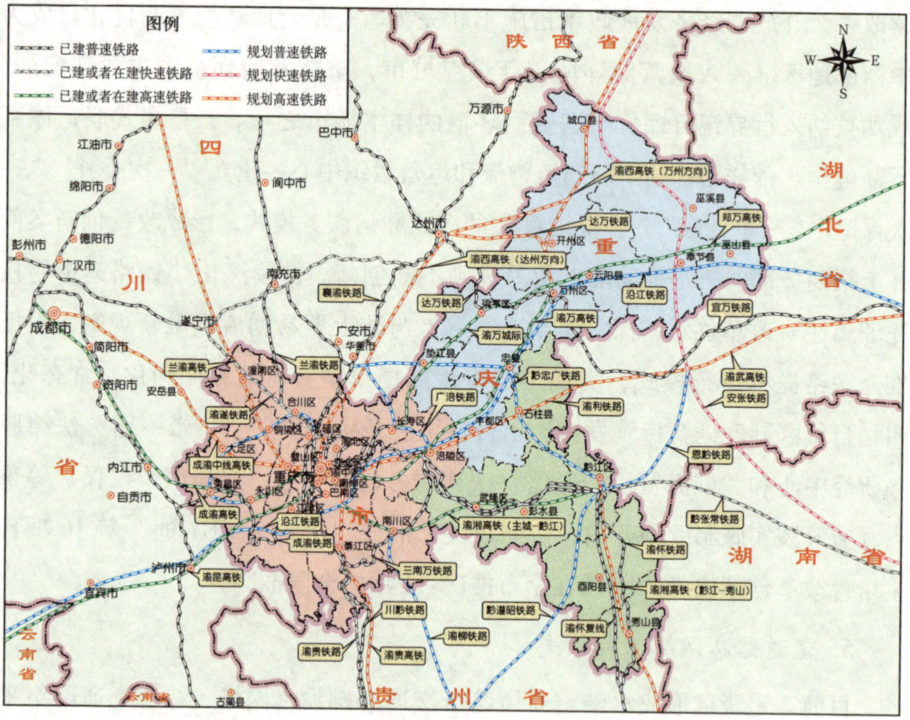

图 1-6　铁路空间分布示意图

重庆纳入国家“7 射 11 纵 18 横”的高速公路通道数量居西南地区第一位。国家“7 射 11 纵 18 横”① 高速公路网中有包茂、兰海、银昆、百银、沪蓉、沪渝等“四纵二横”经过重庆，居西南地区之首。

① “7 射 11 纵 18 横”：“7 射”指 7 条首都放射线，北京—上海、北京—台北、北京—港澳、北京—昆明、北京—拉萨、北京—乌鲁木齐、北京—哈尔滨；“11 纵”指 11 条北南纵线，鹤岗—大连、沈阳—海口、长春—深圳、济南—广州、大庆—广州、二连浩特—广州、包头—茂名、银川—百色、兰州—海口、银川—昆明、呼和浩特—北海；“18 横”指绥芬河—满洲里、珲春—乌兰浩特、丹东—锡林浩特、荣成—乌海、青岛—银川、青岛—兰州、连云港—霍尔果斯、南京—洛阳、上海—西安、上海—成都、上海—重庆、杭州—瑞丽、上海—昆明、福州—银川、泉州—南宁、厦门—成都、汕头—昆明、广州—昆明。

形成了“三环十二射多联络”高速公路网。目前，重庆依托高速公路网，串联全市 38 个区县及通达成都、贵阳、遂宁、泸州、广安、达州、遵义等周边城市，全面实现“4 小时重庆、8 小时周边”的目标（见图 1-7）。2020 年，重庆高速公路通车总里程 3402 千米，路网密度 219 千米/百平方千米。

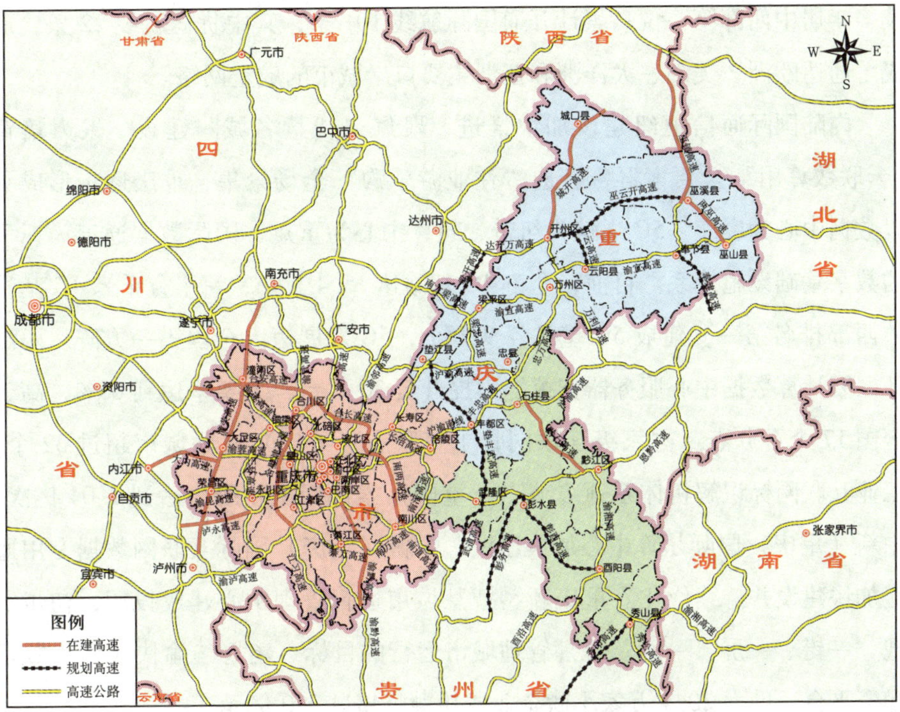

图 1-7　高速公路空间分布示意图

长江上游航运中心初具雏形。重庆是长江上游乃至中国西部最大的内陆港口城市，形成了以长江为主，嘉陵江和乌江为辅的“一干两支”航道网络和“四枢纽九重点”① 现代化港口集群。重庆港跻身长江亿吨大港之列，成为内陆最大港口。2020 年，重庆内河港口货物吞吐量 1.66 亿吨，集装箱吞吐量突破 100 万箱。

① “四枢纽九重点”：“四枢纽”指果园港、江津珞璜港、涪陵龙头港、万州新田港四大枢纽港；“九重点”指江北寸滩、永川朱沱、渝北洛碛、长寿胡家坪、丰都水天坪、忠县新生、奉节夔门、合川渭沱、武隆白马等专业化重点港口。

形成了“一大四小”机场格局①。重庆拥有江北国际机场、万州五桥机场、黔江武陵山机场、武隆仙女山机场、巫山机场，形成了“一大四小”机场格局。目前，第二国际机场前期工作有序推进，未来将形成“两大四小多点”机场群。2020 年，空港货物吞吐量 41.28 万吨，其中国际货邮吞吐量连续多年居中西部第一位；累计开通国际航线 101 条，其中货运航线 22 条，形成了通达欧洲、美洲、大洋洲和亚洲主要口岸城市的航空网络。

内陆国际通信枢纽建设加快推进。聚焦“智慧名城”建设，聚力培育“云联数算用”全要素群，打造“住业游乐购”全场景集，重庆逐步形成了以数据中心为底座、5G 通信为纽带、超算中心为重点、国际数据通道为抓手的数字基础设施体系。目前，全市 4G 基站达 15.4 万个，每平方千米 4G 基站数西部排名第一；建成 5G 基站 4.9 万个，5G 发展迈入全国第一方阵。两江新区云计算数据中心服务器支撑能力提升至 30 万台，上架率达到 65%，高于全国 17 个百分点。国家级互联网骨干直联点（重庆）直联城市超过 32 个，工业互联网标识解析体系顶级节点（重庆）累计标识注册量达到 1.04 亿次。中新（重庆）国际超算中心加快建设，中新（重庆）国际互联网数据专用通道加快建设并持续优化。重庆新型智慧城市运行管理中心建成投用，初步实现“一键、一屏、一网”统筹管理城市运行的目标。建立“渝快融”大数据融资平台，助力 20.4 万家小微企业成功融资超过 320 亿元。

6. 物流发展水平西部领先

围绕建设内陆国际物流枢纽和口岸高地的目标，重庆大力推动物流通道、口岸、园区等建设，优化物流业发展环境，保持物流业良好发展态势。

物流业不断提质增效。在开放型经济发展及物流大通道、大枢纽、大口岸加快带动下，重庆物流业发展进一步加快，发展环境不断优化。物流费用持续下降。2015—2020 年，重庆货物运输量由 10.46 亿吨升至 12.14 亿吨，而交通运输、仓储和邮政业增加值占 GDP 比重由 4.8% 降至 3.8%（见

---

① “一大四小”机场格局：“一大”指重庆江北国际机场；“四小”指万州五桥机场、黔江武陵山机场、重庆巫山机场、武隆仙女山机场。

图 1-8）。物流运输结构持续优化。2020 年，重庆公路货运量 9.97 亿吨，占总货运量比重为 82.1%，较 2015 年下降了 1.4 个百分点；水路货运量 2.1 亿吨，占总货运量比重为 16.3%，较 2015 年上升了 1.6 个百分点。在西部陆海新通道、中欧班列（渝新欧）的带动下，铁路货运量快速增长。2020 年，重庆铁路运输量 1878.45 万吨，其中铁路国际标准集装箱吞吐量 31.76 万标准箱，同比增长 31.2%。物流企业快速发展集聚。目前重庆交通运输企业 11.2 万户，车辆规模在 100 台以上企业 500 多户，营业收入百亿级、十亿级和亿级物流企业分别达到 1 家、11 家和 70 家，并引进了美国安博、意大利维龙等一批“世界 50 强”物流企业。

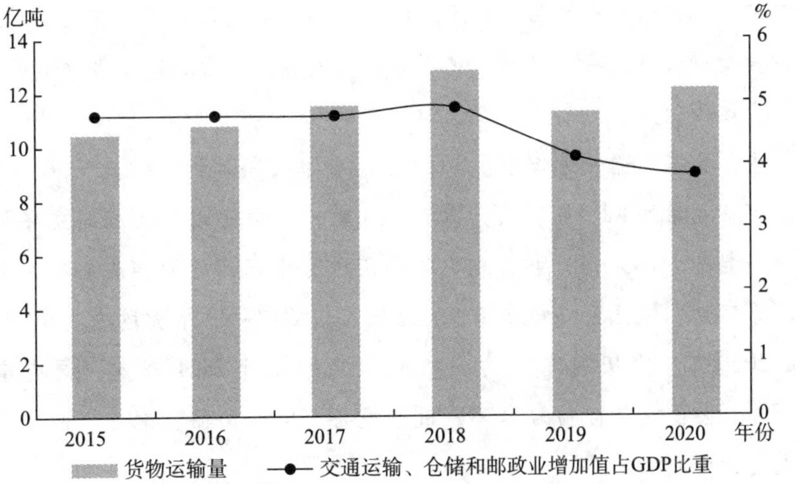

图 1-8　2015—2020 年重庆货物运输量情况

专栏 1-2　铁公水空运输情况

在西部陆海新通道、中欧班列（渝新欧）带动下，重庆对“一带一路”沿线国家的物流量快速增长，物流辐射区域范围进一步扩大。

国际铁路物流增长势头强劲。在西部陆海新通道和中欧班列（渝新欧）带动下，2020 年重庆国际铁路吞吐量 31.76 万标准箱，占全市国际集装箱量的 21.7%。其中，中欧班列（渝新欧）占全市国际铁路货运量的 45%。

2020年，中欧班列（渝新欧）开行2431列，占全国中欧班列开行量的1/3，重箱折列、运输货值均居全国第一位。从货物类型看，去程货物主要是电子信息产品、出口整车、汽车零配件、轻工产品、机械产品、工艺工业用品和日用品等；回程货物主要是进口整车、医药及医药器械、奶粉、木材、电子通信、机电、轻工等产品。从货源地看，去程货物西南地区占30%、华东地区占27%、华南地区占43%；回程货物德国集结区占52%、波兰集结区占17%、俄罗斯集结区占30%、其他地区占1%。2020年，西部陆海新通道开行1297列，同比增长36.2%。其中，下行外贸货物运输占比68%，上行外贸货物运输占比7%。上行货物以矿物性建筑材料、化工原料及制品、轻工及医药产品、非金属矿石、粮食等为主，下行货物以机械设备及电器、化工原料及制品、粮食、轻工及医药产品、有色金属等为主。

国际公路运输快速发展。2020年，全市公路运输货运量9.97亿吨，占全市货运量的82.1%。从货物流向来看，全市公路货物流向主要为东向（包括东北和东南）和西向，表明重庆与中东部省份和成渝城市群经济联系密切。依托公路物流基地，面向东盟的国际公路货运物流①快速发展。2020年，重庆对东盟的公路班车共计发行2821车次，同比增长40.5%。去程主要货物为摩配、机电设备、电子产品、配件，回程主要货物为生活用品。

水运货物出口规模领先。2020年，重庆内河港口货物吞吐量1.98亿吨，水运集装箱分别占全市外贸集装箱数量和出口值的90%和50%以上，市外货物占全市水运周转量的45%左右。重庆长江水运主要依托长江黄金水道，通过江海联运将货物运至上海洋山港、宁波港等，抵达世界各国。水运出渝货物主要有汽车、家电、机电设备等产品，入渝货物主要为铁矿石等大宗原材料产品。

---

① 重庆已开行重庆南彭—广西凭祥—越南河内（东线、纯公路运输）、重庆南彭—广西钦州港—东盟各国（东线复线、陆海联运）、重庆—广西凭祥—泰国曼谷（中线、纯公路运输）3条东盟公路五定班车线路。

航空货运量稳步增长。2020 年，重庆航空货运量 13.24 万吨，空港货物吞吐量 41.28 万吨。重庆现有国际地区货运航线 22 条，航点覆盖法兰克福、阿姆斯特丹、莫斯科、芝加哥、哈恩、悉尼、亚的斯亚贝巴等城市，形成了通达欧洲、美洲、大洋洲和亚洲主要口岸城市的航空网络。全市通过空运出港的货物主要是电子器材、高档服饰、生鲜产品和快件等高附加值以及对实效性要求高的商品。

构建起“3+12+N”① 物流园区布局。围绕铁路、水港、空港和公路等交通干线及枢纽，在全市初步形成以重庆国际物流枢纽园区、重庆航空物流园、果园港物流园 3 个枢纽型物流园区为核心，江津珞璜物流园、涪陵龙头港物流园、万州新田港物流园、南彭公路物流基地等 12 个节点型物流园区为辅助，N 个区县配送型物流园区为补充的“3+12+N”市域物流园区网络布局，促使重点物流企业和项目向园区集中，物流要素加快向园区集聚，为全市物流业平稳运行提供支撑保障。目前，重庆市规划建设物流园区 65 个，其中“3+12”物流园区规划面积 182 平方千米，累计建成仓储建筑面积 876 万平方米。

物流设施服务功能西部最全。重庆是西部唯一具备铁路、水运、公路、航空等全部物流运输功能的城市，初步形成了重庆国际物流枢纽园区、江津珞璜港、果园港等物流设施平台。物流仓储设施面积西部最大。目前，全市仓储企业约 1400 家，仓储总量约 1500 万平方米，是西部物流仓储面积最大的城市。其中沙坪坝区、江津区、九龙坡区、巴南区、渝北区、两江新区等区域仓储面积均超过 100 万平方米，占全市总仓储面积的比重超过 60%，能够开展海关作业物流区域（场所）达到 21 个。物流仓储结构持续优化。随着新兴产业发展和消费升级，全市冷链仓储、医药仓储、电子商务物流仓储设施快速增长，目前重庆冷库库容、医药仓储总面积分别达到 150 万吨、120 万

① “3+12+N”：“3”指重庆国际物流枢纽园区、重庆航空物流园、果园港物流园 3 个枢纽型物流园区；“12”指江津珞璜物流园、涪陵龙头港物流园、万州新田港物流园、南彭公路物流基地、东站物流园、白市驿—双福农产品物流园、合川渭沱物流园、长寿化工物流园、永川港桥现代物流园、忠县新生港物流园、黔江正阳现代物流园、秀山（武陵）现代物流园 12 个节点型物流园区；“N”指具备城乡配送功能、主要服务于本行政区域生产生活的配送型物流园区。

平方米，京东、菜鸟、顺丰等电子商务物流仓储设施也已建成投入使用。

专栏 1-3　重庆重点物流园区情况

重庆国际物流枢纽园区。依托中铁联集重庆中心站和兴隆场编组站，以及铁路口岸和保税物流中心（B 型），建成以铁路为专业特色的综合性国际物流枢纽，截至 2019 年底，已建成面积 25 平方千米、物流仓储面积 215.2 万平方米；园区内铁路装卸线 11 条，作业线总长 5526 米。主体服务功能为铁海、铁公等国际多式联运业务，物流仓储，区域分拨配送，国际物流等，目标市场为西部地区以及“一带一路”国际国内铁路物流需求。

江津珞璜物流园。依托重庆江津综合保税区、小南垭物流中心站和珞璜长江枢纽港形成水公铁多式联运物流枢纽，现已建成铁路货运场站 1500 亩①，设计年运能 2000 万吨，拥有到发线 12 条、货物线 13 条，具备自站编组和整列到发能力。新扩建长江枢纽港区占地 1100 亩，规划年吞吐量 2000 万吨，已实现 600 万吨。主要服务重庆主城都市圈和渝西片区、辐射川南黔北及长江沿线地区，并通过铁铁、铁海、江海等国际联运通道完成国际大宗货物的集散分拨。

果园港物流园。依托果园港区和鱼嘴货运站，以及保税物流中心（B 型），已建成 16 个 5000 吨级泊位，设计年货物通过能力 3000 万吨，集装箱 400 万标准箱，物流仓储用地面积达到 3.8 平方千米。主体服务功能为江海、铁水、公水等多式联运业务，物流仓储，区域分拨配送等。目标市场为西部地区及长江沿线物流分拨需求，是长江上游多式联运综合交通枢纽和物流贸易集散中心。

重庆公路物流基地。依托南彭公路车检场和重庆南彭公路保税物流中心（B 型）以及在建铁路东环线专用货运站场，重点发展公铁、公水等国际多式联运业务，主要服务重庆全域，承接川南、黔北地区和东盟的物流分拨需求。

---

① 亩：面积公制单位，1 亩≈666.667 平方米。

重庆航空物流园。依托江北国际机场，发挥陆空联运优势，基本建成以航空为专业特色的国际航空综合物流枢纽，设计年货物通过能力110万吨，物流仓储用地面积达到8.5平方千米，主体服务功能为航空货运网络和以卡车航班为核心的陆空联运业务。目标市场为重庆全域及全球国际航空物流需求。

创新示范的多式联运综合效益初步显现。近年来，重庆发挥区位优势，积极探索联运规则和运输组织，已形成东南西北四向物流通道、铁公水空四种运输方式协同配合的多式联运物流体系。提升多式联运占比。以重庆交运集团、重庆港务物流集团为代表的多式联运经营主体逐步成长，服务模式不断创新，多式联运货量保持两位数的强劲增长，社会物流总费用占GDP比重逐年下降。创新多式联运规则。重庆开展了铁海联运“一单制”试点，创设了铁路提单，累计开出提单40余份，货值1亿元，探索建立了国际陆上贸易规则。开展多式联运示范工程。在交通运输部、国家发展改革委组织开展的3批70个国家多式联运示范项目中，重庆有3个项目入选，数量居全国省级前列。

初步构建了“13+1”区域物流协作机制。以西部陆海新通道建设为契机，区域交流与合作不断深化，探索建立常态化合作机制，物流运营组织协调能力不断增强。在争取国家支持方面取得积极突破。已建立起由国家发展改革委牵头，商务部等14个国家部委和重庆、广西、四川等5个省（区、市）共同组成的“14+5”西部陆海新通道建设省部际联席会议制度，初步搭建起西部陆海新通道沿线省市协商共建合作机制。同时，与中国国家铁路集团有限公司等的合作不断深入，在铁路班列运营线路、班列调配、铁路运价等方面给予重庆重点支持。区域合作机制不断完善。积极组织召开省际协商合作联席会议，牵头组建西部陆海新通道物流和运营组织中心、西部陆海新通道公司等跨区域合作平台，形成“13+1”省（区、市）共建格局。与阿拉山口、霍尔果斯、满洲里、凭祥、防城港、钦州港、舟山港等沿边沿海城市开展跨区域多维度合作示范，形成了南上北下、内外联动的开放格局。

国家战略叠加优势日益显现。重庆作为中西部地区唯一直辖市，在国家总体战略和区域发展格局中具有重要地位，历来是国家重大战略的主要承载地，为重庆建设国际物流与运营组织中心提供了重大的战略机遇和强有力的顶层制度保障。拥有国家重大战略聚焦优势。《国家综合立体交通网规划纲要》《成渝地区双城经济圈建设规划纲要》均明确提出要将重庆、成都打造成为国家物流枢纽、国际货运中心。当前重庆正加快推动内陆国际物流枢纽和口岸高地建设，国际国内物流集聚分拨能力不断增强，建设重庆国际物流与运营组织中心具有较好的发展潜力。拥有先行先试和政策叠加优势。重庆历来在国家改革开放中承担着先行先试的功能作用，拥有中新示范项目、重庆自贸区等制度型创新平台，有助于建设重庆国际物流与运营组织中心，软硬件兼具，拥有强大的区域性集聚、辐射和服务功能，增强集聚货物、吸引要素和平台服务的能力。

物流政策环境持续优化。近年来，重庆物流业政策体系不断完善，规划发展引领作用增强。相继出台《重庆市人民政府关于贯彻落实国家物流业发展中长期规划（2014—2020 年）的实施意见》《重庆市人民政府办公厅关于印发重庆市促进物流业发展三年行动计划（2015—2017 年）的通知》《重庆市人民政府办公厅关于印发重庆内陆国际物流分拨中心建设方案的通知》《重庆市人民政府口岸和物流办公室关于印发推动物流高质量发展实施意见的通知》等 10 余份政策文件，包括支持现代物流发展的土地、财政、税费、金融等具体政策。相关政策实施以来，累计为物流业减负超过 100 亿元。重庆市物流业政策措施见表 1-1。

表 1-1　重庆市物流业政策措施

序号	政策方向	具体条款
1	降低公路运输成本	印发《关于主城区路桥通行费征收改革的通告》，取消主城区路桥通行费，实行高速公路套餐通行费政策
2	降低码头作业成本	印发《关于取消我市交通部门货物港务费的通知》等政策文件，取消船舶行政事业性收费，实行集装箱码头作业费财政补贴与增值税返还、查验没有问题外贸企业吊装移位仓储费用免除等政策
3	降低航空物流成本	出台《重庆临空经济示范区总体建设方案》，实行国际货运航空物流补贴等政策

续表

序号	政策方向	具体条款
4	降低铁路物流成本	协调中铁总公司和各铁路分局，促成“西部陆海新通道”、“渝甬”班列分别降价 29%、45%。通过全球竞争性谈判，降低中欧班列（重庆）以及重庆至上海和深圳集装箱物流成本
5	降低税收成本	支持物流企业一体化、网络化、规模化运作，鼓励物流企业总部机构汇总申报缴纳增值税和企业所得税，降低企业税收负担；市级重点现代物流项目的纳税人，纳税确有困难的，由纳税人提出申请，经地方税务机关批准后，定期减征或免征房产税；符合条件的物流企业新招用持《就业失业登记证》人员，与其签订 1 年以上期限劳动合同并依法缴纳社会保险费的，在 3 年内按实际招用人数予以每人每年 4800 元定额标准依次扣减营业税、城市维护建设税、教育费附加和企业所得税
6	财政补贴	安排汽车整车物流、冷链物流、供应链管理、交通信息化、城市共同配送补贴等物流专项资金
7	推进多式联运发展	印发《重庆市加快推进多式联运发展工作实施意见》，在土地使用、资金争取、科研项目等方面给予一系列支持
8	完善城乡物流体系	印发《关于印发创新建设农村现代物流体系实施意见的通知》《城乡高效配送专项行动计划》等文件，整合物流资源
9	开展无车承运试点	试点企业可享受按 10%缴纳增值税、代开 3%增值税专用发票等税收优惠
10	加快物流信息化与标准化建设	制定《关于推进商贸物流标准化建设的意见》《智慧物流配送体系建设实施方案》，发布《公共配送中心建设规范》《城市共同配送企业服务质量规范》等标准规范，汇编 109 个商贸物流和供应链建设相关标准，确定 21 家企业开展物流标准化建设试点
11	推动城市共同配送	印发《城市共同配送工作方案》等文件，加快公共物流节点建设
12	保障物流用地	按照工业项目用地价格标准招拍挂，实行弹性出让方式供地，灵活设定用地出让年期
13	建设国际贸易“单一窗口”	“单一窗口”整合全市 22 家单位的 54 个系统，建成 42 项功能
14	全面实行口岸收费目录清单制度	《重庆市人民政府办公厅关于印发重庆口岸提升跨境贸易便利化若干措施（试行）的通知》（渝府办〔2018〕6 号）和《重庆市人民政府办公厅关于印发进一步支持实体经济企业健康发展若干政策措施的通知》（渝府办发〔2019〕1 号），全面实行口岸收费目录清单制度，清单之外一律不得收费，进一步降低港口作业费和集装箱进出口环节合规成本
15	物流高质量发展	《重庆市人民政府口岸和物流办公室关于印发推动物流高质量发展实施意见的通知》（渝口岸物流发〔2020〕11 号），加快物流新业态新模式发展，促进物流降本增效，健全协同配套和精准高效的物流政策体系

（二）重庆建设国际物流与运营组织中心制约因素

1. 沿线物流通道建设及运输组织尚不完善

一是沿线物流通道建设不足。西部陆海新通道沿线地区的交通互联互通不足，目前除中越班列已开通外，中老、中泰、中缅等连接中南半岛、东南亚市场的铁路建设进展缓慢。二是物流仓储配套布局不足。西部陆海新通道沿线地区在多式联运设施、分拨集散中心、仓储物流设施等方面的建设较为不足，尤其缺少需求较大的冷链物流仓储设施。三是运输组织及议价机制尚不统一。目前各省市之间存在通道运输标准不统一、运作模式不统一、服务规则不统一等问题，例如，在运输议价方面，成都铁路局、南宁铁路局对不同站点、不同集装箱的运价不统一，如对重庆团结村站点运价分别下降50%、30%，对小南垭大箱和小件实施不同运价政策等。

2. 各省市资源整合及共享机制尚不健全

一是通道资源较为分散、综合物流成本相对偏高。中西部地区物流通道建设不足，加之缺乏统筹的运营组织主体，导致资源竞争激烈、议价能力偏弱、综合物流成本偏高。例如，重庆向南至柳州东线渝怀铁路需绕行300余千米、至中线渝黔铁路需绕行93千米，向东过三峡大坝待闸成本为散货船1万元/天、滚装船3万元/天、出口集装箱>3万元/天，向北兰渝铁路运价较国铁平均运价高2.91元/箱千米。二是各类功能平台信息化建设共享不足。目前各省市尚未搭建统一的公共物流信息平台，贸易结算平台、金融服务平台等重要功能性平台建设相对滞后。不同平台之间数据互联共享交换通道未完全建立，业务规范体系、技术标准体系等缺乏统一标准。

3. 国际物流与运营组织中心资源统筹能力受到多重制约

一是国际物流与运营组织中心层面不高、运营组织功能相对单一、枢纽效能释放不足。目前尚未形成国家牵头、兄弟省市合作、重庆承担日常组织运营的机构和机制。同时，重庆拥有铁空水立体式国家枢纽，也与周边省市建立了协作机制，但依托西部陆海新通道物流和运营组织中心建设，枢纽的物流与运营组织功能主要集中在铁海联运领域，铁公水空综合运输、多式联运功能尚未形成，导致枢纽联动效能释放不足、资源重复建设问题长期存在。

二是运营组织中心投融资能力受限。陆海新通道运营有限公司注册资本仅1.6亿元，轻资产模式导致企业在资产运作、重大项目投融资等方面极为欠缺，难以支撑运营组织中心市场化拓展业务。三是创新政策未形成合力、政策协同仍需加大。部分口岸物流功能与海关监管场所配套设施不匹配，跨区域海关协作、地方检验检疫合作有待加强，国际物流通关时效有待提高。例如，重庆国际物流枢纽园区不具备综合保税功能，进口车辆需转运至西永综合保税区完成保税进口业务；团结村没有肉类进口口岸功能，需转运至寸滩保税港完成清关。

4. 多式联运、冷链物流等重点领域突破仍待深化

一是基础设施标准差异大、多式联运衔接不畅。跨境通道运输组织、运作模式、服务规则、业务规范、技术体系等缺乏统一标准，配套设施不完善，导致铁公水空多式联运面临诸多障碍。例如，越南大部分铁路是米轨，铁路集装箱班列只能运到河内；跨境公路班车不能直通，需要吊装转车。钦州港集装箱设计能力只有20万吨/年，进出港航道吃水只能满足10万吨级船舶，国际航线少，制约了国际铁海联运发展。二是冷链物流发展滞后。目前冷链物流存在集装箱设备老化、供给不足以及新兴冷链技术开发较慢等问题，难以满足陆海新通道上大量生鲜类回程货物的运输需求，也造成去程回程货运量不均衡的问题。

三、重庆建设国际物流与运营组织中心的需求与环境

（一）物流需求分析

随着西部陆海新通道、中欧班列等国际开放大通道建设深入推进，我国与欧洲、东南亚、中亚等通道沿线地区的国家开放合作和经贸往来不断加强，对国际物流的需求快速增长。

1. 产业发展的物流需求

近年来，我国经济总量快速提升，占全球经济比重不断增加，作为全球制造业中心和世界商品的主要提供者，制造业的发展对国际物流需求巨大。西部地区资源禀赋优良，随着基础设施、营商环境等改善，产业承载能力不

断增强，产业发展导致对物流需求快速增加。

重庆产业发展对物流需求旺盛。制造业高质量发展、现代服务业创新升级、现代农业规模增长等产业的发展带动全市物流需求持续增长。重庆已构建起电子、汽车等世界级产业集群，根据重庆"十四五"规划纲要以及各产业专项规划等文件，到2025年，全市规模以上工业总产值超过3万亿元，到2035年全面形成世界级先进制造业集群优势[①]；到2025年，服务业增加值规模不断扩大，占地区生产总值比重达55%左右，现代服务业增加值占服务业增加值比重达65%左右[②]；另外，2020年以来获国务院批准，开展服务业扩大开放综合试点、国际消费中心城市培育建设，重庆服务业将进一步释放新发展动能，增强竞争优势；力争实现第一产业增加值年均增长4%左右，用5~10年基本形成现代山地特色高效农业的产业体系、生产体系、经营体系[③]。未来重庆现代产业的发展将进一步扩大对物流业的市场需求，尤其是高新技术产业、战略性新兴产业、高品质商贸消费等的快速发展，将有力支撑航空物流需求较快增长。

西部地区产业发展对物流需求巨大。随着西部开发开放推进和产业向中西部地区梯度转移加快，西部地区经济进一步活跃，对物流需求进一步旺盛。中国西部地区12个省（区、市）[④] 的面积占全国总面积的72%，人口占全国总人口的29%左右。2020年西部地区12个省（区、市）GDP为213292.1亿元，占全国GDP比重由1999年的17.5%上升至21%，年均增速领先全国平均水平，经济发展促使物流运输需求持续增长。2020年，重庆、广西、贵州、甘肃、青海、新疆、云南、宁夏、陕西、内蒙古10个省（区、市）交通货运量达到106亿吨，四川、西藏货物周转量分别达到2735.4亿吨千米、158.2亿吨千米。西部地区矿产资源比较优势突出，是我国重要的战略性能源接替

① 数据来源：《中共重庆市委　重庆市人民政府关于进一步推动制造业高质量发展加快建设国家重要先进制造业中心的意见》。

② 数据来源：《重庆市人民政府关于新形势下推动服务业高质量发展的意见》（渝府发〔2020〕10号）。

③ 数据来源：《重庆市人民政府关于促进乡村产业振兴的实施意见》（渝府发〔2019〕38号）。

④ 西南五省（区、市）（四川、云南、贵州、西藏、重庆）、西北五省（区）（陕西、甘肃、青海、新疆、宁夏）和内蒙古、广西。

基地，西部省份支柱产业以装备制造、汽摩、化工、能源、钢铁、矿产等为主，产业结构决定了西部地区货物运输以大宗商品、重型产品为主，对国际铁路运输、国际铁海联运等跨境物流需求较大。特别是重庆每年煤炭需求量在4500万~5000万吨，随着重庆整体退出煤炭行业，全市煤炭供需缺口更加突出，加大国际、国内优质煤炭进口及跨区域调运成为缓解供给缺口的重要途径，也将进一步扩大西部陆海新通道货运需求。

2. 国际贸易的物流需求

随着国家“一带一路”建设的深入推进，特别是西部陆海新通道、中欧班列加快发展，重庆乃至周边地区与“一带一路”沿线国家间的物流贸易往来更加紧密，对“一带一路”沿线国家的进出口快速增长，重庆及周边地区跨境物流增长势头较强。

重庆市域内物流市场需求不断增加。重庆对“一带一路”沿线国家和地区贸易持续升温，欧洲和东盟是重庆的进出口贸易重点区域。2020年重庆进出口总额6513.4亿元，对欧洲和东盟进出口总额约2159.5亿元，占全市进出口总额的33.1%。其中，重庆对欧洲进出口额为1037.8亿元，占全市进出口总额的15.9%；重庆对东盟进出口额为1121.7亿元，占全市进出口总额的17.2%，均远超全国平均水平。根据《重庆市物流业发展中长期规划（2021—2035年）》，到2025年货运量达到16亿吨，集装箱吞吐量达到200万标准箱，航空货邮吞吐量60万吨，港口货物吞吐量2.3亿吨，多式联运货运量年均增长率15%；到2035年货运量将达到29亿吨，集装箱吞吐量300万标准箱以上，航空货邮吞吐量250万吨以上，港口货物吞吐量3亿吨以上，多式联运货运量年均增长率9%以上。

重庆腹地物流市场需求增长势头较强。通过重庆西部陆海新通道、中欧班列（渝新欧）、长江黄金水道等国际大通道，在重庆进行出口货物中转的地区和省份主要有长江中下游地区（湖北、湖南、江西、江苏、浙江、安徽、上海等）、西南地区（云南、贵州、四川）以及西北地区（新疆、甘肃、宁夏、陕西、青海）。以2020年外贸进出口额为基数，测算得到各省份外贸进出口额，如表1-2所示。

表 1-2　相关区域外贸进出口额

区域	省份	2020 年进出口额（亿元）	年均增长率（%）	2025 年预测值（亿元）	2035 年预测值（亿元）
长江中下游地区	湖北	4294.10	7	6023	11848
	湖南	4874.50	8	7162	15463
	江西	4010.10	5	5118	8337
	安徽	5406.40	6	7235	12957
	浙江	33808.00	5	43149	70284
	江苏	44500.50	8	65386	141163
	上海	34828.47	2	38453	46875
西北地区	新疆	1484.30	5	1894	3086
	甘肃	372.80	4	454	671
	青海	22.80	3	26	36
	陕西	3772.10	10	6075	15757
	宁夏	123.20	3	143	192
西南地区	四川	8081.90	10	13016	33760
	云南	2680.40	8	3938	8503
	贵州	546.52	4	665	984

根据重庆进出口额与进出口货运量关系，计算近 5 年重庆年均外贸货运生成量系数为 0.24 万吨/亿元（进出口货运量/进出口额），以及根据阿拉山口海关统计数据分析（2020 年阿拉山口海关监管进出口货运量 358.06 万吨，进出口贸易额 1653.96 亿元），经过阿拉山口的中欧班列外贸货运生成量系数为 0.22 万吨/亿元。本次测算取两者平均值，则每亿元进出口商品货运量为 0.23 万吨，根据 2020 年数据，取该值计算重庆辐射区域进出口货运量，到 2025 年、2035 年，重庆周边进出口货运需求将分别达到 4.5 亿吨、8.5 亿吨规模，按照 15%在重庆周转计算，周边区域在重庆周转外贸货运量分别约为 0.7 亿吨和 1.3 亿吨（见表 1-3）。

表 1-3　相关区域外贸货运量

区域	省份	2020 年外贸货运量（万吨）	2025 年外贸货运量（万吨）	2035 年外贸货运量（万吨）
长江中下游地区	湖北	1103	1385.3	2725.0
	湖南	1263	1647.3	3556.5
	江西	1011	1177.1	1917.5

续表

区域	省份	2020年外贸货运量（万吨）	2025年外贸货运量（万吨）	2035年外贸货运量（万吨）
长江中下游地区	安徽	1375	1664.1	2980.1
	浙江	8520	9924.3	16165.3
	江苏	11535	15038.8	32467.5
	上海	8526	8844.2	10781.3
西北地区	新疆	374	435.6	709.8
	甘肃	93	104.4	154.3
	青海	6	6.0	8.3
	陕西	996	1397.3	3624.1
	宁夏	30	32.9	44.2
西南地区	四川	2134	2993.7	7764.8
	云南	695	905.7	1955.7
	贵州	136	153.0	226.3
合计		37797	45709.7	85080.7

（二）功能性需求调查分析

打造国际物流与运营组织中心，提升物流的组织、服务能力，完善物流平台、金融、信息等软硬件配套，形成网络完善、衔接有序的物流集疏运体系，增强物流对区域产业、经贸的引领带动作用。

1. 现代化物流基础设施

现代化交通基础设施。交通基础设施和物流配送基础设施是物流行业发展的基石。近年来，随着西部陆海新通道、中欧班列等国际大通道及多式联运发展，物流企业对铁路运输、空运和河海运输的需求有所提升。调查显示，物流企业未来希望采用的运输方式为铁路运输（占比52.4%）、河运（占比34.0%）、海运（占比28.8%）（见图1-9）。52.8%的物流企业希望公路、铁路、港口、机场等不同运输方式能够实现互联互通，进一步提升物流效率、降低物流综合成本，同时，物流企业对交通枢纽基础配套设施、服务的需求不断上升，52.0%的物流企业对交通枢纽堆场、仓库、装卸设备的需求较大，44.4%的物流企业对仓储管理、装卸搬运等服务需求较强（见图1-10）。

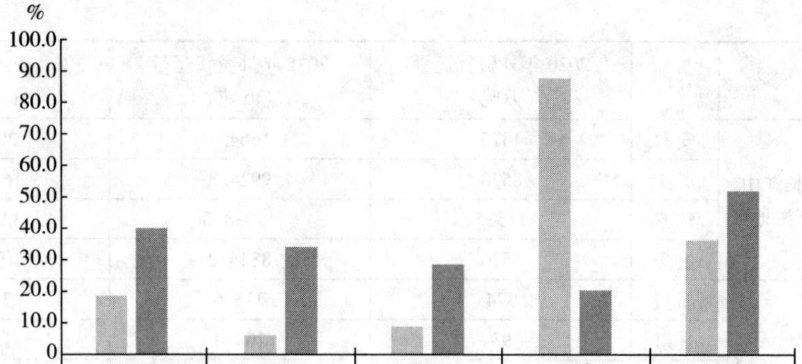

	空运	河运	海运	公路	铁路
已采取	18.8	6.4	8.8	87.6	36.4
未来希望增加	40.0	34.0	28.8	20.4	52.4

图 1-9　物流企业未来希望增加的货物配送方式

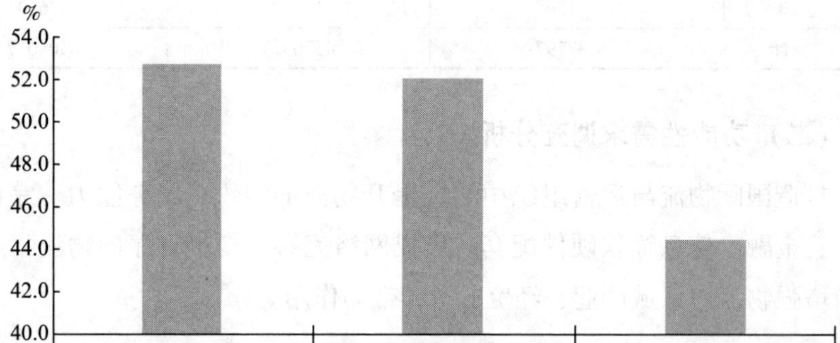

	公路、铁路、港口、机场可高速互通	公路、铁路、港口、机场均含有自动化集装箱堆场、站台、仓库、叉车吊车等硬件设施	公路、铁路、港口、机场均含有仓储管理、装卸搬运等配套服务
占比	52.8	52.0	44.4

图 1-10　物流企业对交通基础设施的需求情况

现代物流配送基础设施。随着云计算、大数据、物联网、北斗导航、移动互联网、5G、区块链等技术在物流领域快速应用，智能化立体仓库等智能物流装备快速发展，无人车、无人船、无人机等智能载运工具快速推广应用，物流通关、仓储、运输、配送、分拨、分拣、包装等效率不断提升。调查显示，当前物流企业智慧化水平不高，不到 50%的物流企业有机会使用基于物流管理系统、物联网技术、自动化技术的基础设施，但 69%的物流企业仍对物流配送基础设施有较大需求。其中，76. 9%的物流企业对物流管理系统需求较为迫切，74.4%的物流企业对基于物联网技术的基础设施有需求，69.2%的物流企业对基于自动化技术的基础设施有需求。

2. 国际物流信息服务平台

国际物流信息服务平台具有公共服务功能，能够将物流相关的各类信息、资源“孤岛”连接起来，解决未来国际贸易活动各方之间信息流通不畅的问题。随着国际物流的快速发展，国际物流信息服务平台的重要性将日益凸显。当前虽然仅46%的物流企业需要应用国际物流信息服务平台，但有59.1%的物流企业需要使用第三方国际物流信息服务平台，40.9%的物流企业希望自建国际物流信息服务平台。使用国际物流信息服务平台的企业中，75.7%的物流企业对国际物流信息服务平台的信息类功能需求较大，包括信息查询、信息发布、信息撮合等方面功能。67.8%的物流企业对物流平台的联络类功能和运输、仓储管理与追踪类功能需求较大。45.2%的物流企业较为关注O2O类功能，包括上门提货/卸货/分拨/发货、载具/设备维护、通报关服务等方面物流功能。40.9%的物流企业对物流平台分析类功能有较大需求，包括生产/库存/需求信息分析、行业数据挖掘、物流方案策划咨询等方面的分析研究。此外，有些物流企业也比较重视金融类功能（如保险、存货担保、质押融资、融资租赁、在线结算等）和公益类功能（如获取/发布物流行业政策信息、行业动态信息、物流资讯等），企业占比分别为35.7%和30.4%（见图1-11）。

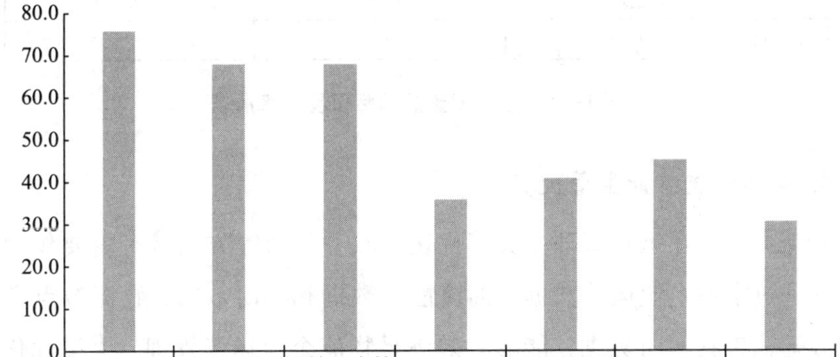

	信息类功能	联络类功能	运输、仓储管理与追踪类功能	金融类功能	分析类功能	O2O类功能	公益类功能
比例	75.7	67.8	67.8	35.7	40.9	45.2	30.4

图1-11　物流企业对国际物流信息服务平台功能的需求情况

3. 国际物流贸易结算中心

物流企业国际贸易结算方式主要有汇付、信用证、托收、银行保证函、国际保理等，其中汇付为最主要的贸易结算方式。目前采用国际贸易结算服务的物流企业占比仍不高，高达60.4%的物流企业对国际贸易结算服务没有需求。但受国际市场金融波动加剧、人民币升值预期增强等因素影响，企业对国际贸易结算需求不断增长。其中，76.8%的物流企业迫切希望政府能够开通办理国际物流业务绿色通道，加快业务办理流程，节省时间成本；66.7%的物流企业希望获得国际物流业务一体化服务；59.6%的物流企业希望获得国际物流业务专人专项服务，避免因为缺乏专业知识、对国内外银行结算规章制度不了解而造成结算失败（见图1-12）。

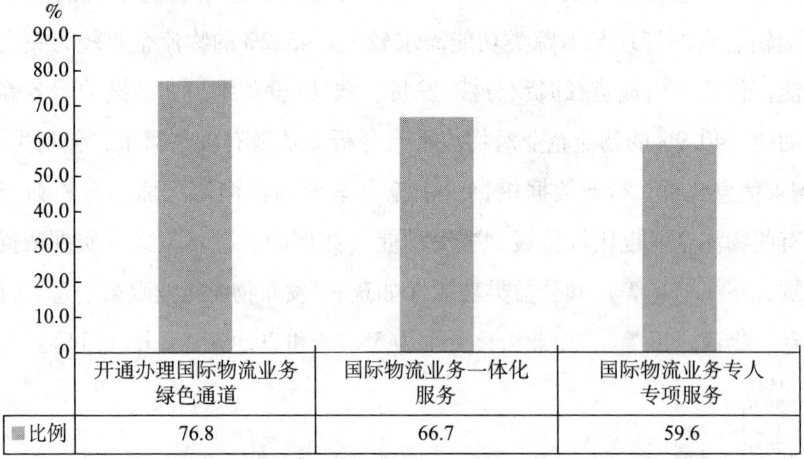

图1-12　企业期望的国际贸易结算服务

4. 国际物流智能监管大数据中心

物流大数据在运营管理、决策优化、服务创新等方面具有重要作用，物流企业通过掌握企业运营数据、商流静态数据和实时数据、物流节点实时数据以及运输工具实时数据，能够有效满足物流企业运营管理、决策优化、服务创新和风险管理需要。目前，63.2%的物流企业对物流大数据有应用的需求，其中对商流静态数据需求最高（56.7%）；其次是企业运营数据（51.7%）和物流节点实时数据（50.0%，如仓库的实时仓位分布、温度、湿度等）；最后是运输工具实时数据（如货车、飞机、船舶、集装箱的空/载状态、位置、速度等）和商流实时数据（如货物的实时状态、流向等），占比分别为31.7%和30.0%（见图1-13）。

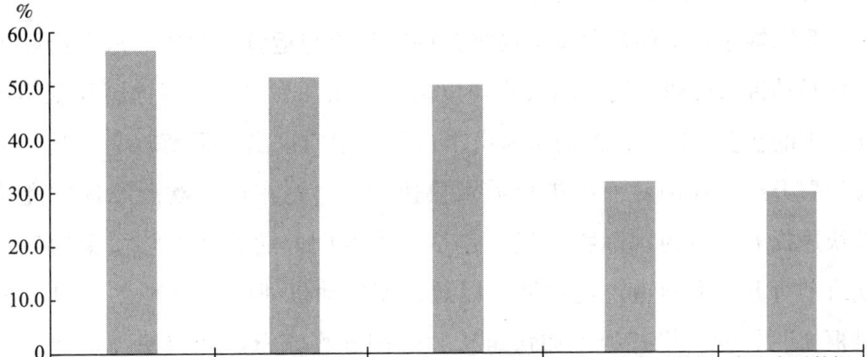

	商流静态数据	企业运营数据	物流节点实时数据	运输工具实时数据	商流实时数据
比例	56.7	51.7	50.0	31.7	30.0

图1-13　计划收集的物流大数据类型

（三）面临发展环境

世界百年未有之大变局深度演变，经济全球化遭遇曲折，全球治理体系和投资经贸规则面临巨大变革，产业链、供应链、价值链深度调整。我国进入充满挑战的重要战略机遇期，将加快构建以国内大循环为主体、国内国际双循环相互促进的新发展格局，全方位推动和扩大更高水平开放。在此背景下，建设重庆国际物流与运营组织中心将面临诸多机遇和挑战。

1. 四大机遇

以RCEP为代表的区域一体化推进将极大地增强国际物流与运营组织中心辐射力、影响力。国际投资贸易由全球化向区域一体化和集团化转变趋势明显，特别是随着RCEP、中欧自贸区等深入发展，中国与东盟、欧洲、中亚等地区国家贸易规模将不断扩大，加快增强西部陆海新通道、中欧班列等物流组织运营能力，对国际物流与运营组织中心建设需求更加迫切。重庆作为中西部内陆地区的开放高地，有助于发挥其中新示范项目、国际物流与运营组织中心等优势，成为内陆地区与RCEP、欧盟等成员国合作的桥头堡，进一步提升重庆物流及资源要素集聚辐射能力。同时，随着西部陆海新通道、中欧班列等深入发展，将进一步提升与通道沿线国家经济合作水平，推动通道网络体系、枢纽体系、规则体系逐步完善，国际物流与运营组织中心的国际影响力、区域经济发展带动力将不断增强。

我国构建双循环新发展格局将为国际物流与运营组织中心服务国际国内开放联动带来机遇。我国加快构建以国内大循环为主体、国内国际双循环相互促进的新发展格局，推动贸易由出口导向型向进出口平衡转变。尤其是随着消费升级，我国对商品进口需求快速增长，对东盟、欧洲等优质商品需求快速提升，将为国际物流发展创造更大空间。随着西部陆海新通道、中欧班列等开放大通道快速发展，以及国家推动班列由“点对点”向“枢纽对枢纽”转变，将有利于加快重庆内陆国际物流枢纽和口岸高地建设，进一步扩大对东盟的开放，打造双循环的战略枢纽，在服务国家构建新发展格局的同时获得发展新机遇。同时，东盟、欧洲等是我国主要的出口市场，打造国际物流与运营组织中心，有利于提升对外开放的组织协调能力，进一步巩固和扩大对外贸易进出口。

新一代信息技术的突破应用将提升智能化管理运营水平。5G、大数据、云计算、人工智能、物联网等新技术应用将深刻变革物流基础设施，将推动枢纽场站卡口、搬运设备等智能化，提升西部陆海新通道、中欧班列等物流的智能化、智慧化水平，提高物流的组织运营效率，降低物流运行成本，优化区域经济发展环境。北斗导航等平台加快发展有利于重庆利用大数据、区块链、卫星导航等技术，加快打造数字班列，有助于实现全程物流运输的可追踪、可追溯，更好地保障通道货物的运输安全。同时，信息技术快速发展有利于推动物流信息平台建设，推动与物流相关的金融、评估、货代、报关等各类资源向平台集聚，不断拓展物流分拨、贸易结算、数据汇集处理等功能，将对西部陆海新通道、中欧班列等做大做强形成有力支撑。

重庆及成渝地区在国家战略布局中的地位提升将为国际物流与运营组织中心功能发挥提供有力支持。成渝地区双城经济圈上升为国家战略，国家对成渝地区双城经济圈政策支持力度不断加大，将有利于国际物流与运营组织中心建设获得更多的国家项目、金融等政策支持，加快完善国际物流与运营组织中心的运营功能，提升中心的物流组织运营能力。随着重庆的国际性综合交通枢纽、西部科技创新中心、国际消费中心城市、中西部国际交往中心、内陆国际金融中心等重大功能定位进一步落地，重庆对区域资源的集聚能力和辐射服务能力不断提升，有助于发挥国际物流与运营组织中心在推动西部省份产业布局、交通基础设施共建、公共服务一体化等方面的协调作用，助推区域经济一体化发展。

2. 三大挑战

国际环境不确定性因素持续累积。逆全球化、产业链区域化、发展问题政治化等全球问题和倾向日益突出，《全面与进步跨太平洋伙伴关系协定》（Comprehensive and Progressive Agreement for Trans-Pacific Partnership，CPTPP）等区域贸易协定的排他性将为中国及重庆与欧洲、东盟深度合作带来很大的不确定性，西部陆海新通道、中欧班列等沿线跨国界、跨经济区、跨种族、跨制度、跨文化，重庆融入全球产业链、价值链、供应链，进一步深化对外开放合作将面临诸多挑战。特别是随着美国加紧实施印太战略，从贸易、产业、科技等领域对中国进行围堵，外部势力不断搅局西部陆海新通道、中欧班列等发展，导致部分国家参与积极性不高，对国际物流与运营组织中心功能发挥产生不利影响。同时，国际地缘政治冲突日趋激烈，部分东南亚、中亚、东欧等国家政局不稳、毗邻国家间矛盾严重，也将影响国际物流与运营组织中心发展。

国内区域全方位竞争日趋激烈。随着西部陆海新通道、中欧班列等加快发展，东部、中部地区各城市陆续开通西部陆海新通道、中欧班列，将造成货源的分流，引起各地竞相压价拼抢货源，扰乱正常物流市场秩序，不利于西部陆海新通道、中欧班列等可持续发展。同时，各地围绕西部陆海新通道、中欧班列等招商引资、争取项目等方面的竞争更加激烈，将制约国际物流与运营组织中心组织、协调功能的发挥，不利于西部陆海新通道、中欧班列等做大做强。此外，国家对西部陆海新通道、中欧班列等的金融、投融资方面政策仍较薄弱，对国际物流与运营组织中心发展的支持不够，影响西部陆海新通道、中欧班列等可持续发展。

区域物流生态发展不优。重庆开放通道互联互通水平还较低，自贸区、中新示范项目、两江新区等重点开发开放平台示范引领能力依然不强，小南垭等物流枢纽的进口指定口岸功能还不完善，物流发展的“瓶颈”制约及短板仍较为突出。围绕西部陆海新通道、中欧班列等建设，铁路物流的不同参与主体对项目建设等存在分歧，而地方政府协调难度较大，影响铁路场站扩容升级和项目建设，西部陆海新通道、中欧班列等能级提升受到制约。同时，政府对冷链集装箱等物流装备的政策支持力度小，而国际物流与运营组织中心的投融资能力不足，不利于物流行业的转型升级。

四、国内外典型物流枢纽城市建设实践及经验启示

国内外典型物流枢纽在形成历程、发展模式、功能效益上都有很多值得借鉴的闪光点，不同阶段采取的不同政策对重庆建设国际物流与运营组织中心具有重要的启发价值。

（一）典型实践案例

针对重庆当前的区域条件、发展阶段和自身定位，选取芝加哥、伦敦、鹿特丹、新加坡、上海、郑州几个大型物流中心作为典型案例，它们都有自身的特点，具有较强的借鉴意义。其中，芝加哥是美国著名的内陆型物流中心，其发展基础与重庆类似；伦敦集全球物流中心、航运中心、金融中心于一体，是全球意义上的物流营运与组织中心，集聚功能强大；鹿特丹采用典型的地主型物流中心模式，其政府在港口的规划和管理上发挥了重要作用；新加坡是亚洲最大的航运物流中心，正与重庆携手共建“中新（重庆）战略性互联互通示范项目”，在金融服务、航空、交通物流和信息通信技术等领域展开重大合作；上海是我国首屈一指的国际化物流中心，也是连接内陆河道的核心枢纽，在打造集疏运体系和建设国际航运中心方面作出了积极的探索；郑州是具有我国特色的物流组织中心，在打造综合立体物流中心路径和建设内容方面对重庆有借鉴意义。

1. 芝加哥

芝加哥是美国的大型内陆型物流中心，有广大的腹地，其农牧业发达，

是全国的谷物、畜牧市场及中西部的商业、金融、文化和工业中心。其依托的芝加哥港是美国最大的内陆河口湖港，设有对外贸易区，是全美铁路枢纽中心。在此基础上，物流中心深度融合现代信息技术，加强物流设备与设施的现代化和自动化，物流模式从单一专业化运输转向以多式联运为核心的综合一体化发展。其经济高效的物流运作能力产生了强大的集聚效应，吸引了各类物流企业进驻物流中心，业务组织强强联合，物流运输环节的协作与协同更加便利。

2. 伦敦

伦敦是英国的大型物流中心，也是全球著名的航运中心。伦敦实行港区分离的政策，合理处理港城关系。其中，伦敦港内设有自贸区，形成了成熟的贸易网络，集聚了大量与之相关的产业，如贸易、航运业及航运衍生产业（船舶经济、保险、海事仲裁、融资等）、金融等；原市内码头区则用于非海运的商业办公、娱乐休闲和房产开发等；大力发展高端航运服务业，如航运金融、航运保险、海事仲裁与法律等。

3. 鹿特丹

鹿特丹港是国际水陆空交通重要枢纽，素有“欧洲门户”之称，货物吞吐量巨大，装卸货种繁多。鹿特丹港的物流发展模式属于地主型物流中心模式，港口管理局拥有很大的经营管理自主权和土地使用权，由其统一管理港口地区的码头设施和临港工业以及其他设施用地。港口管理局统一规划、建设和管理，并引入相关经营主体，打造专业化程度高的港城一体化国际城市和现代化港口，并与港口腹地形成物流链，产生强大的集聚效应。

4. 新加坡

新加坡港拥有优越的战略位置，作为国际贸易和世界主要航线的交汇点，不仅是国际航运中心，也是许多国际海事服务机构的所在地，其集装箱吞吐量居世界前列。新加坡港的物流发展模式具有供应链型物流中心和联合型物流中心两种模式的特点。新加坡港实行自由港的政策，其物流分工明确，并大力培育港口物流链，与工业联合发展，形成强大的集聚效应。

5. 上海

上海力主打造国际航运中心，并在此基础上着力建设国际物流中心，蕴含着巨大的潜能。上海建设国际物流中心主要通过打造集疏运体系和建设国际航运中心两方面积极推动。上海港大力促进海铁联运网络，建设洋山深水港，联合启动各大公路专线建设，形成了以规模化、集约化、快捷高效、结构优化为主要特征的现代港口集疏运体系。同时，通过将上海港建设成为国际枢纽港，提升港航资源集聚能力，优化国际航线网络和运力布局，并依托自贸区的制度创新优势，增强要素集聚和辐射能力。

6. 郑州

郑州通过打造内陆开放高地、构建“空中丝绸之路”经济带大通道，统筹推进陆上、网上、海上丝绸之路，积极融入全球化贸易，形成航空物流、陆上物流与海上物流同步发展的新格局。郑州依托欧亚大陆桥、“米”字形快速铁路网、中原城市群城际铁路网、高等级公路网等发达的集疏网络，以及“航空+”等多式联运体系大力推动国际贸易便利化。同时，郑州借助互联网数据与平台，推进智慧物流、绿色物流融入商贸流通各环节，初步构建了比较完善的现代化国际物流体系。

（二）主要经验启示

综观国内外物流枢纽建设的典型实践案例，物流枢纽发展形成必须遵循市场经济规律和现代物流发展规律，物流枢纽是服务地方经济社会发展、产业转型升级等市场需求的重要支撑平台载体。因此，重庆建设国际物流与运营组织中心，应重点从战略、功能、运营三个层面谋划具体举措。

1. 战略层面

重庆地处“一带一路”和长江经济带的联结点，具备建设国际物流与运营组织中心的区位优势和通道条件。目前，重庆、四川正加快推进成渝地区双城经济圈建设，物流市场需求潜力巨大。因此，重庆要联合“一带一路”、长江经济带沿线和西部地区各省份，既深度对接产业转型升级、区域经济协调发展等市场需求，大力发展通道经济，也要依托正在规划建设的陆港型、港口型、空港型等国家物流枢纽，大力发展枢纽经济，引领西部地区物流资源优化配置，深度融入国际物流通道和国家物流节点，实现物流通道与重点枢纽及次级节点的协调发展。

（1）打造内陆生产、消费和物流运营组织中心，推动重庆成为国内大循环战略支点。

上海在我国新发展格局中战略地位突出，“五个中心”① 建设成效显著，上海国际航运中心、国际航空枢纽均居全球前三位，凸显在全球生产、消费和物流组织中的枢纽位势。重庆国际物流与运营组织中心需要强化在新发展格局中的战略位势，发挥好引领新时代西部大开发的战略平台功能，尤其是加强对成渝地区双城经济圈建设这一国家战略的支撑，通过西南、西北、东向通道联系中西部地区，加快形成国内大循环中西部发展战略支点。同时，加快强化服务中西部国内市场能力，推动重庆“通道物流和运营组织中心”、成都“国家重要商贸物流中心”、广西北部湾“国际门户港”等重要枢纽建设，依托物流组织，衔接好生产和消费，形成与西部地区生产供给和消费需求高效适配的组织中心，成为重庆现代产业体系、现代流通体系以及国际消费中心城市建设的重要支撑。

（2）打造国际产业链供应链配置中心，推动重庆成为国内国际双循环战略链接。

新加坡依托马六甲海峡特殊区位，其航运中心多年来综合排名全球第一，已成为全球物流和贸易组织中枢。新加坡打造国际航运、贸易、金融枢纽的战略定位对建设重庆国际物流与运营组织中心具有重要的借鉴意义。重庆是“一带一路”倡议和长江经济带、西部陆海新通道、成渝地区双城经济圈等国家战略交汇点，具备打通内陆、面向全国、联动全球的通道和枢纽优势。建设重庆国际物流与运营组织中心，应发挥好国内国际双循环战略链接优势，以中西部广阔的国内市场为发展基点，把握西部陆海新通道沿线各地区现代化发展的设施建设、产业培育和消费增长前景机遇，强化运营中心聚集国内国际两种资源的能力，深化东南亚、欧盟等国际市场的贸易物流、产业经济

① 五个中心：国际经济中心、国际金融中心、国际贸易中心、国际航运中心和具有全球影响力的科技创新中心。

交流合作，打造依托国内、面向国际，更有韧性的战略链接中枢。

2. 功能层面

从上述典型物流中心建设实践看，这些典型物流中心都有基于区位条件和市场需求的功能定位，多数都具备航运中心、铁路枢纽等功能，并明确了港区及其所在城市对物流中心建设的不同作用。物流枢纽建设必须始终围绕国内外市场对经济发展、社会生活的物流需求，顶层设计规划好物流枢纽的功能定位、空间布局，发挥好市场的决定性作用和政府的服务引领作用，为物流枢纽的培育、发展营造持续优良的综合环境条件。在国家物流枢纽的布局上，重庆的物流枢纽节点地位独特而重要，重庆是西部陆海新通道和中欧班列（重庆）的枢纽节点，可以依托这一优势发挥好中新示范项目效应，明确区域性物流枢纽的功能定位，提高西部地区物流枢纽跨区域物流组织化、规模化运行水平，提升区域性物流运输和口岸通关效率。

（1）统筹物流组织、产业服务和开放平台功能。

进入新发展阶段，增强产业链供应链价值链水平、强化关键产业领域和环节控制能力成为国家和区域经济发展中补短板的重要方向。上海航运中心通过经济效应外溢形成了长三角区域一体化发展的产业组织枢纽，郑州航空港实验区推动劳动密集型产业链向周边市县配置，南京则通过发挥物流枢纽吸引辐射效应实现了关联产业要素聚集。建设重庆国际物流与运营组织中心，要重点优化西部陆海新通道沿线产业组织配置，创新与西南、西北、国外不同区域的产业分工方式，优化铁铁、铁海、铁公、铁空、空公等多式联运组织方式，畅通物流通道、降低物流成本，推动长距离交通物流走廊下的通道经济、枢纽经济、口岸经济发展。重庆建设国际物流与运营组织中心，要突出夯实跨区域物流组织能力、补足沿线产业组织配置和开放载体平台等功能，服务支撑成渝引领的中西部有国际竞争力的现代开放型产业集群。

（2）积极争取制度性、战略性先行先试功能。

上海航运中心利用上海自由贸易试验区政策先行先试，不断引领国内开放模式，推动业态升级，制度性开放组织中心的作用不断强化。目前，重庆依托中欧班列进行了一系列国际陆路贸易提单使用、金融结算等探索，并取得了较好的成果，重庆国际物流与运营组织中心要强化各类要素资源聚集能力，进一步在陆路贸易和陆海贸易规则衔接等方面创新突破，推动跨区域通关物流数据共享共用，加强跨区域物流协作和产业链上下游衔接，建立涵盖国际国内物流组织、产业链供应链运行服务的完整服务系统。借鉴郑州航空物流和航空经济发展源于和卢森堡建立的“郑—卢空中丝绸之路”经验，重庆国际物流与运营组织中心应围绕成渝地区双城经济圈和西部陆海新通道等国家战略，积极谋划推出一系列服务国家、成渝地区高质量发展的战略性举措，完善先行先试的功能体系和政策支撑。

3. 运营层面

国内外物流枢纽发展实践经验表明，物流枢纽深度融合现代信息技术、物流设备与设施的现代化和自动化，需要在发展中建立区域性物流和运营组织中心，优化多式联运组织方式，打造集铁海联运、公铁联运、航空货运等为一体的区域性多式联运中心，以高效地整合区域性物流资源，更好地服务跨区域的产业合作、商贸物流需要。重庆铁路、公路、航空、水运兼具，更拥有长江黄金水道，具备发展多式联运的条件和降低物流成本的现实需求。但目前西部地区及重庆客观上都面临着铁海、公铁之间转运、集疏运拥堵的问题，特别是场站和公、铁转运区没有形成快速甩挂分拨，从而造成常态化拥堵。重庆应以“干线运输+区域分拨”为主要特征，以铁海联运班列、国际铁路联运班列、跨境公路班车、公铁水联运等多式联运方式和甩挂运输等运输组织形式为核心形式，成立国际物流与组织运营中心，牵头引领西部地区共同构建全方位现代化多式联运运输网络，共同培育国际化多式联运业务模式。

（1）提高协调机构和企业主体能级，服务陆海新通道全线运营组织。

从郑州发展经验看，其“空中丝绸之路”发展依托国内唯一的航空港经济综合实验区，目前实验区已行使省辖市权限，引导河南省、郑州市发展资源大幅向实验区倾斜，形成快速发展和弯道超车态势。重庆国际物流与运营组织中心的协调机构设在重庆口岸物流办公室，作为其主管的事业单位，运营中心在西部陆海新通道跨省市协调组织中层级较低，难以支撑打造重庆国际物流与运营组织中心的战略高度。从西部陆海新通道各次协调调度会议情况来看，仍以国家、省级政府部门为组织主体，对沿线企业的物流组织统筹、产业资源配置等方面涉及的深度不够，对市场主体的引导性还未完全显现。为实现重庆打造国际物流与运营组织中心的战略高度和功能体系，需要加快提升协调机构层级，加强平台企业联盟建设，拓展业务覆盖范围、涉及领域，落实服务西部陆海新通道全线运营组织职能。

(2) 建立跨部门跨行业跨领域协调机制，推动形成陆海经济产业走廊。

西部陆海新通道不仅是交通物流走廊，更是经济产业走廊，重庆国际物流与运营组织中心作用不应局限于物流组织，还应在通道沿线产业组织方面发挥更大作用，要建立包含交通、物流、商贸等主管部门和产业、信息化主管部门的协调机制。在陆海新通道运营组织中，产业反哺物流、物流超前引导产业是重要的发展命题之一，南京各类枢纽经济区建设和相关负责部门的协调机制是推动物流产业协调互促发展的有效机制，上海统筹各类区域主管部门、各行业领域，形成航运中心设施功能建设和体制机制创新发展合力，郑州依托跨境电商的航空港实验区和经开区联动、“空中丝绸之路”和“网上丝绸之路”交互的发展局面，为重庆国际物流与运营组织中心发展提供了可供借鉴的经验。为推动西部陆海新通道更好发挥经济产业走廊功能，重庆国际物流与运营组织中心需要建立涵盖国际国内物流组织、产业链供应链运行服务、通道经济枢纽经济发展的完整服务系统，推动开展跨区域通关物流数据共享共用，联合西部省份共建国际物流与运营组织中心，加强沿线各省（区、市）物流运作协调和产业链上下游衔接，激发西部陆海新通道系统性发展动能。

五、重庆国际物流与运营组织中心的建设思路及目标

（一）总体思路

以习近平新时代中国特色社会主义思想为指导，围绕加快构建新发展格局的总体要求，深度契合国家重大区域发展战略，以西部陆海新通道为重要

载体，以具备“综合协同、联动融合”① 特征的供给侧结构性改革为主线，聚焦战略定位和组织中心功能，精准对接国内国际产业链、供应链发展需求，以创建“通道+枢纽+网络”② 的现代物流组织体系和“大平台、全链条、新业态”③ 的新型运营组织体系为重点，以“海铁联运班列+跨境公路班车+国际铁路联运+国际航空联运”为基本物流载体，以“交通+物流+贸易+产业”④ 为基本实施路径，创新协同体制机制，加强政策统筹协调，健全运营网络布局，完善平台服务功能，提升产业组织效率，畅通经济要素循环，优化资源时空配置，推动产业联动融合，提高整体质量效益，促使重大开放通道沿线区域加快形成资源要素优势互补、发展功能有机衔接、经济循环内通外畅、产业体系高效运转的开发开放新格局。

按照上述思路，应遵循以下基本原则：

统筹协同，共建共享。秉承共商共建共享的原则，加强部门间、行业间、区域间、国内外的资源统筹和政策协同，增强物流与运营组织中心公共服务属性和协调整合能力，有机衔接国内大循环和国内国际双循环，探索开拓第三方市场合作模式，充分吸引和带动开放通道沿线相关省份，东盟、欧盟等相关国家及地区，域外有关发达国家参与物流与运营组织中心建设。

创新驱动，联动融合。坚持深化相关体制机制改革创新，破解阻碍运输链、物流链、供应链等一体化、市场化、国际化发展的“瓶颈”制约，营造产业链、产业集群、产业生态圈良性发展环境，创新运营组织模式和产业融合发展业态，集聚上下游产业发展效能，培育通道经济、枢纽经济、平台经济、网络经济发展新动能，优化经济资源和要素的时空配置，深入推动交通、

---

① “综合协同、联动融合”主要是指跨行业、跨区域的综合协同机制以及营造产业联动供应链生态圈，是具有创新发展模式的供给侧结构性改革的主要特征。

② “通道+枢纽+网络”的现代物流组织体系主要是指依托综合运输大通道、国家物流枢纽基地以及干线、支线、配送紧密衔接配合的网络化规模化的运行组织，实现经济、便捷、高效、绿色的物流组织体系。

③ “大平台、全链条、新业态”分别是指功能完备的对外开放平台、政策协调平台及运营组织平台，实现贯通运输和物流链、串接供应链、融合产业链和提升价值链的全链条组织能力，以及催生新业态、新模式、新产业、新动能的新型生态圈发展模式。

④ “交通+物流+贸易+产业”的发展路径主要是指依托稳定可靠、能力充足、经济高效的交通运输服务及物流组织体系，大幅降低资源要素循环流通的综合成本，推动通道沿线贸易大发展以及相关产业的转移、集聚和转型升级。

物流、贸易、产业联动融合发展。

质量效益，精益求精。坚持质量第一、效益优先，精准对接国际国内供应链、产业链发展需求，补齐服务能力短板，培育壮大具有国际运营组织能力和竞争力的头部物流企业，优化网络运营组织，提升交通运输和物流服务的稳定性、可靠性、灵活性、多样性，降低综合物流成本，提高综合服务功能和附加价值，拓展价值链提升空间，确保供应链总体安全。

政府引导，市场运作。坚持正确处理政府与市场关系，遵循市场规律，充分发挥市场在资源配置中的决定性作用，积极通过合资、联盟等形式做大做强企业运营主体，更好地发挥政府在规划引领、政策引导、制度保障、环境培育等方面的作用。

（二）功能定位

1. 国际物流中转集结中心

一是重庆市内物流枢纽载体功能提升。依托重庆港口型国家物流枢纽、重庆陆港型国家物流枢纽、重庆空港型国家物流枢纽、南彭公路物流基地、中欧班列（渝新欧）集结中心等重要载体，完善铁路货场、航空货运、公路货运等物流集散中心建设，进一步提升国际物流集散、存储、分拨、转运等功能，打造国际物流枢纽中心。二是各类开放通道物流基础设施功能完善升级。通过不断完善各类开放通道内物流基础设施建设，补齐多式联运转运设施短板，创新多式联运体制机制，推动区域物流和国际物流产业在重庆集散，营造低成本、高效率、广辐射的国际物流运营环境，打造国际物流中转集结中心。三是综合立体物流交通网络系统建设及功能提升。加快形成铁路、公路、水路、航空综合立体交通网络，形成国际国内运输大通道，提升骨干通道点对点运输能力，不断完善辐射周边的集疏运网络，打造面向西部、联通国际的干支仓配物流网络系统，形成体系完善、功能完备的国际性集散分拨中心和枢纽。

2. 国际供应链产业链组织中心

一是对内发挥现代物流打造供应链、串接产业链、提升价值链的关键作用。通过物流带贸易、贸易带产业，形成以物流引领的全产业生态优化的要素配置环境。引导西部地区传统流通企业向供应链服务企业转型，大力培育新型供应链服务企业和龙头领军企业，提升供应链产业链服务水平。推动建立供应链产业链综合服务平台，拓展质量管理、追溯服务、金融服务、研发设计等功能，并重点发展采购执行、物流服务、分销执行、融资结算、商检报关等一体化服务。对标全球高端产业链供应链发展，加快供应链、产业链数字化、信息化、智能化发展，培育和扶持一批高端制造业创新项目，提升重庆市国际供应链产业链竞争力。二是对外创新与相关国家（地区）互联互通合作领域及体制机制。积极推进重庆与“一带一路”沿线国家和地区互联互通，推动国际产能和装备制造合作，鼓励在渝企业深化对外投资合作，设立境外分销和服务网络、物流配送中心、海外仓等，建立本地化的供应链体系。加强产业链、供应链资源要素配置，在人员流动、资格互认、标准互通、认可认证、知识产权等方面，加强与主要贸易国家和“一带一路”沿线国家磋商与合作，探索建立供应链利益联结机制，推动重庆形成具有更强创新力、更高附加值、更安全可靠的产业链、供应链。

3. 高层次全方位开放平台

一是加快融入国内大循环。以水运港、国际内陆港、航空港、跨境电子商务港、综合保税区、出口加工区、空港保税物流中心（B 型）、对外经济合作服务平台八大开放平台建设为抓手，打造一体化对外开放平台，着力构建集水陆空及跨境电子商务为一体的开放体系，集聚西部地区、国内及全球资源要素、市场主体，融入国内经济大循环。二是加快融入国际经济循环，利用国际国内两个市场两种资源，推动科技、航空等产业合作示范区加快落地，积极承接举办各类大型国际会议，抓住 RCEP 落地等机遇，利用中国国际智能产业博览会、中国西部国际投资贸易洽谈会、“一带一路”陆海联动发展论坛等合作平台加强与东盟等通道沿线国家的合作，支持开展通道相关的物流、金融、海关、信息互联等专题论坛和研讨会，打造国际交往平台，加快建设中西部国际交往中心，融入国际大循环。

（三）具体功能

按照上述思路和总体功能定位，重庆国际物流与运营组织中心应具备以下具体功能：

货源组织功能。货源是国际物流与运营组织中心发展的核心。应充分发挥重庆作为国际物流枢纽节点的集聚辐射作用，依托中欧班列（渝新欧）、西部陆海新通道等国际贸易通道，集聚外贸进出口企业，加大国内短缺产品进口，引导重庆及周边地区优势和特色货源加快集结，形成规模效应，成为国际货源的组织集结中心。

运输组织功能。运输组织是国际物流与运营组织中心发展的关键支撑。要结合重庆向东南西北以及空中通道的实际运输能力，精准对接国内外市场需求，强化线路、货源、箱源、车源、劳动力组织，科学选用运输组织方式，合理开通和动态调整运输线路，促进运输线路资源集约利用。同时，要加大与国外相关运输主体协调力度，提升运输全程调度能力，保障运输时效。

多式联运功能。统筹协调好各种运输方式的有效衔接，实现多式联运，是国际物流与运营组织中心的重要功能。发挥重庆拥有公铁水空各种运输方式的优势，强化各种转运设施和通道建设，构建集疏运网络，推动通关便利化，促进公路、铁路、水运、空运等各种运输方式高效无缝衔接，打通运输组织“微循环”，进一步提升物流运营效率。

议价机制功能。国际物流与运营组织中心应在国际物流运输方面具备较强的议价能力。要加快提升协调机构层级，深度参与国际运输通道规则标准制定和修订，推动规则、标准体系协同创新发展。继续在陆路贸易规则、多式联运“一单制”等方面创新突破，加强陆路和陆海贸易规则衔接，加强通道宣传和品牌运营，强化通道整体对外谈判，提升重庆在国际物流方面的议价能力。

金融服务功能。金融是国际物流与运营组织中心建设和发展的重要支撑。重庆要强化与银行、保险等金融机构协作，稳步探索“物流+金融”业务，利用区块链、物联网等先进技术，加快贸易金融基础设施建设，推动在商品交割、贸易结算、融资担保、运输保险、融资租赁、供应链金融等方面的服务和产品创新，推动物流运输与国际贸易结算一体化发展。

信息服务功能。国际物流与运营组织中心应具备最先进的信息服务功能。

重庆要加大大数据、云计算、物联网、移动互联网等新一代信息技术在物流运输上的创新应用，构建通道综合信息服务平台，推动物流运输通道沿线海关信息互换、监管互认、执法互助，扩大中欧“安智贸”试点范围，推动智慧便利大通关。积极建设中欧班列、西部陆海新通道班列、国际航空运输等信息平台，打造数字班列，提升物流信息化、智能化水平。

（四）发展目标

1. 目标体系

结合组织中心的功能定位及主要发展任务，从组织效率、服务质量和经济效益3个层面构建发展目标及指标体系（见表1-4）。其中，组织效率主要从供给侧反映组织中心的组织能力，主要包括常态化规模化开行能力、网络辐射能力、中转集结能力、均衡组织能力等指标，服务质量主要从需求侧反映客户满意度，主要包括安全可靠性、便捷性及经济性等指标，经济效益主要从宏观层面反映组织中心对经济发展的贡献和成长性，主要包括直接或间接贡献、可持续性等指标。在不同指标层，共通过37个子指标进行测度、分析和评价。

表1-4　国际物流与运营组织中心发展目标及指标体系

目标层	指标层	序号	测度层
组织效率	常态化规模化开行能力	1	海铁联运班列开行规模
		2	跨境公路班车开行规模
		3	国际铁路联运班列开行规模
		4	国际航空货邮吞吐规模
		5	班列计划兑现率
	网络辐射能力	6	境内服务节点数量
		7	境外服务节点数量
		8	线路铺画数量
	中转集结能力	9	重庆枢纽全口径到发货运量
		10	本地货源占比
		11	异地货源占比
		12	重箱率（或重载率）

续表

目标层	指标层	序号	测度层
组织效率	均衡组织能力	13	海铁联运回程班列占比
		14	跨境公路回程班车占比
		15	国际铁路联运回程班列占比
		16	国际货运航班回程占比
服务质量	安全可靠性	17	安全问题数量
		18	海铁联运班列发车频次
		19	跨境公路班车发车频次
		20	国际铁路联运发车频次
		21	国际货运航班飞行频次
		22	海铁联运班列与班轮船期匹配度
	便捷性	23	托运业务办理时间
		24	通关时间
		25	全程运输时间
		26	货物追踪应用普及率
	经济性	27	物流成本占货值的比重
		28	海铁联运提单应用比重
		29	中小企业融资担保业务比重
经济效益	直接或间接贡献	30	到发货物总货值
		31	进口货物货值
		32	出口货物货值
		33	对 GDP 贡献
		34	对税收贡献
	可持续性	35	年度客户增长率
		36	年度货值增长率
		37	大客户占比

2. 2025 年发展目标

到 2025 年，重庆国际物流与运营组织中心初步建成联通通道沿线相关地区及境外若干主要物流节点的运营网络，主要物流节点功能分工进一步明确；铁海联运班列和跨境公路班车线路及频次进一步增多，国际铁路联运基本实现“天天班”，铁海联运回程班列占比达到 50%左右；重庆内陆口岸高地基本建成，通关便利化水平和物流效率大幅提升，重庆枢纽全口径到发货运量达到25万标准箱以上；通道综合物流成本较2020年下降10%左右，海铁联运提单应用比例占50%以上，大客户占比30%以上。

3. 2035年远景目标

到2035年，重庆国际物流与运营组织中心基本建成，国际物流网络体系基本完善，多式联运发展水平国内领先，重庆内陆口岸高地国际影响力进一步扩大，枢纽经济规模进一步壮大，国际物流中转集结中心、国际供应链产业链组织中心、高层次全方位开放平台基本建成。

（五）组织形态

立足更好实现、更好发挥重庆国际物流与运营组织中心功能及作用，聚焦国际化、跨区域的运营组织功能，围绕建立面向海外国家或地区的统一对话平台，加强国家领导、省际协同，构建以"一个领导机构、一个常设机构、三个重大机制"为主体的组织形态，建立两个服务平台和一个运营公司，实现跨区域、跨产业、跨部门、跨市场主体的协同建设。

1. 国家设立国际物流和运营组织中心建设领导小组

在国家层面，按照西部陆海新通道总体规划建设要求，成立国际物流和运营组织中心建设领导小组，统筹西部地区物流资源。国家发展改革委、交通运输部、商务部、外交部、市场监管总局、海关总署、检验检疫局、人民银行、民航局、铁路局、国铁集团、中远海运集团、招商局集团等中央部门、企业以及西部省（区、市）作为领导小组成员单位参加。建议在重庆设立国际物流和运营组织中心建设领导小组办公室为常设机构，作为统筹协调建设跨区域的通道物流和运营组织中心的实体机构。其常设机构可依托重庆2020年设立的西部陆海新通道物流和运营组织中心，将统筹协调内容由西部陆海新通道拓展到中欧班列及航空、港口、公路等领域，其职责包括协调推动跨国别跨区域合作、跨区域省部际联席会议议定事项和统筹西部地区物流运输通道的运营组织等。出台政策文件，支持重庆建设"三大战略性功能"和"六大具体功能"。

2. 构建三个层面的重大机制

一是建立国家元首及高层间协商对话机制。以“一带一路”政策为统领，通过国家间元首、高层间对话和协商，为沿线国家、区域内、城市间经济、贸易、投资提供政策倾斜以及便利的会议机制。在持续放宽外资准入，改善外商投资环境等方面带动相关国家共商共建共享通道。二是建立省际联席会议机制。在党中央、国务院领导下，由国家发展改革委、重庆市政府牵头协调组织好通道沿线各省市共同参加的省际联席会议，通过联席会议加强对重庆国际物流与组织运营中心培育、发展实践中的指导、协调和服务，及时研究重大政策措施，协调解决政策实施、项目安排、机制创新等现实困难和具体问题。三是紧贴市场化物流需求导向建立企业间战略联盟机制。研究制定鼓励通道研究物流相关主体企业签订战略联盟扶持政策，支持有条件的企业通过兼并重组发展壮大，提升物流企业的自主创新能力，完善物流市场服务功能，形成一批现代物流产业园、国家重点项目示范基地等。

3. 建立两个服务平台和一个运营公司

一是建立多区域协同多式联运物流信息服务平台。依托中国—东盟信息港，建设中新等沿线国家和区域国际数据通道，重点完善“共享”功能，鼓励铁路与海运企业建立多式联运信息平台互联互通机制，及时共享物流订单、储运能力、货物追踪等信息。二是探索建立中国物流交易所。围绕铁海联运等物流业务，强化大数据服务，整合现有国内外物流市场资源，支持大型物流企业与供应链上中下游企业加强信息标准对接，建设市场化物流信息与交易平台，加强信息发布、仓配管理、追踪溯源等服务，打造“一带一路”大宗货物运输交易、联结国际国内市场的重要平台。三是做强西部陆海新通道物流与组织运营中心组织运营公司。坚持“统一品牌、统一规则、统一运作”，构建以重庆为核心的组织运营体系，通过股权合作、战略联盟、平台对接、资源共享等市场化方式，吸引铁路、海运等大型企业及相关省（区、市）平台公司，乃至全球重点国家和地区的龙头物流运营集团参与国际物流通道建设和组织运营，在“一带一路”、西部陆海新通道和长江经济带联动中完善西部陆海新通道组织运营枢纽功能，推动西部陆海新通道物流和运营组织中心升级为国际物流和运营组织中心。

六、重庆建设国际物流与运营组织中心路径

（一）构建物流、资金流、信息流相互协同的通道体系

发挥重庆区位和交通优势，加快构建东西南北“四向联通”、铁公水空“四式联运”、人流物流资金流信息流“四流融合”的对外开放通道体系，提升国际通道服务重庆建设国际物流与运营组织中心的能力。

1. 强化“四向联通”对外开放的通道功能

统筹东南西北四个方向，推动开放通道“补短板、提效率”，提升通道联通开放水平，加快形成以重庆为中心、多方向辐射的“米”字形开放通道体系。

做强南向开放通道。协同川黔湘桂等沿线省份共建西部陆海新通道，共同完善交通物流设施，推动通关一体化，协力提升主通道干线运输能力。重点协调推动渝黔铁路、黔桂铁路扩能改造工程，推动建设渝贵高铁置换渝黔铁路运能，加快推动黄桶（贵阳）至百色铁路开工建设，尽快启动广安—涪陵—柳州铁路建设，增强重庆至北部湾出海能力。加强与东盟各国合作，积极争取越南等东南亚国家对铁路等运输设施设备进行改造升级，协调推动中泰、中缅等跨境铁路建设，开辟渝新欧泰国国际班列、缅甸国际班列、马来西亚国际班列和铁海联运线路；依托中巴经济走廊，开行重庆—巴基斯坦（瓜达尔港）—非洲通道线路，稳定运行并有序开拓铁海联运班列、跨境公路班车、国际铁路联运班列，探索开行外贸出口定制化专列，进一步畅通东南亚—重庆—欧洲货物双向流通。

做优西向开放通道。依托成渝地区双城经济圈建设，联合四川完善西向国际贸易大通道基础设施、组织运营模式和集散体系，共同提升成渝两地中欧班列品牌影响力，联合构建国际供应链体系。争取国家支持重庆—阿拉善盟（内蒙古）—蒙古—俄罗斯等大通道建设，联动兰州—西宁、天山北坡城市群、藏中经济圈，融入中巴经济走廊和新亚欧大陆桥，联通中亚、西亚，对接欧洲发达国家和地区。加快建设中欧班列集结中心，推动兰渝高铁尽快开

工建设，充分置换兰渝铁路货运能力，推动襄渝铁路、宝成铁路等扩能改造，提升重庆至新疆阿拉山口、霍尔果斯口岸主要通道运输能力。加快布局完善干支结合、多点扩散的中欧班列线路，推进重庆—杜伊斯堡的主要线路提档升级，探索开行重庆—哈萨克斯坦—伊朗—土耳其等铁海联运线路，加快特色支线专线的拓展，大力提升通道和线路在“一带一路”沿线国家的覆盖水平，更好地发挥中欧班列通道对中亚、欧洲等“一带一路”沿线的辐射作用。

做活北向开放通道。积极对接中蒙俄经济走廊，重点加强与俄罗斯跨欧亚大铁路、蒙古国“草原之路”倡议的战略对接，推进铁路、公路等互联互通建设，拓展向北经二连浩特直达蒙古国、俄罗斯、白俄罗斯的国际综合运输通道，有效覆盖独联体国家。继续加大“渝满俄”班列开行力度，争取国家支持开展与蒙古国、俄罗斯的国际协调，完善渝满俄国际铁路班列出口转关监管机制，提升通关和运输便利化；推动蒙古国和俄罗斯对陈旧线路进行升级改造，改善沿线国境站、换装站的场站布局和配套设施设备，促进中俄蒙三方铁路点线能力的匹配衔接。推动渝满俄班列与西部陆海新通道铁海联运班列对接，以西部物流园和渝新欧班列为平台，强化“零等待”国际中转，扩大通道服务范围。

做实东向开放通道。加快完善东向陆海通道结构，推进长江、襄渝铁路、沪渝高速、沪蓉高速等通道重要线路改造和提档升级。深化川渝鄂合作，携手川鄂共同争取国家尽快启动三峡枢纽水运新通道建设，着力破解长江水运发展“瓶颈”。加强航道整治，推动长江航道重庆主城至涪陵段提升改造，实现5000吨级船舶常年直达重庆中心城区。加快推动重庆—洋山的江海直达船型研究，实现江海直达，提高重庆至洋山的外贸集装箱在上海外高桥港的中转效率。争取国家尽早规划开建重庆—武汉段沿江货运铁路，增强沪渝直达快线、渝甬班列运输能力。加快推动渝湘、渝汉等重点高铁项目规划建设，增强成渝地区双城经济圈连接长江中游、长三角城市群的高铁直连能力。依托长江黄金水道，加快融入21世纪海上丝绸之路，高效连接东亚、亚太地区。

提升空中开放通道。积极推动重庆江北国际机场扩容，加快江北机场第四跑道和T3B航站楼的建设，规划建设重庆第二国际机场，构建“双枢纽+

多支线”的运输机场体系，增强航空服务辐射能力，争取空中通道基本覆盖全球主要经济体。加快布局主基地航空公司，吸引国内外航空物流巨头在重庆建立基地或设立地区性营运总部，优化航权、时刻、空域等航运资源配置，扩大面向欧美、“一带一路”沿线国家的航权开放。加大对国际航空物流的政策支持力度，提高航空运力，降低航空运价，保障航空货源。借力中新示范项目，深化与新加坡机场间合作，创新以重庆为运营中心、新加坡为转运中心的国际集散货物流模式，提升航空口岸功能，完善国际航空货运网络，形成广覆盖、高密度的货物航线体系。大力发展点式中转货运，积极开展空空中转、空地联运，提升国际中转效率和服务水平。

2. 构建“四式联运”无缝衔接的运输体系

发挥铁公水空交通枢纽集聚优势，大力发展国际多式联运，促进多种交通方式相互衔接，提升国际物流集聚、分拨能力，助力重庆建设国际物流与运营组织中心。

加强西部陆海新通道多式联运建设。依托中新示范项目物流合作，重点推进国际铁铁、国际铁海多式联运，扩大南向国际铁路物流运输规模。依托渝黔桂新铁路、中老铁路等国际铁路干线，加强广西钦州港、缅甸皎漂港等的国际物流合作，通过西部陆海新通道铁海联运班列，覆盖日本、印度及中东、非洲等地区。依托小南垭铁路物流中心，积极发展国际铁铁联运班列，加快提升通道货运能力，积极布局海外集散中心，辐射越南、泰国、新加坡等东南亚国家，助推西部陆海新通道建设。

提升西向北向通道多式联运发展水平。加快完善中欧班列（渝新欧）多式联运网络，重点发展国际铁铁、铁公等多式联运，提升中欧班列（渝新欧）物流集疏运能力。依托果园港专用铁路、鱼嘴铁路货运站、团结村等铁路物流枢纽，通过重庆“米”字形对外高铁通道，强化与东部省份铁路互联互通，动态优化中欧班列（渝新欧）国际运营线路，联结沿线俄罗斯、哈萨克斯坦、白俄罗斯、波兰、德国等欧洲、中亚国家，强化沿线国家海关通关合作，促进国际物流高效流转。依托重庆“三环十二射多联线”高速公路网，加强市内外重点物流园区、物流枢纽等互联互通，推动铁路运输与公路运输无缝衔接，提升国际物流集疏运能力。依托海外集结中心交通枢纽优势，通过公路运输加强对西欧、北欧等物流分拨能力。

加快完善东向多式联运体系。加强与东部经济发达地区、重点港口的铁路、水运和航空衔接，积极开展铁空、铁水、铁铁等多式联运，提升国际物流集结组织能力。依托果园港、江津珞璜港等长江枢纽港，通过铁水联运与长江黄金水道无缝衔接，扩大与长江沿线主要港口的物流运输合作，大力发展江海联运、水铁联运、水水中转、滚装运输等物流运输，提升渝新欧货物集结能力。依托江北国际机场，大力发展卡车航班、陆空联运，辐射重庆四小时航空半径范围的中国香港、首尔、东京等国际化大都市，扩大重庆物流辐射范围。依托渝甬、渝沪等铁路干线，加强与国内东、中部地区城市物流合作，推动国际铁路运输和国内铁路运输的有机融合，助力国内国际双循环发展。

3. 构建“四流融合”的平台通道运行机制

整合开放平台、通道资源，推进人流、物流、信息流、资金流高效协同，提升通道物流运行效能，更好地支撑重庆国际物流与运营组织中心建设。

构建“四流融合”的平台运营机制。充分发挥重庆在西部陆海新通道建设、中欧班列运营中的比较优势，联合四川等省市，塑造多中心、多网络、多动能的通道经济格局，实现区域物流运输资源、生产制造资源、研发创新资源、人力人才资源、金融资源合理配置和自由流动。整合信息资源，加快物流公共信息服务平台、集装箱调度管理中心等功能性平台建设，联动沿线省份共同发布西部陆海新通道各项指数，提升重庆通道物流和运营组织中心功能。加强与钦州、湛江等区域合作，共建国际铁海多式联运中心，提升通道多种交通方式互联互通水平和运输能力。邀请西部陆海新通道各省份参与协商组建西部陆海新通道跨区域运营平台公司，探索共建运输单元、运输工具、仓储、货代、信息等方面的共享机制，探索开行统一品牌的公共班列，探索共建境外集采中心，共同争取境外价格主动权。

构建“四流融合”的通道运行机制。广泛应用物联网、5G 通信等先进技术，依托重庆运营组织中心共建西部陆海新通道公共信息平台，共同建设中欧班列综合信息系统，建设数字化通道，提升通道信息化、智能化水平。加强与西部各省市国际贸易“单一窗口”合作，开展跨境贸易全链条信息共享和业务协同。探索区块链技术在信息平台中的应用，共同破解不同运输方式之间的物流信息壁垒，促进联运信息互联互通。争取海关总署支持扩大“关铁通”试点范围，开展将中欧班列“关铁通”模式运用到西部陆海新通道的可行性研究和实践探索，推进实现与西部陆海新通道沿线国家海关信息互换、监管互认、执法互助。在中新示范项目框架下探索与新加坡等东盟国家开展“跨境理财通”和“跨境基金互认”试点，探索跨境多边保险交易市场服务，探索设立陆海新通道（国际）投资母基金，支持通道建设与运营。

（二）优化布局国际物流枢纽

依托铁路、公路交通干线，在西部陆海新通道沿线重点交通节点布局铁海联运物流枢纽、国际铁铁（公路）联运枢纽，推动形成“2+3+6+N”的西部陆海新通道物流枢纽网络体系，实现国际物流运输从点对点到枢纽对枢纽转变，进一步提升西部陆海新通道物流运输能力，助推中西部地区强化与孟中印缅经济走廊、中国—中南半岛经济走廊、大湄公河次区域经济走廊经贸合作。

1. 建设两大国际物流综合始发枢纽

依托重庆国际物流枢纽、成都青白江铁路港、重庆公路物流基地、果园港等物流枢纽，加快完善枢纽基础设施、口岸功能等配套，提升物流集疏运能力，将重庆、成都打造成西部陆海新通道铁路班列、公路班列的重要始发站。一是完善枢纽功能配套。争取完善铁路、公路等枢纽指定商品进口口岸，扩大优质消费品进口，加强枢纽及口岸基础设施建设，提升物流设施设备智能化、自动化水平，提升物流作业能力和效率。二是提升物流集疏运能力。加快完善枢纽铁路、公路干支线网络体系，建立枢纽连接周边重点园区的铁路物流专线，推动各类运输方式的无缝衔接，促进铁铁、铁水、铁公等多式联运发展。加强与京津冀、长三角、珠三角等区域物流合作，完善国内物流网络体系，积极发展冷链物流、城市配送、电商配送等物流运输，增强枢纽物流辐射能力。三是培育壮大枢纽经济业态。发挥枢纽物流、保税等优势，吸引物流供应链上下游产业链集聚，积极培育跨境电商、保税物流、保税加工、保税商品展示交易、金融期货等新业态、新模式，发挥枢纽对区域经济转型升级的引领作用。

2. 建设三大国际铁海联运枢纽

依托西部陆海新通道铁路线路与海港无缝联通优势，重点建设北部湾港、皎漂港、新加坡港三大铁海联运枢纽，将西部陆海新通道打造成西部内陆地区融入全球经济的最便捷的出海新通道。一是近期做大做强北部湾铁海联运枢纽。发挥北部湾港与铁路线路无缝连接的优势，加快港区基础设施现代化、智能化建设，强化物流运输国内外合作，提升物流集散、存储、分拨、转运等能力，成为西部地区主要出海通道。二是中期积极推动皎漂港铁海联运枢纽建设。积极推动中缅铁路缅甸木姐至皎漂段建设，积极支持国内物流企业抱团参与皎漂港开发建设，将皎漂港建设成为中国扩大与印度及中东、非洲等经贸合作的重要桥头堡。三是远期规划建设新加坡港铁海联运枢纽。发挥中新示范项目合作优势，积极推动中泰铁路建设，实现中老铁路、中泰铁路与马来西亚铁路的连接，依托新加坡港实现与全球重要港口物流联通，进一步提升中新物流合作水平。

3. 建设六大国际铁铁联运枢纽

在西部陆海新通道沿线，重点建设一批铁铁联运枢纽，增强西部陆海新通道的物流集散能力。一是加强国际铁铁联运境内重点枢纽建设。依托西部陆海新通道沿线省会城市，重点建设贵州贵阳、云南昆明、广西南宁等国际铁铁联运枢纽，不断完善枢纽仓储、冷链等配套设施，加快供应链上下游产业发展，增强枢纽对区域经济发展带动作用。二是积极布局境外铁路联运重点枢纽，依托中越铁路、中老铁路、中缅铁路，重点建设越南河内、老挝万象、泰国曼谷等一批境外铁铁联运枢纽，推动枢纽物流园区、工业园区建设的国际合作，加强境内外物流公司、大型商贸企业业务协作，拓展进口货源渠道。

4. 建设 N 个通道沿线节点枢纽

在西部陆海新通道沿线的重要节点城市，建设一批物流节点枢纽，提升西部陆海新通道物流分拨分销水平。一是规划建设一批国内重要节点枢纽。在西部陆海新通道沿线及延伸段，重点建设贵州遵义、四川泸州、广西百色、广西柳州、甘肃兰州、云南临沧等物流节点城市，加快完善物流软硬件基础设施，扩大西部陆海新通道辐射区域。二是打造一批边境口岸节点枢纽。依托云南瑞丽、云南磨憨、云南河口、广西凭祥等边境口岸，加强口岸基础设施建设，通过提升便利化水平，促进边境贸易发展。三是积极布局一批境外节点枢纽。依托泛亚铁路东线、中线、西线，重点建设越南胡志明市、柬埔寨金边市、缅甸曼德勒市、缅甸仰光市等境外节点枢纽，加强物流仓储等基础设施建设，依托当地物流公司构建物流网络体系，增强区域物流服务能力。

（三）沿通道构建现代产业体系

发挥重庆国际物流大通道对沿线经济发展的带动作用，以物流经济、通道经济和枢纽经济为引领，强化产业分工协作，加快建设产业合作园区，积极发展以电子信息、高端装备等为主的先进制造业，依托以口岸物流、会展、电子商务等为主的现代服务业，构建具有全球竞争力的现代产业体系、可持续生长产业生态圈和创新生态链，促进产业迈向中高端，打造高品质陆海联动经济走廊。

1. 加快壮大物流经济

围绕通道沿线产业发展对物流的需求，加快国家物流枢纽建设，依托“口岸+保税区”，完善国际物流功能，着力集聚一批国内外物流企业设立区域、功能总部，壮大国际物流关联企业，加快发展冷链物流、现代制造业物流、大宗商品物流、电商物流等特色物流，打造内陆物流集散中心。

做大现代制造业物流。以建设重庆制造业基地为重点，依托重庆与东南亚地区及“一带一路”沿线国家在汽车摩托车、装备制造等产业联动基础，围绕当地居民对商品的消费需求，支持大型龙头企业开展跨国跨区域生产物流组织，积极发展制造业全产业链物流服务，打造制造业物流示范基地。围绕汽车整车进口口岸，发展整车保税、进口汽车零部件的常态化保税和国内分拨；围绕医药口岸（含首次进口药品和生物制品），打造重庆药品集散分拨中心，发展进口药品保税、全球分拨、销售结算。

积极发展大宗商品物流。围绕市内外对国外金属矿石、煤炭、粮食、油品等大宗商品的市场需求，以重庆为中心，加快建设集在线交易、实物交割、物流服务、金融服务等于一体的国际大宗商品交易平台，加快探索大宗散货集装箱化运输等新模式，打造大宗商品物流示范基地。围绕通道沿线国家和地区多元化产品需求，依托重庆中集物流、中国石油西南化工等行业龙头，设立金属矿石（铝锭、螺纹钢、铁矿石）、煤炭、化工材料、能源、粮食、木材及其制品等大宗商品现货交收中心，建设“一带一路”大宗商品期货保税交割中心，实现交割、大宗商品贸易、实体产业紧密互动。

大力发展冷链物流。依托国内外对西部陆海新通道沿线及周边的热带水果、反季节蔬菜、海产品等农特产品的需求，结合当地产量丰富程度，加快建设覆盖从生产到消费的冷链物流体系。积极开展低成本冷藏载运箱具研发，大力发展铁路冷藏运输、冷藏集装箱多式联运。建设低温加工处理中心，积极发展冷链共同配送、“生鲜电商+冷链宅配”等冷链物流新模式。依托中国西部（重庆）东盟商品、农副产品分拨中心，大力发展热带水果、海产品冷链物流，打造内陆国际中转、保税分拨中心，发展国际中转、保税仓储物流、流通性加工物流。

加快发展电商物流。依托国内外对各种消费品的电商物流需求，支持物流企业、互联网企业依托通道优势建设电子商务物流服务平台，完善区域物流分拨网络。推动电商平台与物流信息服务平台、市场信息平台等实现信息互联互通。继续推动全市跨境电商综合试验区加快发展，完善跨境电商物流网络，打造跨境电商物流示范区。依托国际邮件处理中心、铁路国际行邮通道，推动铁路国际行邮常态化运行，打造内陆国际邮（快）件互换中心，实现铁路国际邮（快）件进出口物流功能。

2. 积极发展通道经济

依托重庆对外国际物流大通道沿线的开放口岸、综合保税（港）区、物流枢纽园区等平台，合理整合各类开发区、产业园区，吸引各类生产要素加快集聚，重点发展外向度较高、大进大出需求高的智能制造、高端装备、整车及零部件、药品及医疗器械、未来通信、前沿材料、冷链食品、消费品工业等加工制造产业，打造外向型先进制造业基地，壮大通道经济规模。

积极推动优势外向型制造业全链融入全球产业分工体系。围绕“一带一路”沿线及全球市场需求，继续按照“垂直整合、整机+零部件配套”的方式，重点推动电子信息、汽车、装备制造等优势外向型产业加快发展，实现加工贸易向“研发链+产业链+供应链”深度发展。加快建设大贸汽车和新能源汽车产业园、生命健康和医药器械产业园、高端装备产业园、未来产业生态园、冷链及食品加工基地、消费品产业园，大力引进“世界500强”、“中国500强”、央企等龙头企业，以及“独角兽”“瞪羚企业”“单项冠军”“隐形冠军”等高成长型企业，构建处于产业链、价值链、供应链、创新链中高端的外向型产业集群。

积极承接国内外产业转移。依托通道沿线地区的区位优势和产业基础条件，积极引导东部地区产业向通道沿线有序转移，形成一批规模效益好、辐射带动作用强的特色产业集聚区。积极对接发达国家及我国东部沿海地区产业转移，聚焦电子信息、装备制造、生物医药等产业未来重点发展领域，统一规划布局若干承接产业转移集聚区，按照产业补齐、产业补链、产业做大做强等类别进行分类承接。加大外资引进力度，鼓励存量外资企业增资扩能，合作引进新的外资优质产业项目落地。

积极培育一批新兴产业集群。深入实施制造强国战略，推动重大关键核心技术攻关，提升自主创新能力，加快培育以大数据智能化引领的人工智能、智能硬件、智能装备制造等战略性新兴产业，培育一批品牌知名度高、技术水平领先、核心竞争力强的企业集团，打造具有国际竞争力的新兴产业集群。运用保税区政策功能优势，引进和建设国家产业创新中心、国家技术创新中心、国家工程研究中心、新型研发机构等科研机构，促使企业大幅提高自主创新能力、重大科技成果集成和转化能力，加快新产业、新业态、新技术、新模式创新发展。

积极发展产业合作园区。积极在通道沿线国内外地区开展产业合作园区建设，共同打造一批特色产业园区，集聚特色产业，壮大通道经济规模。发挥产业互补和分工协作优势，建立利益分享机制，通过合作共建“飞地园区”等模式，积极与贵州、云南、广西等省区共建产业园区，壮大通道沿线产业规模。积极与东南亚地区开展合作，发挥当地资源优势和人力资源成本优势，共同建设中新、中缅、中马、中印尼等境外国际产业合作园区。加大国际产能合作力度，强化第三方市场合作，提升园区创新能力和区域开放合作水平。

3. 发展壮大枢纽经济

以服务业扩大开放试点为契机，依托通道沿线枢纽节点，着力完善物流基础设施，加快发展现代物流、专业会展、电子商务、国际贸易等现代服务业，促进物流、贸易、金融、产业、数据互融发展，形成以陆港经济、航运经济、临空经济等为主要特色的枢纽经济，实现区域经济高质量发展和转型升级。

大力发展陆港经济。加快推动重庆陆港型国家物流枢纽建设，进一步完善铁路物流基础设施功能，加快打造现代物流中心。积极对接重庆高新区及周边园区发展需求，在物流、金融、贸易产业发展基础上，加快拓展商贸流通功能，完善铁路口岸的保税监管等功能，深化口岸金融创新，建设国际船东单证中心、大宗商品现货期货交易平台，引领产业迈向中高端，打造高品质陆港经济区，成为区域经济发展新引擎。

大力发展航运经济。依托重庆港口型国家物流枢纽，以果园港为主承载区，珞璜港、长寿港等为辅，加快完善航运和资源集聚功能，提升现代航运经济发展水平。依托水运口岸和保税物流中心，结合全市产业基础，积极开展汽车、电子、装备制造、生物医药等保税物流，重点发展保税仓储、国际物流配送、进出口贸易和转口贸易、保税加工等，打造保税物流加工基地。同时，重点发展跨境电商、保税冷库、保税期货交割等业态，谋划发展汽车智慧贸易产业园等产业平台，积极发展大宗生产资料交易、国际检验检测维修服务等，加快推动临港产业转型升级。

加快发展临空经济。强化重庆临空经济示范区牵引带动作用，积极建设重庆空港型国家物流枢纽，依托航空运输网络，持续引进发展航空设备制造及维修、电子信息等高端装备制造业，进一步发展壮大航空物流、专业会展、电子商务等现代服务业，强化专业化分工和社会化协作，打造各具特色的产业集群，形成以航空物流为基础、航空关联产业为支撑的高端产业体系。依托国内外对重庆电子产品、特色消费品、农产品等高附加值产品的需求，加快完善航空网络，发展航空物流。围绕重庆及周边地区现代制造业和现代服务业发展，加快开办智博会等专业会展，建设“一带一路”国际会议永久会址，打造专业国际会展基地。以电子商务发展为契机，加快发展商户对商户、商户对个人等电子商务，发展跨境电商、农产品电商等业务，打造电子商务示范城市。

做大贸易经济。依托物流枢纽节点，积极培育转口贸易、服务贸易、加工贸易等多元业态，搭建大宗商品交割、汽车衍生服务等功能性平台，巩固重庆西部贸易中心地位。做大转口贸易，以重庆为中转枢纽，将东南亚的咖啡、橡胶、粮食、水果、海产品等商品通过铁路口岸中转到中东、俄罗斯、中亚、欧洲等地，同时将欧洲、中东的快消品等通过重庆中转到东南亚，打造国际商品中转贸易中心。提质加工贸易，鼓励 OBM、ODM 并举，增加加工贸易的技术、知识密集程度，逐步提升在全球价值链水平。创新发展服务外包、融资租赁等服务贸易。培育总部贸易企业，扶持汽车整车、机电产品等一般贸易优化发展。建设集国际物流、电子商务、金融服务于一体的国家（保税）服务贸易综合服务平台，建设东南亚果蔬、乳制品、速冻加工食品等冷链商品贸易平台，建设国际化展销平台，进一步壮大贸易经济规模。

积极发展口岸型特色金融。围绕东盟、中欧贸易，搭建区域性离岸金融结算中心，完善创新金融服务体系，打造口岸型特色金融中心。依托物流枢纽园区，积极吸引外资银行机构集聚，引进、参股设立融资租赁、小额贷款、股权投资基金等金融机构，丰富金融业态。准许民营企业设立跨境贸易和投融资服务平台，大力发展供应链金融、融资租赁、保理、国际国内信用证等口岸特色金融产品，更好服务贸易和产业融资需求。推动通道沿线国家和地区金融机构在重庆设立分支机构并准入银行间债券市场，提升重庆合格境外有限合伙人（Qualified Foreign Limited Partner，QFLP）试点额度，完善跨境投融资金融牌照，扩大跨境投融资。大力培育要素市场，建立人民币与美元、欧元和新加坡元的离岸交易市场，创新准入制度，设立新加坡交易所重庆分中心，设立外汇交易中心、物流交易中心，建设大宗工业原材料商品现货、期货交易平台。

（四）建设区域性贸易结算中心

瞄准内陆国际物流枢纽和内陆国际金融中心建设目标，推动重庆自贸区、中新示范项目等建设，加快优化金融生态环境，集聚结算型总部金融机构，大力发展物流金融和供应链金融，推动贸易结算和金融创新，建设区域性贸易结算中心。

1. 加快各类结算型机构集聚增强国际金融服务能力

依托中新示范项目，深化与新加坡在金融领域的合作，围绕建设立足西部、辐射东盟、服务“一带一路”的内陆国际金融中心，加大金融业发展政策支持力度，加快形成服务国内国际双循环新发展格局的内陆金融开放服务体系。重点加快机构集聚，积极吸引跨国企业、外资金融机构来渝设立功能性总部、区域性总部、业务管理中心、结算中心、法人子公司，促进支付、债券、证券、外汇、票据等金融结算业务发展，壮大以物流为主的金融结算规模。探索建立便利跨境资本双向流动的开放账户体系，进一步推进人民币跨境使用。

2. 建设物流交易结算中心增强区域金融结算支撑

重点对接中新示范项目和国际陆海新通道建设，推动重庆自贸区金融改革创新，加快构建具备物流、金融、科技、研究等功能的物流交易结算中心，带动西部地区乃至更大区域的开放，为沿线区域的金融互联互通创造条件。创新物流及贸易领域结算平台体系、资金管理模式和结算方式，增强区域性金融结算中心的基础支撑。加快发展金融科技，围绕大数据、智能化，加快区块链、物联网等新技术应用，积极开展数字货币等试点探索，推动金融结算模式等创新，搭建物流金融结算制度框架体系，为跨境金融结算打下基础。突出“结算+金融”的供应链金融创新服务模式，优化风险管理，打造物流金融生态体系，着力推动人流、物流、信息流、资金流“四流合一”，使物流结算资金与物流金融资金形成闭环，促进物流产业良性发展。

3. 深化金融创新提升跨境金融结算服务水平

深化金融创新，大力发展跨境人民币结算，加大融资租赁、信用担保、贷款创新等金融创新改革力度，扩大跨境人民币双向资金池应用；推动跨境电子商务结算发展；积极发展离岸金融结算，吸引银行机构设立离岸结算业务运营中心。探索陆上贸易规则与金融结算的衔接融合，进一步丰富铁路提单的应用场景和融资功能，将铁路提单结算方式从国际跟单信用证逐步应用到托收、汇兑等，强化铁路提单机器融资产品市场化作用；推动铁路运输单证物权化试点与多式联运规则、物流金融创新等有效衔接。加快发展金融要素市场结算，高标准建设统一结算平台；提升物流金融结算水平，提升物流集聚辐射能力。

4. 优化地区发展环境营造良好金融生态

深化金融开放创新合作，建设中新（重庆）金融科技合作示范区，发展供应链金融和特色跨境金融服务平台。推动绿色金融、科创金融跨区域协作，大力发展贸易金融等特色金融服务。健全监管机制，探索金融监管沙箱制度，满足金融创新需要，完善信用体系，健全信用监督、警示和惩戒机制，深化跨区域金融监管协作，完善跨境金融风险防控机制，加大对金融违法行为打击力度，营造良好金融结算法治环境，更好服务区域经济发展。

（五）建设区域性大数据中心

加大现代物流、供应链、货物和服务贸易数据软件开发及大数据、物联网、云计算技术应用，构建信息互联互通大通道和物流大数据中心，推动物流、资金流、信息流融合交汇，促进供需有效对接，降低物流成本、提高物流效率。

1. 建设区域国际数据通道

依托中国—东盟信息港、中新（重庆）国际互联网数据专用通道，建设区域国际数据通道，畅通数据形成、交互、使用的渠道，与西部、东盟主要物流枢纽城市或地区实现信息资源互联互通与共享共用。协同推进西部以及“一带一路”和西部陆海新通道沿线地区陆港、空港、水港信息基础设施建设，统筹口岸业务支撑平台、智能大数据分析等信息系统建设及智能设备应用，构建物流信息大数据资源池，实现5G网络基站全覆盖，建设智能物流、智慧口岸，推动智慧管理和大数据应用。推动国际通关电子化，加强沿线国家海关电子通关合作，推行电子报关和电子舱单系统，推进国际运输单证电子化、数据交换标准化，缩短国际物流通关时效。深入开展“关铁通”试点，以创新型、高性能智能电子关锁为载体，与海关大型查验设备进行智能化联动，推动在途运营管理的“数字化、智能化、安全化、可视化”。深化“物流+北斗”融合创新，探索拓展北斗导航系统的国际物流场景应用，提升去程、回程全过程监测、跟踪水平。争取在渝开展全业务国际通信出入口局试点和国际数据中心服务试点，畅通与东盟等国家的国际物流数据互联互通渠道。争取国家级离岸数据业务试点，引进国外互联网、金融、制造业等领域企业，开展离岸数据存储等产业链国际合作。

2. 建设国际物流大数据中心

依托“空铁公水”国家物流枢纽数据平台，在重庆建设国际物流公共服务云平台，横向联合“一带一路”和西部陆海新通道沿线省（区、市）海关、口岸、交通等部门，汇集物流、贸易、制造、金融等信息数据资源，推进超算中心建设，建立大数据采集分析中心、一体化信息中心、智能管理中心。纵向适时引入联合审批、货物联检通关、物流枢纽布局、主要物流通道、物流服务需求、物流企业信息、运输信息追踪等第三方服务平台数据，加强数据实时交换，实现口岸信息、物流订单、储运能力、货物追踪等信息即时共享，并与中国—东盟信息港、新加坡港口网等系统开展数据交换。建设多式联运数据中心，借助5G、物联网、大数据等智能化技术，搭建多式联运信息平台及覆盖全物流价值链的国际贸易“单一窗口”，实现陆港、空港、水港在线订舱、可视化全程货物追踪，实现港口运营智能化、信息数据可视化、物流联运协同化。推动国际多式联运信息平台和保税智慧口岸对接，实现国际物流的统一运营与调度。发挥新加坡国际结算中心优势，吸引符合条件的新加坡企业在重庆设立结算中心和资金运营中心，开展外汇资金集中运营和跨境双向人民币资金池业务。

3. 建设物流运价指数中心

建立重庆物流云计算中心，打造物流信息平台，探索建立基于“大数据聚集+人工智能分析+大数据开放+供应链金融”智能化、实时化物流数据的金融服务模式。依托中欧班列（渝新欧）、长江航运物流通道基础，提前布局构建铁路、水运物流运价体系，提升铁运、水运在世界航运体系中的重要性，最终推动金融衍生产品交易发展。建立大数据交易中心，利用陆路、铁路、水运物流数据构建铁路、水运物流运价指数和运力指数等区域性指数，前瞻性发挥数据中心作用。加强物联网技术研发和应用，推动物联网技术在运输监控、无人仓储、AGV 智能装卸、高效配送等环节的创新应用，加大现代物流、供应链、货物服务贸易数据的软件开发和大数据、云计算的应用，采集第一手数据。

（六）推动制定统一的国际贸易新规则新标准

围绕全面深化海关业务改革、提升通关便利化水平、促进沿线产业发展，聚焦铁海联运、铁空联运、铁水联运等多式联运，争取沿线国家和地区支持，推动制定统一的国际贸易新规则新标准，夯实国际物流与运营组织中心功能支撑。

1. 深化陆上贸易规则创新

坚持把陆上贸易规则创新作为建设国际物流与运营组织中心的重要任务和抓手，深化拓展重庆自贸区、中新示范项目在陆上贸易规则探索中取得经验，加快提升多式联运法治化水平。一是持续创新铁路提单及配套规则。在创新开发具备物权凭证功能的铁路提单的基础上，实现跨境铁路和公路运单融资、结算常态化、标准化，推动签发提单并据此开立国际信用证及配套融资产品的措施，并逐步实现批量化运用。二是持续用力、久久为功，积极推动国际陆上贸易规则创新。联合国内外知名机构、西部陆海新通道沿线地区，积极参与修改国际铁路货物联运协定，推动国际陆上贸易规则创新，力争实现制度、规则的突破和创新。三是强化现代化信息技术应用，建立和完善“线下全流程监管+线上大数据检测+后台全要素解析”的风控管理模式，推动陆上贸易全流程信息化管理。鼓励支持各类市场信息平台发挥作用，促进高效匹配，提升物流组织及交易效率。四是提升陆上贸易司法保护力度。推动在跨境铁路运输物权纠纷案件上形成司法判例，完善法律保障体系，建立司法保护机制，实现铁路提单与海运提单物权等效。五是跨区域和跨行业深度合作。围绕西部陆海新通道沿线国家和地区实际需求，开展多领域、多层面的合作项目，以项目合作推动规则统一、制度对接，为提单广泛运用奠定基础。建立健全金融机构、信息机构等与承运企业、货主公司等之间长效合作机制，形成发展合力。

2. 创新陆海衔接的国际陆海贸易规则

国际贸易依托国际海运形成了一套国际公认的交易方式，为制定陆海贸易规则提供了有益的参考。要围绕建设国际物流与运营组织中心的定位，聚焦综合服务功能培育和布局，不断推动陆海衔接的国际陆海贸易规则的创新。一是借鉴国际海运业已形成的国际公认的交易规则和贸易模式，推动“海洋规则”复制到陆海国际贸易活动中，逐步形成跨境陆海贸易物权争议国际惯例，实现铁路运单物权化，并与海运物权等效，联通国际海运网，最终形成国际标准。二是协调西部陆海新通道沿线相关省份，共同推进铁海联运“一单制”试点，探索贸易物流金融新规则，创新区域合作新模式，促进制度对接、规则融合，推动多式联运单证物权化，逐步实现单证统一、数据信息共享。三是探索推动多式联运单证市场应用，鼓励企业通过签发多式联运提单，开展基于“一单制”的单证、通关、金融业务流程试点，统一多种运输方式的货品分类代码和危险品分类。四是借鉴“海洋规则”的制定和实施经验，创新陆海衔接的国际陆海贸易实现方式，建立健全与海运联合承运互信互认互通机制，开展基于“一单制”的单证、通关、金融业务流程试点。

3. 积极开展通道规则标准化建设

标准化建设是参与跨国贸易、抢占话语权的重要基石。要突出贸易、结算、信息等规则标准化建设领域，强化西部陆海新通道沿线省份联动，加快融入国际贸易体系，全面推动西部陆海新通道规则标准化制定和建设。一是加强与西部省份抱团联动，发挥重庆作为西部陆海新通道国际物流与运营组织中心作用，以高频次的国际铁海联运班列为载体，深入开展通道标准化示范行动，加强和沿线国家相关机构的规则互认，逐步提升制定国际海运、国际贸易规则的话语权。二是推动跨省市、跨领域、跨行业的通道运行规则和流程的制定和优化，超前制定和试点推行“门到门”多式联运服务规则。国外依托大湄公河次区域行车许可证，探索实施中国—东盟便利化货物运输许可证等区域性政策，发证到车到人，简化境外海关验车、行驶证和车辆运营程序，推动跨境班车直通。明确国际物流与运营组织中心与其他主体之间的关系，推动运营组织中心与承运人、运输公司、快递公司、铁路局等协同互动，促进生产、运输、金融等行业领域形成行业自律和服务标准。三是协同推动通道运输统一安全操作规范、信息数据元交换标准、货物属性认定标准，实现不同运输方式间服务规则和技术标准的无缝对接。统一多种运输方式货品分类代码和危险品分类。

（七）推动统一的品牌运营和对外谈判

强化西部陆海新通道沿线省份合作，着力打造西部陆海新通道整体运营品牌和统一的对外价格谈判，提升国际贸易议价能力和对外影响力。

1. 加强通道宣传和品牌运营

加大对外宣传力度，强化整体品牌塑造，加快提升西部陆海新通道重庆物流与运营组织中心国际知名度和影响力。一是由商务部、全国工商联、中国贸促会和重庆市人民政府共同发起，积极谋划西部陆海新通道国际物流博览会、国际投资暨全球采购会、国际智库论坛、沿线省长（市长）峰会等在重庆落地，常态化定期举办，搭建起重庆及相关地区与世界各国工商界互动、融合、协同发展的国际合作交流平台。二是强化政府、企业和社会之间的纽带作用，策划组织跨省市和跨国的区域性赛事、文化活动周、文艺汇演等，宣传西部陆海新通道建设发展成就，加大西部陆海新通道宣传和品牌运营力度，展示通道沿线各国经济实力、品牌产品、区域文化、风土人情，有力拓展西部陆海新通道的服务范围和对接能力。

2. 强化通道整体对外谈判

强化通道沿线地区重大资源要素统筹，形成整体战略资源，增强对外的谈判权、话语权，实现利益最大化。一是联合重庆、广西、云南、四川、贵州、甘肃、青海等通道沿线省（区、市），加快建立和完善省际联席会议制度，定期或不定期开展通道重大对外谈判事项会商，确保对外合作利益最大化。完善沿线省（区、市）各方利益分享机制，建立和完善大宗商品对外谈判机制，构建利益共享、风险共担、统筹协同发展体制机制。二是内培外引并举，加快培养和打造一批熟悉国际谈判规则、了解国际商贸流程的常态化涉外谈判队伍。结合西部陆海新通道产业发展实际，组建若干由企业技术人员、政府谈判代表、行业领军专家等构成的专业性对外谈判团队。三是针对涉及共同利益、同一产业链条、同类型产品、同一出口（进口）国家和地区，建立健全一体化对外谈判共商机制，统一开展西部陆海新通道建设合作对外谈判工作，增强话语权、定价权和涉外谈判能力。

（八）创新口岸开放和区域合作新机制

发挥口岸作为开放核心载体的作用，在功能完善、协作互动等方面推动创新。落实国家区域发展重大战略，以产业、经济、物流为纽带，构建区域合作战略重点和新机制。

1. 推动口岸功能完善与联动协作

结合重庆区域发展布局和产业发展需求，积极推动口岸布局和功能完善。一是健全开放口岸体系。明确团结村站作为中欧班列、西部陆海新通道重要起点站和集结中心，南彭公路基地作为中国—东盟路线内陆重要起点站和集结中心的地位，赋予团结村站和南彭公路基地类似凭祥铁路口岸、友谊关口岸政策，明确重庆果园港水运进口转关“离港确认”和启运港退税政策，给予机场国际货运更大的时效保障。二是完善口岸开放功能。推动铁路、航空、水运三类口岸资质及设施互享，重点完善铁路口岸粮食、水果、肉类、活牛、木材等口岸功能，支持航空口岸完善药品进口功能，加快航空口岸出境免税店发展，为口岸经济发展提供支撑。三是完善口岸的园区、市场等配套设施。在铁路口岸、水运口岸配置工业园区、交易市场，重点加强物流分拨中心建设，加强中欧班列集结中心建设，完善国内分销网络体系，打造口岸经济发展平台，促进产业集聚集群发展。四是推动市内口岸与西部乃至中部地区口岸对接联动，形成常态化协作机制。以成渝地区双城经济圈建设为契机，推进建立成渝两地口岸功能共享共用机制，共建成渝大通道，促进两地口岸与沿线国家海关间的信息互换、监管互认、执法互助，促进保税货物跨关区便捷流转。五是加强跨区域检验检疫合作，共同建立口岸安全联防联控及应急处置协作机制，全面推动口岸信息化建设和检验检疫监管模式改革，优化通道沿线检验检疫资源配置，推动检验检疫跨区协同执法监管，加强检验检疫机构间协调联动。

2. 推动区域合作开放机制完善

以推动区域省市协同合作工作机制、各级政府及运营主体成本利益分担共享机制为重点，形成运营中心的高效机制。一是推动形成跨区域合作推进工作机制并切实落地实施。目前，在西部陆海新通道建设总体框架下，重庆已设立西部陆海新通道物流和运营组织中心这一事业单位机构，作为各地政府协商共建西部陆海新通道的常设机构，为运营中心的建设提供专门的组织服务。同时，各省也成立了相应运营机构，但均处于起步阶段，功能作用需要进一步发挥。类似中欧班列之前的恶性竞争、重复建设及资源浪费等突出问题也需要预先考虑，从而避免此类问题发生。重庆应承担起牵头组织协调推进作用，积极对接国家发展改革委、交通运输部、海关总署、国家口岸办等国家部委，协同相关省份（以“13+1”为主体，逐步扩展至周边），加快推动国家部委、西部省份政府及部门的多级联动机制，继续做好西部陆海新通道省际协商合作联席会议，并以此为平台，突出互联互通、便利通关、品牌塑造、通道经济等重点领域，细化落实重大政策、重点任务、重点项目，协商推进，形成常态化信息沟通交流渠道和议事决策机制。二是探索形成跨区域合作的成本利益共担共享机制。运营的核心主要体现在成本效益方面，运营中心的成功建设既要充分利用现有的运输条件和动力，加强物流体系建设，更要以物流运营平台、运营企业为主体，形成高效的运营体系。加快落地西部12个省份、海南省、广东省湛江市、湖南省怀化市共同签署的《合作共建西部陆海新通道框架协议》，重点细化运营平台、运输通道、物流设施等领域的利益分享机制，争取各方的支持。以成渝地区双城经济圈建设为契机，克服重庆目前物流企业“小、散、弱”的突出问题，两地政府合作，加强政策支持引导，促进成渝地区物流主体有效整合，如统筹强化泸州港、万州港、果园港等重大物流平台，推动形成成本分析和利益共享市场化机制，形成以平台为支撑、企业为主体的物流枢纽平台。

七、相关政策建议

（一）国家层面

依托西部陆海新通道部际联席会议机制，积极推动中欧班列、长江航运、机场群进行功能拓展，形成国家层面的对内对外统一协调机制，加大政策支持力度，提升水港型、陆港型、空港型国家物流枢纽节点功能，增强生产型国家物流枢纽布局，支持“一带一路”和西部陆海新通道沿线积极推动国际、区域合作方面的口岸开放政策创新，共同设立国际物流联盟。

1. 设立部际协调小组统筹推动国际物流组织运营

建议国家设立国际物流和运营组织中心建设领导小组，支持建立西部地区国际物流多式联运联合协调理事会（国家领导人）、联合工作委员会（部长级）、联合实施委员会和工作组（中方由重庆市牵头）三级合作机制，在重庆依托西部陆海新通道物流和运营组织中心设立常设机构，完善和落实机构运营机制，承担日常磋商和协调任务，会商利益分配和争议解决方案等，并将其协调内容逐步由西部陆海新通道拓展到中欧班列以及航空、港口、公路等领域。

2. 支持国际物流公共信息和服务平台建设

增强重庆全球资源配置能力，总结西部陆海新通道公共信息平台建设经验，围绕西部地区铁路、航空、水运、公路等多类型口岸，建设跨区域国际物流公共信息平台和国际物流中转集结中心、国际箱管中心、出口拼箱中心、公共订舱平台、共同配送平台，开展物流资源、集装箱、物流线路、货代、货主等的统筹运营、规则设计、货源调配，提升对货物的控制力和调节效率。加强与外管局、商务部等信息互联互通，延伸物流信息平台的金融融资功能、展示交易功能等。打造重庆国际供应链产业链组织中心，建设信息综合服务平台，完善采购执行、物流服务、分销执行、融资结算、商检报关等一体化信息集散和综合服务功能。

3. 统筹加快多式联运顶层设计

建立沿线国家基础设施建设协调机制，国家相关部委统筹加快国际贸易单一窗口与“一带一路”沿线国家单一窗口接轨，全面落实国际货运班列与海运监管互认、信息共享、执法互助，建立健全跨境多式联运标准、运量、运价、运力、安全等方面的协调机制，推动多式联运设施设备标准化。国家相关部委加快推行多式联运“一单制”“一费制”，统一货物管理标准、计价基数，按照沿边沿海铁路、公路、水运、空运一类口岸政策赋予重庆多式联运口岸改革试点功能，改革海关监管制度，对多式联运口岸实行“一次报关”“一次查验”“一次放行”。按照双层集装箱铁路运输标准推进货运列车发展，大力发展铁海多式联运。尽快推进修订《收费公路管理条例》，保障高速公路正常运营。

4. 支持团结村铁路枢纽扩能改造

目前团结村实际作业量已超过设计能力，超负荷运作，较大影响运营效率。支持团结村加快扩能改造，建设具备公共属性的集装箱调度管理中心，优化集装箱、散货物流能力设计，加大对土地建设方和权属方的协调力度，明确团结村站作为中欧班列重要起点站和集结中心的重要功能，支持团结村发挥保税物流中心（B 型）在“一带一路”建设中的保税物流平台功能，以服务国际多式联运为重点，推进跨境贸易、中转集拼和分拨配送等业态发展，建设铁路口岸国际邮件处理中心、境外分拨集散中心、海外仓和集装箱还箱点，打造国际供应链节点，促进亚欧多式联运全新合作。

5. 增加设立城市货站和指定口岸

借鉴广州白云机场、深圳宝安机场、南京禄口机场等发展经验，在中西部主要城市布局城市货站。支持重庆江北国际机场在“一带一路”和西部陆海新通道沿线、国内西部制造业较为发达的主要地区设立国际货物城市货运站和国内城市货运站，基于多式联运海关监管体系，开通一体化通关航线，货物在城市货站即可完成报关程序，提高国际物流效率。海关总署应将重庆铁路口岸正式开放项目纳入国家“十四五”口岸开放项目，支持重庆铁路口岸申请设立综合保税区，将重庆铁路口岸确定为启运港，支持重庆获得进口药品的签批权。支持发展“班列+口岸”模式，探索申报团结村重庆铁路口岸综合保税区和重庆铁路口岸扩大开放小南垭作业区。

6. 设立无水港并开展制度创新

支持在西部地区地理位置优、集聚辐射强、进出口需求大、产业优势明显、项目成熟度高的铁路枢纽、空港枢纽、公路枢纽优化布局无水港，支持铁路、港口、航运企业在重庆主辅枢纽设立集装箱堆场，积极开展“一单制”“金融质押监管”“贸产服务平台”等创新工作，打造重要开放节点。

7. 增大资金要素支撑

恳请中国人民银行对重庆铁路口岸经济园区内企业设立的跨境人民币双向资金池的流入资金头寸和流出资金头寸不做规模限制。恳请由亚投行、丝路基金和重庆市共同出资100亿元，设立口岸经济发展专项资金，壮大外向型经济主体。按照“共建共享”的原则，由中央财政和西部陆海新通道、中欧班列沿线省份共同筹资1000亿元，用于通道的基础设施投入，由重庆市及相关区县出资500亿元，用于铁路口岸经济园区基础设施投入。

8. 支持重庆探索陆上贸易规则

国家有关部委基于中欧班列（成渝）、西部陆海新通道铁海联运班列等支持重庆探索内陆自由贸易港建设，叠加重庆自贸区，全面扩大对外开放试点支持；支持重庆探索创新铁路单证及其配套规则，积极参与商务部牵头的“铁路运单物权凭证工作机制”相关工作，推动修改国内立法，实现物权化；推动并完善国际铁路提单融资工程，稳步拓展单证境内外区域和货物应用面；推动修改国际铁路货物联运协定，实现国际规则突破。

（二）区域合作层面

加大区域合作力度，在国家指导下积极落实细化国家层面的统一协调机制，强化西部相关省份合作，促进西部地区沿线省份、运营公司、货主等在西部陆海新通道建设中加强协调与合作。

1. 发挥重庆在区域合作中的组织协调作用

围绕促进国内国际双循环，促进外贸和内贸的联动转换，依托重庆作为西部地区唯一具有铁公水空多式联运条件和江海联运条件的城市的优势，强化组织协调作用，完善货源组织、多式联运、信息集成和物流中转集结等功能，进一步深化西部陆海新通道与中欧班列、长江经济带和西部大开发等国家重大战略直连直通建设，提升重庆国际物流与运营组织中心全线服务能力。一是充分发挥重庆作为国际性综合交通枢纽城市的功能，加强产业发展、基础设施、开发开放等领域合作。加快完善沿线地区铁路、公路、水运、航空等综合交通基础设施建设布局，对现有铁路线路实施改扩建优化升级工程，对外联合建设海铁联运、跨境运输、空中运输互联互通体系，着力提升通道物流整体能力。二是联合湖北、湖南和四川，共同向国家争取三峡新通道建设，进一步释放长江黄金水道优势，强化长江与中欧班列、西部陆海新通道互联互通，提升重庆国际物流与运营组织中心服务功能。三是推动沿线省份重大产业平台、开放平台等开展深层次合作，以国家级新区，国家级高新区，国家级经开区、自贸区、保税区，毗邻合作平台等为载体，联合制定助力国际物流与运营组织中心建设办法，形成一体化建设合力。

2. 进一步探索国际通关便利化改革

加强国内海关协调合作，促进区域通关便利化，进一步探索国际通关便利化改革。一是深化拓展区域合作领域和合作层次，利用全国通关一体化、中欧班列舱单归并等便利化举措，大力推动运输单证电子化，总结“关铁通”（海关—铁路运营商推动中欧班列安全和快速通关伙伴合作计划）、“安智贸”（中欧安全智能贸易航线试点计划）发展经验，扩大试点创新经验推广范围，扩大授权经济经营者互认合作。二是建立跨部门、跨区域、跨关区“信息互换、监管互认、执法互助”协作机制，搭建电子口岸平台，推行国际贸易“单一窗口”建设试点，有效实现跨区域通关协作，推动跨区域、跨关域多式联运转关便捷化，实现关检的“一卡通”，将陆海贸易新通道的物流功能拓展成为贸易通道、旅游通道，提升通道利用价值。三是在电子产品快速通关模式基础上，探索建立多样化货物快捷通关模式，如建立电子预报关制度，沿线海关对西部陆海新通道运营平台建立认证考核机制，对通过考核机制的公司给予绿色通关认证。

3. 优化资源配置和跨区域合作

以制度创新为重点，以全方位区域合作为抓手，依托重大发展平台、开放平台，加快优化资源配置，深化区域合作，增强全球资源配置能力。一是围绕铁路、航空、水运、公路口岸建设国际箱管中心、出口拼箱中心、公共订舱平台、共同配送平台，创新体制机制，开展物流资源、集装箱、物流线路、货代、货主等方面的统筹运营、规则设计、货源调配，试点拓展班列支线线路，加快境外分拨集散中心、海外仓和集装箱还箱点建设，打造国际供应链节点网络，提升对货物的控制力。二是依托重庆自贸区，用好国家赋予的更大改革自主权，全面深化自贸区“放管服”改革。强化重庆自贸区与四川、广西、贵州、云南等省（区、市）及通道沿线国家合作，对标国际通行规则，在贸易、投资、金融便利化等领域积极探索推动适宜重庆的制度创新和政策创新，在更高水平上提升要素资源配置效率。三是深化区域协调发展机制改革。力争率先在中欧班列、海铁联运班列、南亚班列、东盟班车等运输组织中实现对国外统一谈判，提高西部陆海新通道整体话语权和竞争力，争取在沿线串珠式建设一批优势互补的省际合作产业园区，建立持续可靠的利益分配和考核评价机制，推动西部陆海新通道交通物流走廊向产业经济走廊迈进。四是深化沿线省份合作，共同争取国铁成都局、国铁南宁局支持，推动陆海新通道实行统一运价下浮标准，进一步降低综合物流成本，促进通道沿线省份共建共荣。

4. 加强市场化的股权投融资合作

通过出资入股、收购股权、认购可转债、股权置换等多种方式，推行市场化、多元化股权投融资，加强与沿线、沿边枢纽、口岸合作。一是顺应西部陆海新通道建设市场化运作的需求，积极发挥政府资金撬动作用，以市场化资金为核心，推动沿线国家和地区、各类金融机构等共同参与西部陆海新通道融资合作，推动沿线省份和国铁集团等央属企业联合投资入股，共同做大做强跨区域综合运营平台，促进运营中心由轻资产向重资产转型，增强运营平台与境外合作能力。二是抢抓金融业扩大开放重大机遇，落实好国家在重庆开展服务业扩大开放综合试点等政策，围绕重点领域在西部陆海新通道建设中的重要作用，深化市场化的股权投融资合作，加快提升“重庆金融”在通道沿线国家和地区的竞争力和发展水平。三是深化绿色发展理念，推动建立由通道沿线国家和地区的金融机构、企业共同参与的“西部陆海新通道绿色投资原则”，积极发展并运用绿色金融工具。

（三）市级层面

联合西部地区共同争取国家相关政策优惠。重点围绕物流、产业等合作领域，积极对接国家《“十四五”推进西部陆海新通道高质量建设实施方案》等政策，尤其是加大货物转运优惠政策支持力度，通过相关政策支持推动运营中心加快建设。

1. 强化资金支持

一是优化财政保障方式。积极对接国家《西部陆海新通道总体规划》和《“十四五”推进西部陆海新通道高质量建设实施方案》，重点围绕港口型、陆港型和空港型物流枢纽功能发挥、集装箱调拨服务体系建设等领域，完善对通道运营的市级专项资金支持。针对多式联运物流成本问题，切实研究并出台针对多式联运货物转运相关税费的优惠支持政策，规范并降低中间转运环节货运收费标准，降低制度性物流成本。围绕国际物流与运营组织中心的数字化平台和系统建设、复合型人才队伍建设等，加大财政资金支持力度。二是拓展金融支持渠道。争取亚洲基础设施投资银行、丝路基金等金融投资机构以股权投资、债务融资等方式支持运营中心建设。引导市内银行、保险等金融机构深度参与西部陆海新通道建设，在跨境贸易结算、物流金融、融资租赁等方面提供多元化金融服务。争取设立重庆国际产能合作基金，依托自贸区和中新示范项目打通国外债券和基金融资渠道，通过出资入股、收购股权、认购可转债、股权置换等多种方式引进战略投资，为西部陆海新通道沿线国家和地区产能合作提供资金支持。

2. 完善税收政策

一是落实优化现有税收政策。进一步落实国际货代免税业务，延续转口贸易补贴、口岸服务费用补贴等税收专项补贴，继续执行物流重点企业和物流项目的税收优惠政策，继续配合国家有关部门优化物流业增值税政策。支持在西部陆海新通道沿线建设保税监管场所，增加保税业务，进一步规范口岸环节的行政事业性收费及经营服务性收费标准。二是扩大税收政策试点。

进一步扩大查验没有问题外贸企业吊装移位仓储费用免除试点范围，争取从水运口岸扩大到铁路口岸、保税港区和综合保税区。积极响应海关总署提出推动的“关铁通”合作倡议，争取建设保税监管场所，助推企业开展进口保税业务。

3. 支持重点领域突破

一是加大物流资源优化调整力度。推动西部陆海新通道沿线岸线资源、物流运营主体等资源整合，支持国际物流与运营组织中心统一西部陆海新通道运营品牌、运营规则和运营模式。引导推动中欧班列（渝新欧）和西部陆海新通道在南向铁铁联运、铁海联运等国内业务上互动错位发展。二是支持冷链技术和箱管联合攻关。针对铁路冷链物流“瓶颈”制约问题，争取政府铁路冷藏设备研发政策支持，协同科研院所、设备制造商开展新型铁路冷藏集装箱研发，积极推动新型油电混合冷藏箱应用，支持单节冷藏车、冷藏箱等单元化冷藏设备研发，扩大独立机组冷藏箱保有量。支持开行冷链混合班列，依托冷链物流信息服务平台，全方位提升运输、仓储、配送等全过程信息化水平，支持搭建冷链食品大数据信息平台。三是加强进口环节政策支持。协调进出口惠企政策，弥补进口支持政策空白，加大对市内进口贸易企业的支持力度，鼓励金融机构开展支持企业进口贸易和国内流通的业务，为重庆国际消费市场双向开放提供强劲动力和广阔空间。

分报告一

重庆国际物流与运营组织中心的功能及目标研究

一、西部陆海新通道建设的主要内容和目标

（一）西部陆海新通道建设的主要内容

1. 战略定位

《西部陆海新通道总体规划》（以下简称《通道规划》）中指出：当前，世界正处于大发展大变革大调整时期，我国发展仍处于并将长期处于重要战略机遇期。随着区域协调发展战略深入推进，西部大开发依然是艰巨繁重的任务，需要进一步强化西部地区交通基础设施建设，扩大既有通道能力，协同衔接长江经济带发展，提升物流发展质量和效率。按照高质量、高标准、高水平共建“一带一路”的要求，我国与东南亚等地区经贸合作将更加紧密，西部地区应进一步发挥毗邻北部湾港的区位优势，提升与东南亚等地区的互联互通水平，进一步扩大对外开放。加快西部陆海新通道建设，对充分发挥西部地区连接“一带”和“一路”的纽带作用，深化陆海双向开放，强化措施推进西部大开发形成新格局，推动区域经济高质量发展，具有重大现实意义和深远历史意义。《通道规划》中明确了西部陆海新通道的4项战略定位，努力成为推进西部大开发形成新格局的战略通道、连接“一带”和“一路”的陆海联动通道、支撑西部地区参与国际经济合作的陆海贸易通道、促进交通物流经济深度融合的综合运输通道（见图2-1）。

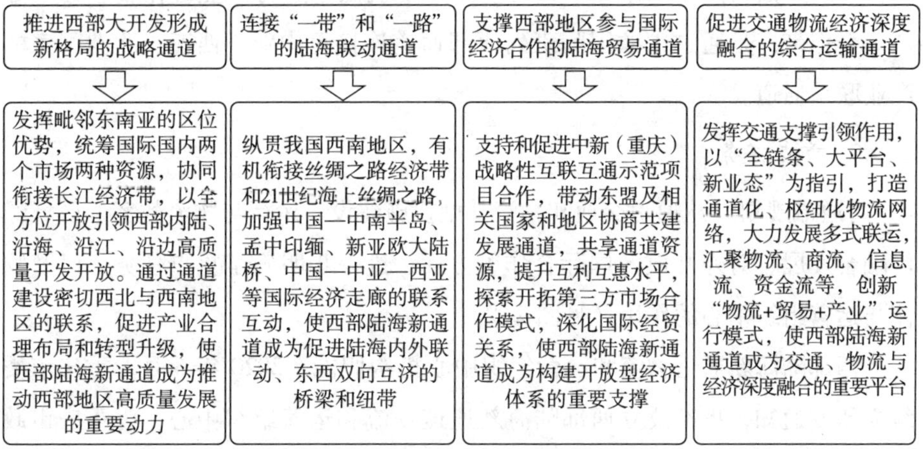

图2-1　西部陆海新通道的4项战略定位

从综合运输通道角度，西部陆海新通道衔接内陆、沿海、沿江的公路、铁路、水路、航空国内国际运输通道，贯通西南地区公路、铁路运输通道，衔接丝绸之路经济带和21世纪海上丝绸之路。国内方向，以自重庆经贵阳、南宁至北部湾出海口（北部湾港、洋浦港），自重庆经怀化、柳州至北部湾出海口，以及自成都经泸州（宜宾）、百色至北部湾出海口3条通路共同形成西部陆海新通道主通道，同时强化主通道与西北地区综合运输通道衔接。国际方向，通过北部湾出海口连接东盟和全球，通过云南中缅口岸打通经皎漂港至印度洋的出海通道，通过中欧国际班列西部通道、长江经济带连接至全球的综合运输通道。

从贸易走廊角度，西部陆海新通道以重庆、成都为商贸物流核心枢纽，以自贸区、内陆开放型经济试验区等为贸易发展高地，以重庆、成都等城市内陆铁路口岸、航空口岸和北部湾港口为贸易窗口，充分发挥《区域全面经济伙伴关系协定》《中欧投资协定》等双多边国际贸易投资规则作用，形成面向东盟的工业品出口、农产品和原材料进口贸易通道，面向欧盟的工业品出口、中高端消费品进口贸易通道，以及面向沿线中亚、西亚、南亚等直至全球的贸易通道。

从产业轴带角度，在产业国内大循环中，西部陆海新通道是西北与西南地区产业主轴带，是联系长江经济带、延伸至粤港澳大湾区的关联产业配置带。在产业国内国际双循环中，是直接与东盟国家进行产业合作转移的国际产业合作带，是通过中欧国际班列西部通道连接至中亚、西亚、欧洲国家的产业联系通道。

2. 重点任务

《通道规划》从通道交通和物流基础设施建设、运行与物流效率、区域经济融合发展、对外开放及国际合作等方面，进一步明确了重点任务，以及物流与运营组织中心的作用（见图2-2）。

西部陆海新通道物流和运营组织中心机构职能。2020年6月，重庆市委编委印发通知，批准设立西部陆海新通道物流和运营组织中心，为重庆市政府口岸物流办管理的正处级公益一类事业单位。下设综合协调部、区域合作

一、加快运输通道建设

· 统筹各种运输方式，围绕建设大能力主通道和衔接国际运输通道，进一步强化铁路、公路等交通基础设施，提升沿海港口功能，着力构建完善的交通走廊。重点任务具体包括提高干线运输能力、加强港口分工协作、提升综合交通枢纽功能、加强与周边国家设施联通。

二、加强物流设施建设

· 结合腹地经济条件、区位特点和发展需求，优化物流枢纽布局，推动物流设施整合，提高信息化水平，打造现代化物流枢纽体系，推进通道物流规模化组织、区域化集散、专业化服务和网络化运行。重点任务具体包括优化物流枢纽布局、完善物流设施及装备、提升物流信息化水平。

三、提升通道运行与物流效率

· 充分发挥铁路长距离干线运输优势，加强通道物流组织模式创新，扩大开行铁路班列，积极开拓沿海港口近远洋航线，大力发展多式联运，鼓励发展物流新模式新业态，推进通关便利化，提高通道物流质量、效益和竞争力。重点任务具体包括加强物流运输组织、推动通关便利化、提升多式联运效率和质量、积极发展特色物流。

四、促进通道与区域经济融合发展

· 发挥通道对沿线经济发展的带动作用，促进区域产业结构优化升级，支持重要节点加快培育枢纽经济，优化改善营商环境，打造高品质陆海联动经济走廊，实现要素资源高效集聚与流动。重点任务具体包括发展通道经济、培育枢纽经济、优化营商环境。

五、加强通道对外开放及国际合作

· 进一步发挥中新互联互通项目示范作用，加强与周边国家协商合作，持续放宽外资准入，改善外商投资环境，带动相关国家共商共建共享国际陆海贸易新通道，提升我国西部地区与东南亚地区的互联互通水平。重点任务具体包括发挥中新互联互通项目示范效应、进一步扩大对外开放、用好开放合作平台。

图 2–2　西部陆海新通道建设的重点任务

部、规划发展部、项目推进部、信息服务部，协调推进通道建设有关工作。具体职能包括：参与协调推进跨区域的基础设施互联互通、运输通道建设和通关一体化合作；参与协调推进通道标准化、规范化建设，推动通道与经贸、产业、交通、金融等领域合作等。

3. 重大措施

从区域协调机制、投融资、重点支持政策及组织实施等方面，梳理重大措施，并从中总结提炼与物流和运营组织中心相关的重点改革创新方向。《通道规划》中提出加强统筹协调、创新投融资模式、完善支持政策、强化组织实施和做好宣传引导 5 项保障措施。2019 年 12 月 20 日，国家发展改革委组织召开西部陆海新通道建设省部际联席会议第一次会议。联席会议召集人、国家发展改革委主任何立峰出席会议并讲话，联席会议副召集人、国家发展改革委副主任胡祖才主持会议。会议听取了国家发展改革委基础司关于审议文件的说明，审议通过了《西部陆海新通道建设省部际联席会议工作规则》《2020年西部陆海新通道建设工作要点》。2020年11月17日，西部陆海新通道省际协商合作联席会议第一次会议在重庆召开，西部陆海新通道物流和运营组织中心、陆海新通道运营有限公司在重庆启动运行。

（二）西部陆海新通道建设的规划目标

1. 近期目标

《通道规划》指出，到2025年，经济、高效、便捷、绿色、安全的西部陆海新通道基本建成。运营组织发展目标为：西部地区物流枢纽分工更加明确、设施更加完善，重庆内陆口岸高地基本建成，通关便利化水平和物流效率大幅提升，更好引领区域协调发展和对外开放新格局；和运营组织中心相关的目标包括：基础设施方面，一批重大铁路项目建成投产，主要公路“瓶颈”路段全面打通；铁海联运方面，铁海联运集装箱运量达到50万标准箱。

2. 中长期目标

《通道规划》指出，到2035年，西部陆海新通道全面建成，通道运输能力更强、枢纽布局更合理、多式联运更便捷，物流服务和通关效率达到国际一流水平，物流成本大幅下降，整体发展质量显著提升，为建设现代化经济体系提供有力支撑。2035年目标中，物流与运营组织中心的发展目标主要包括多式联运组织、物流服务、通关效率的运输物流目标，以及支撑经济体系建设的经济带动目标。

（三）西部陆海新通道建设应重视的几层关系

1. 对传统发展模式的创新提升

突破单纯的基建项目建设。基础设施是经济社会发展的先导。西部陆海新通道作为综合运输通道，当然需要完善交通及物流基础设施。但此次规划并没有仅仅局限在作为基础设施建设的通道发展层次。从规划明确的五大任务来看，涉及基建项目建设的内容主要是通道基础设施和相关配套物流设施，在任务体量上只是较小的一部分。而且涉及物流设施建设的内容，大多数是与《国家物流枢纽基地布局和建设规划》（发改经贸〔2018〕1886号）紧密衔接的，同样都强调对既有设施的优化利用，而非大规模新建。其主要原因一方面是通道既有设施已有相对较好的发展基础，需要处理好优化整合既有设施资源和新建设施的关系，以提高设施发展质量和综合效益；另一方面则是尽可能避免规划成为过度新增建设项目的工具，为强调发展“软设施”“软环境”留有足够空间。事实上，对于通道发展而言，硬件设施的联通已不是主要矛盾。在此次规划中，包含了诸如培育多式联运领军企业、大力发展多式联运服务、加强物流服务质量监管规范、着力优化多式联运组织形态和服务模式、降低综合物流成本、贸易便利化、运输一体化、金融及信息服务平台化等涉及提升通道运行和物流效率的内容。

创新区域协同发展体制机制。近年来，中新互联互通南向通道的建设为西部陆海新通道的发展奠定了一定基础。在区域协调机制上，从最初的重庆、甘肃、贵州、广西四省（区、市）签署《关于合作共建中新互联互通项目南向通道的框架协议》，到广西、甘肃先后出台建设方案，再到内蒙古、四川、云南、陕西、青海、新疆等省（区）响应“重庆倡议”，已初步搭建了覆盖西部地区除宁夏、西藏外10个省（区、市）的协调机制框架。但总体来看，各省（区、市）之间合作共建协同发展的体制机制仍不健全，仍需通过创新协调机制妥善处理相互间的发展定位、竞合关系，方能形成发展合力。此次规划提出支持重庆市牵头建立省际协商合作机制，协商解决西部陆海新通道区域合作有关事项，一是考虑了既有协调机制的基础作用，二是更加强调发挥川渝地区的带动作用。事实上，协同化发展已成为新时期国家区域发展战略和政策的核心特征，通道承担推进西部大开发形成新格局的重要战略功能，必须以创新区域协同发展体制机制作为重要支撑。

营造产业联动供应链生态圈。从区域经济和全球供应链发展看，通道的战略价值之一在于通过运输链、物流链和供应链对经济要素的空间组织优化和构造经济生态圈来引导产业布局，形成合理对接国内国际产能合作的产业分工体系。这本身也是经济高质量发展阶段深化供给侧结构性改革和构建现代经济体系的必然要求，通道的发展必须探索一种不同于传统单纯依靠低成本要素来引导产业发展的新机制和新路径。事实上，随着我国交通运输行业的大规模建设和高速发展，交通运输与经济社会发展的作用关系已进入“支撑引领”的新时期，交通运输的功能从被动满足经济活动的派生性需求向主动引导和优化经济要素的时空组织方向延伸拓展，在匹配适应经济社会发展的基础上进一步支撑引领经济新动能的产生。此次规划，在提升通道运行与物流效率、通道与区域经济融合发展等方面“浓墨重彩”，提出了一系列推动交通与产业融合发展的新要求。例如，在发展通道经济方面，提出推动新旧动能转换，引导生产要素向通道沿线更有竞争力的地区集聚；在发展枢纽经济方面，提出打造高品质陆港经济区、加快发展航运经济、推进临空经济区建设等要求。

2. 对既有国家战略的衔接策应

当前，区域经济发展的新重点已向内陆腹地延展，海陆并重时代的区域协调发展机理也由沿海发达经济体的“圈状辐射”向内陆开放高地的“带状引领”转变。相应地，国家区域发展战略和政策的作用单元也更加精准和细化，其作用机理也更加强调基于协同的体制机制创新。因此，通道的发展需要符合国家区域发展的新趋势，形成新机制，承载新功能，把握局部试点和整体推进实施节奏，强化川渝地区作为三大通道核心交汇区以及广西作为沿海开放前沿的辐射带动作用，促进西部地区形成区域协调发展和整体开放的新格局。

3. 构建陆海贸易发展新通道

“一带一路”建设和长江经济带发展战略中分别有陇海—兰新陆桥通道和长江黄金水道两条连接内陆和沿海地区的贸易运输通道。但由于纵深较大，这两条通道对西部地区“海向”参与国际经贸体系的带动作用相对有限。加之长江经济带生态优先的发展定位和三峡船闸对长江上游水运的部分制约，通道需要形成与上述两大战略通道的有机衔接和互补策应，通过构建贸易新通道，优化区域经济要素布局。此外，通道发展应注意统筹广西沿海港口经济发展与粤港澳大湾区建设、海南自由贸易试验区建设，着力于“增量”发展，形成有机衔接、互为策应的联动开发开放体系，壮大西部开发动力源。

4. 重塑全面开放开发新格局

西部地区在前几轮大开发过程中获得快速发展，但同时，西北片区和西南片区的发展差距也渐趋扩大。近年来，川渝地区在构建内陆开放高地方面取得显著成效，具备了成为西部地区发展引擎的基础能力。从通道的空间布局来看，通道与中欧国际班列西部通道相衔接，未来可通过格库铁路、规划的格成铁路、西成铁路等设施，形成一条联通西北和西南片区的新通道。一方面，延展通道辐射范围，形成贯通西南与西北两大片区的经济开发轴带；另一方面，进一步强化陆桥通道的优势，促进东盟地区与中亚地区之间的经贸互动，强化沿线内陆地区作为两大经济区贸易中转地的功能，进一步推动内陆开放高地建设，助力新一轮的西部大开发构建新型开放开发格局。此外，通道统筹考虑了陆海联动格局，经广西、云南边境口岸进出的陆路通道，主要支撑我国与中南半岛国家的经贸交流，助力中南半岛经济走廊建设，而经广西北部湾、海南洋浦等进出的海上通道则主要支撑我国与南洋群岛及21世纪海上丝绸之路沿线国家之间的经贸交流。

5. 对国际经贸格局的引导优化

带动东盟地区其他国家参与共建共享。截至2021年底，我国已连续13年成为东盟第一大贸易伙伴。2020年以来，我国与东盟国家历史性实现互为最大贸易伙伴，与东盟间重要供应链伙伴关系持续深化。西部陆海新通道的发展需要放眼整个东盟地区主动作为，在地区层面带动其他国家共同参与国际陆海贸易新通道建设。未来，我国应支持东盟发展壮大并在东亚合作中发挥核心和主导作用，推动中国—东盟战略伙伴关系取得更大发展，在《中国—东盟战略伙伴关系2030年愿景》指引下，开展支持东盟一体化和共同体建设的互利合作，对接《东盟互联互通总体规划2025》与中方“一带一路”倡议中共同的重点领域，努力以互利共赢方式促进各区域互联互通战略的对接。进而在落实中国—东盟自贸协定及相关议定书的基础上，深化全方位的经贸合作，以包容性方式提高地区人民生活水平。

发挥中新示范项目的示范效应。新加坡是亚洲主要转口枢纽之一，是世界最大的燃油供应港口，也是联系亚洲、欧洲、非洲、大洋洲的航空中心，中新示范项目符合新加坡强化其亚欧贸易中转基地定位的利益关切。新加坡依托枢纽优势发展外向型经济对我国深化高层次开放具有积极借鉴意义。近年来，我国成为新加坡最大贸易伙伴和最大客源国，新加坡的政经策略走向强化对华关系。新加坡历来在东亚国际政治舞台上扮演中国与美国、日本等国家之间的平台桥梁。通道作为中新示范项目合作重点，不仅可以对我国与东盟其他国家的类似合作发挥示范带动效应，也可鼓励和带动相关发达国家和地区企业在“一带一路”倡议和东盟互联互通总体规划下，探索开拓第三方市场的合作模式，务实深化合作推进“一带一路”建设。

综上所述，西部陆海新通道的建设和发展，对推进西部大开发形成新格局、促进经济高质量发展、推动更高层次开放型经济、建设现代化经济体系具有重要意义，我们必须以习近平新时代中国特色社会主义思想为指导，大力深化改革创新，有效支撑国家战略，优化国际经贸格局，努力将其建设成为一条交通便捷、物流高效、贸易便利、产业繁荣、机制科学、具有较强竞争力的新通道。①

二、国内外主要国际物流与运营组织中心的经验启示

（一）宏观层面：功能定位

1. 上海航运中心

上海港、上海机场均跻身全球航运中心、航空物流枢纽前三位，航运中心发展规模和质量均领先全国，形成了较为完善的航运服务体系。

上海港航运中心。国家一系列政策不断确立了上海国际航运中心的发展地位，1996 年 1 月，党中央、国务院作出建设上海国际航运中心重大决定；2009 年 4 月，国务院下发《关于推进上海加快发展现代服务业和先进制造业建设国际金融中心和国际航运中心的意见》，提出了“2020 年基本建成上海国际航运中心”的目标。“十一五”以来，随着外高桥港区和洋山深水港区的建成，以及长江口深水航道的全线贯通，上海港实现了跨越式发展。经过 25

① 王杨堃．西部陆海新通道：三层关系应重视［J］．中国投资（中英文），2019（17）：32-34.

年建设，上海国际航运中心基本建成。《新华·波罗的海国际航运中心发展指数报告（2020）》中，上海首次跻身全球航运中心前三，位列新加坡和伦敦航运中心之后。上海港港口吞吐量自 2010 年起连续 11 年保持世界第一位，2020 年上海港集装箱吞吐量达到 4350 万标准箱。

上海国际航空枢纽。上海成功构建了国内首个“一市两场”城市机场体系。截至 2021 年底，浦东、虹桥两大国际机场共投用 4 座航站楼和 1 座单体卫星厅、5 个货运区、6 条跑道，可满足年旅客吞吐量 1.2 亿人次、年货邮吞吐量 520 万吨的运行需求。上海空港航线网络覆盖能力亚太领先，“两场”运营的航空公司数量超过百家，联通全球 50 个国家的 314 个通航点（其中国际通航点 142 个、港澳台通航点 5 个、大陆通航点 167 个）。2019 年，上海机场旅客吞吐量达到 1.2 亿人次，创中国机场旅客吞吐量新纪录；空港货邮吞吐量达到 405.3 万吨，浦东机场连续 12 年稳居全球机场货邮吞吐量第三位。

上海航运服务集聚区。上海已发展形成不同区域的航运服务集聚区，包括现代航运物流示范区、航运总部经济区、中国邮轮旅游发展示范区、国际邮轮产业园、临空经济发展区等。上海航运中心内国际国内企业主体高度聚集。目前，全球排名前十的班轮公司、全球排名前五的邮轮企业、全球前五大船舶管理机构中的 4 家、国际船级社协会正式成员中的 10 家均在沪设立区域总部或分支机构。依托上海航运枢纽和航空枢纽，国际知名航运服务企业已规模化进驻，国内航运服务企业加快扩张，已形成航运服务产业高度聚集态势。

发展经验。一是新发展格局中的战略定位。上海浦东是首个在国家层面确立在“大循环”“双循环”中定位的地区。2021 年 11 月 12 日，习近平总书记在浦东开发开放 30 周年庆祝大会上的讲话指出，浦东要努力成为国内大循环的中心节点和国内国际双循环的战略链接，在长三角一体化发展中更好发挥龙头辐射作用。上海航运中心作为浦东发展的物流组织中枢，在新发展格局的定位中，将更加注重统筹国内国际两个市场两种资源，提高对资金、信息、技术、人才、货物等要素配置的全球性影响力，着力打造全球产业链、供应链、价值链的重要枢纽功能。二是特殊政策和机制站位。上海航运中心依托上海自由贸易试验区、临港新片区、洋山特殊综合保税区等政策优势，在港航物流、国际贸易、口岸通关等方面一直处在国内制度型创新发展前列。临港新片区对标国际上公认的竞争力最强的自由贸易园区，在适用自贸区各项开放创新措施的基础上，实施具有较强国际市场竞争力的开放政策和制度。洋山特殊综合保税区作为我国唯一的特殊综合保税区，是国内目前开放程度最高的海关特殊监管区，以期围绕航空制造产业，为商飞以及配套的加工制造业提供量身定制的监管模式。洋山特殊综合保税区在全面实施综合保税区政策的基础上，取消不必要的贸易监管、许可和程序要求，实施更高水平的贸易自由化、便利化政策和制度。三是高起点长远谋划。“十四五”时期，上海将在航运中心发展中持续推进一系列开放创新措施，加快建设门户枢纽地位稳固、集疏运体系协调高效、航运服务品牌效应凸显、航运治理融入全球的国际航运中心。国际运输管理方面，在沿海捎带、国际船舶登记、国际航权开放、国际中转集拼等方面加强探索和落地政策。拓展航运服务新空间新业态方面，加快形成具有国际影响力的航运保险市场，支持发展航运衍生品业务，推动沪浙船用保税油跨市场协作，积极打造海事纠纷解决优选地。集疏运体系建设方面，推进长江口辅助航道建设工程，加快构建洋山港水公铁集疏运系统，建设临港集疏运中心。

2. 新加坡航运中心

新加坡一直是世界上最繁忙的港口，平均每年有 14 万艘船舶停靠，每 2~3分钟就有一艘船到达或离开新加坡。新加坡港是 200 多个航运公司的联络点，可链接全球 120 多个国家和地区的 600 多个港口。1969 年，新加坡在裕廊工业区裕廊码头建立了第一个自由贸易港。1997 年，新加坡港实行政企分开，由新加坡海事及港务管理局（MPA）和新加坡港务集团（PSA）分管运营，并开始拓展国际码头市场。新加坡樟宜机场自贸区以空运货物为主，由新加坡民航局负责运营，其余自贸区以海运货物为主。新加坡拥有 18 项自由贸易协议和 10 项双边运输协议，大幅增强了其国际航运、航运服务和商业运营能力。

发展经验。一是打造航运中心生态体系。新加坡航运生态系统涵盖 5000

多个机构，雇员超过 17 万人，为新加坡贡献了约 7%的国内生产总值。新加坡是全球 140 多个航运集团所在地，发展成为国际航运和海事服务的组织中心。新加坡港是世界上最大的船舶加油港口。大量国际海事组织和协会落户在新加坡，如波罗的海交易所、亚洲船东论坛、国际燃油工业协会、国际独立油轮船东协会以及波罗的海国际海事理事会等。新加坡加快发展成为亚洲海事法律和仲裁中心，以及海上和海洋工程活动重要中心。目前约有 2.6 万家国际公司落户新加坡，1/3 的“世界 500 强”公司选择在新加坡设立亚洲总部，依托航运中心的发展，新加坡正加快打造全球贸易中心、全球金融中心和全球研发中心。二是建立可持续发展规划。2015 年 10 月，新加坡港提出以大士港（Tuas）为发展核心的“2030 年下一代港口”战略。2016 年，新加坡制定和实施海上运输业转型图（ITM），旨在为 23 个行业制定路线图，以解决每个部门内的问题，并加深政府、公司、行业协会和劳工组织之间合作关系，以应对全球竞争加剧、技术进步放缓以及土地和人力等国内资源紧张等挑战。

（二）中观层面：建设内容

1. 郑州“四路协同”

郑州以“空中丝绸之路”为引领，统筹推进陆上、网上、海上丝绸之路建设，其中以郑州机场航空货运、郑州跨境电商发展亮点频现，其发展模式对重庆具有一定借鉴意义。郑州“四路协同”包含空中、陆上、海上和网上 4 条“丝绸之路”，主要依托郑州空港、郑州陆港和跨境电商集聚区实现其基本功能和协同发展。

一是空中丝绸之路——郑州航空港经济综合实验区。郑州航空物流和临空经济发展主要依托郑州航空港经济综合实验区，作为郑州“空中丝绸之路”的城市载体，自 2013 年国务院批准后，实验区在发展规模和质量上均实现了跃升。2013 年，国务院批复《郑州航空港经济综合实验区发展规划（2013—2025 年）》，提出了实验区建设的总体要求，即努力把实验区建设成为全国航空港经济发展先行区，为中原经济区乃至中西部地区开放发展提供强有力支撑。郑州航空港经济综合实验区是目前唯一一个由国务院批准设立的航空经济先行区，规划面积 415 平方千米，规划人口 260 万人，定位包括国际航空物流中心、以航空经济为引领的现代产业基地、内陆地区对外开放重要门户、现代航空都市、中原经济区核心增长极。郑州航空港经济综合实验区总体布局示意图见图 2-3。

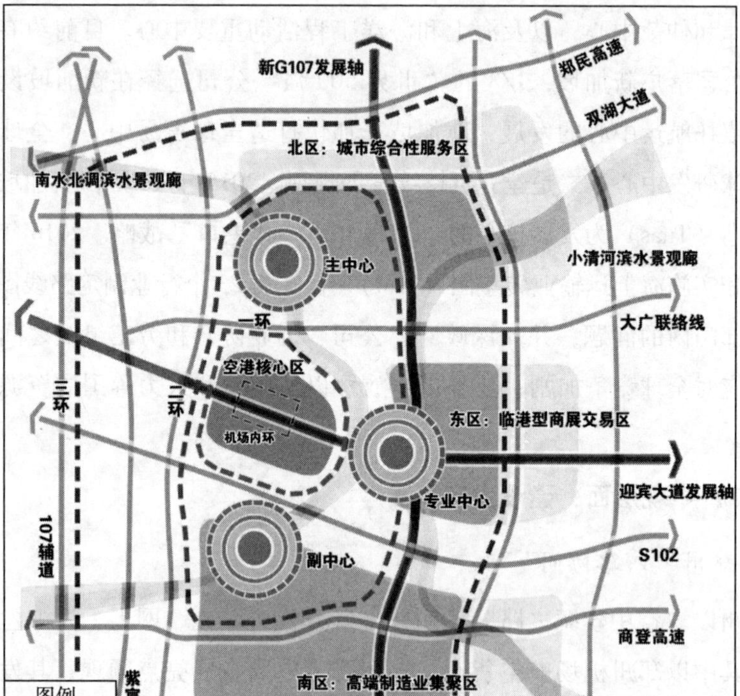

图 2-3 郑州航空港经济综合实验区总体布局示意图

2017 年，习近平主席会见卢森堡首相贝泰尔时提出，“支持建设郑州—卢森堡‘空中丝绸之路’”。“空中丝绸之路”为郑州依托航空物流发展临空产业、打造航空大都市注入了更强动力。2020 年，郑州航空港经济综合实验区地区生产总值达到 1041 亿元，同比增长 7.8%，增速排名郑州市第一。外贸进出口总额达到 4447 亿元，增长 21.4%，创 5 年来最高增速，占全省进出口总额的66.9%。规模以上工业增加值达到568亿元，增长10.8%，增速排名郑州市第一。航空货运达到63.94万吨，增长22.5%，增速排名全国第一。2019年，郑州空港型国家物流枢纽成为第一批，也是唯一一个空港型枢纽，其发展特色和成绩得到了广泛肯定。

二是网上/陆上丝绸之路——郑州跨境电商集聚区/郑州国际陆港。郑州"网上丝绸之路"主要依托位于郑州跨境电商集聚区的原郑州保税物流中心开展，现已整合升级为郑州经开综合保税区，其规划面积3.2平方千米，于2016年12月经国务院批准设立，2019年6月28日顺利通过验收，是位于河南自由贸易试验区内的第一家综保区。郑州经开综合保税区共分2个区块，包括3个围网区域，其中区块一为河南郑州出口加工区A区和河南保税物流中心，规划面积1.435平方千米，区块二为河南郑州出口加工区B区，规划面积1.769平方千米。截至2020年11月，郑州跨境电商中进出境商品包裹超7000万单，同比增长46.6%，货值超130亿元，同比增长72.96%，其中出口增长393.8%。作为全国首批跨境电商服务试点，自2013年7月15日开始实货测试，截至2020年11月底，累计验放进出境商品包裹3.86亿单，货值510.2亿元。依托郑州全球跨境E商务产业园、中欧班列国际物流园区和郑州国际物流园区，郑州正在申报陆港型国家物流枢纽。郑州加强与青岛、天津等沿海港口合作，通过海铁联运实现与"海上丝绸之路"无缝衔接，畅通以东向为主的铁海联运国际通道，2020年海铁联运班列预计完成运送货物1.2万标准箱。

发展经验：

一是航线网络、口岸体系与航空经济互动发展。依托航线网络和货航公司打造国际枢纽机场。郑州机场是全国首个以"货运优先"为发展导向的机场，国际货运航线网络密度在我国内陆城市中居于前列。自郑州—卢森堡航线开通以来，郑州不断拓展和全球主要航空货运枢纽之间的航线，目前郑州机场国际航线已覆盖全球主要经济体，全球前20位的货运枢纽机场中已开通16个航点，货运航线达到51条，其中国际地区41条。郑州与欧洲最大货运航空公司卢森堡货航在股权、业务等领域长期稳定合作，2019年，卢森堡货航在郑州承运货运量达到12.5万吨。2020年，郑州引入全球最大的国际货运航空公司卡塔尔货航，进一步奠定了其国际航空货运枢纽地位；郑州机场新增基地航空公司 3 家，西部航空郑州分公司、中原龙浩、中州航空相继挂牌投入运营，郑州机场成为拥有本土货运航空公司的机场。2021 年 1 月 26 日，“空中丝绸之路”中匈航空货运枢纽项目签约仪式举行，郑州机场将在欧洲首设海外货站。

打造全国领先的航空口岸设施运行和服务体系。郑州航空港经济综合实验区已经形成了内陆地区中较为完备的“1+1+7”口岸设施体系，包括航空口岸和机场综合保税区，以及水果进口口岸、冰鲜水产品进口口岸、食用水生动物进口口岸、肉类进口口岸、活体动物进口口岸、国际邮件枢纽口岸、药品进口口岸 7 个指定口岸，是国内拥有指定口岸最多的内陆机场。郑州机场全面实施“7×24”小时通关机制、“提前申报”通关模式，进出口通关时间分别是全国平均时效的 5 倍和 49 倍；口岸作业区到机场的进出口通关时效分别达到全国同期的 27 倍和 29 倍。

建设与国际航空物流高度互动的临空产业园区。郑州航空港经济综合实验区已布局形成八大产业园区，重点发展具有临空指向性和关联性的高端制造业、现代服务业等产业。其中，以早期富士康入驻为基础，区内“1+1+N”的电子信息产业集群架构初步形成，即以富士康产业集群和智能终端（手机）产业园为引领的非苹果手机产业集群。郑州航空港经济综合实验区产业园区布局如表 2-1 所示。

表 2-1　郑州航空港经济综合实验区产业园区布局

序号	产业园区	产业功能	入驻企业	实景图
1	智能终端（手机）产业园	规划面积约 20 平方千米，重点引进智能终端产业品牌商、制造商、运营商、物流商，着力打造从手机研发、产品设计、软件开发、整机制造、配件生产到销售、物流、售后服务的智能终端全产业链	目前已签约入区智能终端整机及配套企业 116 家，已有中兴、天宇等 15 家企业正式投产	

续表

序号	产业园区	产业功能	入驻企业	实景图
2	航空制造维修产业园	引进国内外先进飞机制造企业，重点发展飞机设计、飞机零部件制造、航空电子设备制造、商务飞机制造；依托郑州机场，大力发展民航客机和直升机整机维修、维护检测设备制造等	已有穆尼飞机制造、中汇华翼智能航空产业园等项目落户	
3	生物医药产业园	引进生物医药企业，建设产业公共服务平台，重点发展附加值、技术含量较高的生物技术医药、化学创新药物、现代中药等，引进高端医疗设备、新兴医疗器械等生物医学工程技术和产品研发制造相关企业	已有百桥生物、中泽生物、海恩药业、优特生物、中科干细胞、越人医药等项目落户	
4	商贸会展产业园	依托航空港和综合保税区，重点发展以大型国家级国际综合性商贸会展为主导、专业型商贸会展为基础的会展服务业，积极引入展品运输、餐饮娱乐、宾馆酒店等与会展业配套的相关服务企业	已有绿地会展城、丹尼斯百货、裕鸿商务公园、锦荣悦汇城、兴瑞大宗商品供应链产业园、中国（郑州）国际大宗商品交易中心、欧洲制造之窗等项目落户	
5	精密机械产业园	全力打造集研发、制造、销售为一体的特色产业集群，重点建设包括数控机床、新材料、智能机器人、3D 打印、节能照明、精密机械等产品及上下游配套生产	已有友嘉精密机械产业园、蓝宝石器件产业园、名匠智能机器人生产基地等项目落户	
6	电子商务产业园	发挥郑州跨境 E 贸易试点城市优势，围绕“大物流”努力构建国际物流分拨配送系统，以发展 B2B、B2C、O2O 业务为重点，吸引国内外电商、物流商、金融服务机构等集聚	已建有中部国际电商产业园、跨境电商及国际贸易产业园，另有唯品会、苏宁、航投臻品、顺丰电商园、菜鸟、杭州聚多云电商园等项目落户	

续表

序号	产业园区	产业功能	入驻企业	实景图
7	电子信息产业园	重点发展智能终端、新型显示、计算机及网络设备、云计算、物联网、高端软件等新一代信息技术产业，打造国际电子信息产业基础	已有正威科技城、朝虹科技、台湾软件产业园等项目落户	
8	航空物流产业园	引进大型物流集成商和基地航空公司，推动设立大型物流中转中心或分拨中心，积极引入国内知名物流集成商，建设空空转运、空地一体、跨境电商转运分拨等全国性枢纽	已有中外运中部区域空港物流网络枢纽项目、顺丰电商产业园项目、菜鸟“智能骨干网”项目、DHL 中西区物流分拨中心、中国邮政速递物流航空邮件处理中心、TCL 华中电子商务配送中心等 20 多个项目入驻	

二是国际综合枢纽建设与空港陆港协同发展。郑州机场、郑州航空港站综合枢纽为物流组织模式创新奠定了基础。郑州航空港站位于郑州航空港实验区中部，是河南省“米”字形高速铁路网和中原城市群城际铁路网的重要枢纽站，设计规模 16 台 32 线，于 2021 年底完工，配套建设动车所。郑州航空港站将实现机场与郑万、郑阜、郑太高铁无缝衔接，为未来空铁物流联程联运新场景新模式发展提供了基础条件。服务内陆地区强大国内市场，郑州机场、郑州陆港的枢纽间分工发展方式也在逐步明晰，为高品质、高效率物流服务开展提供了设施条件，将共同支撑郑州建设我国内陆地区国内国际物流双向组织中心（见图 2-4、表 2-2）。

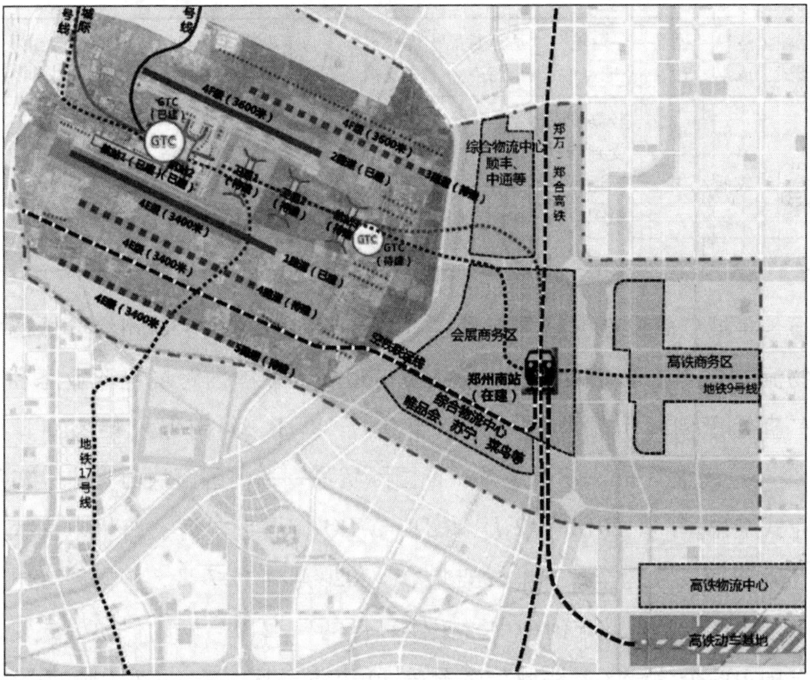

图 2-4　郑州航空港经济综合实验区空铁综合枢纽示意图

表 2-2　郑州机场、高铁南站、国际陆港枢纽物流协同发展分析

类别	运输形式	运输成本	运输时效	运输准点性	适运货品特点	优势空间范围	与空港协同空间	与高铁南站协同空间	与国际陆港协同空间
郑州机场	航空运输	高	高	较高，受恶劣天气影响较大	高附加值、高时效性、小批量、小体积	国际、国内1000千米以上	—	货品联运及旅客联程	在时效和成本之间叠加组合构成不同的运输方案，在批量和体积上形成不同的市场覆盖
高铁南站	高铁运输	较高	高	极高，受恶劣天气影响较小	高附加值、高时效性、小批量、小体积	国内1000千米以内	货品联运及旅客联程	—	分别覆盖国内和国际市场

续表

类别	运输形式	运输成本	运输时效	运输准点性	适运货品特点	优势空间范围	与空港协同空间	与高铁南站协同空间	与国际陆港协同空间
国际陆港	中欧班列	较低	中	较高，受到跨国运行组织影响	较高附加值、较高时效性	国际	叠加组合不同运输方案，形成不同市场覆盖	分别覆盖国内和国际市场	—

三是跨境电商设施网络建设和模式创新相结合。位于郑州经开区的河南保税物流中心自开展“1210”保税备货进口后，在国内跨境电商业态和模式方面一直处于创新引领位置。2017 年 9 月 28 日，河南保税集团在日内瓦 WTO 公共论坛上发布《郑州模式：E 国际贸易——中国解决方案》，“1210”模式正式走出国门。2018 年 2 月 10 日，WCO 首届世界海关跨境电商大会正式以“郑州模式”为全球标准框架蓝本。2020 年 4 月 7 日，全国跨境电商综试区增至 105 个，至此，河南保税集团首创的“1210”网购保税模式复制推广至全国 105 个综试区，地域范围覆盖 30 个省（区、市）。利用政策叠加优势推进跨境电商良性创新发展。郑州跨境电商率先开通“9710”和“9810”试点模式；在洛杉矶、列日、布达佩斯、胡志明、海参崴等建立 8 个海外仓服务中心，在美国达拉斯等地取得关务绿色申报通道许可；与邮政创新开发特色物流产品，打通境外配送“最后一公里”。2020 年 10 月 23 日，义乌至郑州市场采购贸易出口空运通道正式运行，郑州跨境电商创新模式与义乌市场采购贸易试点模式（1039）进行有效叠加创新，通过嫁接郑州航空口岸资源，为企业搭建起跨区域市场采购贸易平台和通道。建立持续引领跨境电商模式创新的研发体系。2017 年 10 月 29 日，我国首家以 E 国际贸易商事活动为主要领域的研究机构——EWTO 研究院在位于郑州经开区的河南保税物流中心正式挂牌成立。EWTO 研究院由河南省政府、郑州市政府、河南保税物流中心等共同发起成立，集聚政府、智库、高校等高端资源，以学术为依托，打造 E 国际贸易高端新型智库，为 EWTO 核心功能集聚区的建设提供强有力的资源平台和智力支撑。

2. 南京“枢纽经济”

南京着力发挥物流枢纽吸引和辐射效应，实现关联产业要素聚集，打造依托海港、空港、高铁的枢纽经济区，发展枢纽经济，推动产业规模和质量的提升，为重庆依托运营组织中心带动枢纽经济发展提供了经验参考。南京依托长江航运主轴和高铁、空港枢纽，建设了一批枢纽经济集聚区，着力推动枢纽、产业和城市的融合发展（见图 2–5）。

空港枢纽经济区。空港枢纽经济区空间格局。南京空港枢纽经济区形成以禄口国际机场为核心，以江宁片区和溧水片区为产业发展空间的“一主两翼”总体空间结构。“一主”即机场主枢纽，主要承担机场的客货运职能，同时也是机场运营和管理、航空和配套产业、货物转运与代运、航空公司基地等职能的核心集聚区。“两翼”即江宁片区和溧水片区，主要发挥机场的辐射带动作用，实现围绕机场集中发展的航空产业和相关配套服务功能。

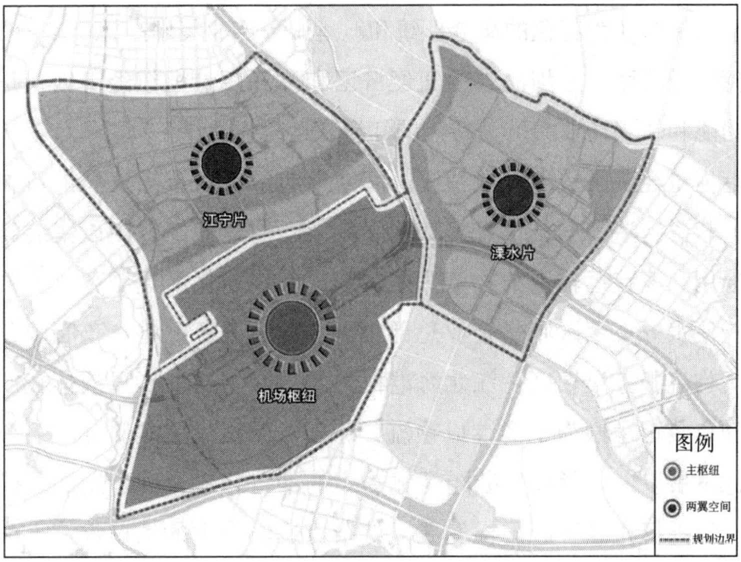

图 2–5　南京空港枢纽经济区空间布局示意图

空港枢纽经济区重点产业情况。空港枢纽经济区重点发展空港物流、航空运输服务、航空制造、临空高科技、商务服务、跨境电商等产业。空港物流业集中于机场片区、江宁片区，是空港枢纽经济区的发展核心。航空运输服务业主要集中于机场片区发展，包括航空公司基地业务、维修机库建设、航空金融等。航空培训基地选址于临近机场的江宁片区，预留用地 0.35 平方千米。航空制造业布局于江宁片区西北部和溧水片区东部，形成若干个航空制造业产业集群。临空高科技产业集中于江宁片区北部，形成了电子信息、医疗电子、生物基因和生物制药等高科技产业集群。商务服务和航空港衍生功能相对集中于江宁片区西南部，建设国际商务中心，设置会展、交易、免税店、商务办公、服务、航空教育培训功能。跨境电商产业园位于机场东侧。综合服务中心位于江宁片区禄口镇附近和溧水片区北部，连同老镇一起改造建设，建成高水平的空港综合服务区。

海港枢纽经济区。海港枢纽经济区空间格局。海港枢纽经济区规划形成，"一带、两核、三区"的总体空间结构。"一带"指长江航运物流发展带，是打造区域性航运物流中心的空间载体，也是建设海港枢纽经济区的核心地带。"两核"指龙潭海港枢纽经济区和下关长江国际航运物流服务集聚区，是以国际物流和高端服务为特色的海港枢纽和航运服务产业集聚高地。"三区"指江北海港枢纽经济区、七坝海港枢纽经济区和滨江海港枢纽经济区，是以差异化港口功能和新兴产业集群为特色的江海联运枢纽。

海港枢纽经济区重点产业情况。海港枢纽经济区重点发展港口物流、航运服务、装备制造、电子信息等产业。龙潭海港枢纽经济区以集装箱、大宗散货、通用和滚装运输港口物流为主，综合发展现代航运服务。下关长江国际航运物流服务集聚区则是企业总部集聚、配套服务完善、政府服务集中的现代航运物流服务集聚区。江北海港枢纽经济区主要发展以液体化工、通用散杂货和集装箱运输为主的港口物流，综合发展现代航运服务。七坝海港枢纽经济区发展以件杂货和集装箱运输为主的港口物流，配套发展现代航运服务。滨江海港枢纽经济区同样发展以件杂货运输为主的港口物流，配套发展现代航运服务。龙潭海港枢纽经济区重点发展交通运输装备、智能制造装备等高端装备制造业和电子信息产业。江北海港枢纽经济区重点发展现代物流业、精细化工产业、化工新材料产业和高端专用化学品产业。七坝海港枢纽经济区重点发展现代物流业、智能制造装备方向的高端装备制造业、电子信息产业和新材料产业。滨江海港枢纽经济区重点发展核电装备、海洋工程装备及高技术船舶等方面的高端装备制造业。

高铁枢纽经济区。高铁枢纽经济区空间格局。高铁枢纽经济区打造了“一心、两片、两轴、九组团”的功能布局。“一心”是以南京南站为核心；“两片”指南站枢纽区（含玉兰路两侧片区）、红花机场片区；“两轴”为文化功能轴和商务商贸发展轴，文化功能轴位于红花机场片区，商务商贸发展轴位于南站枢纽区；“九组团”为南站枢纽区的3个混合发展组团、2个居住组团和红花机场片区的商业服务中心组团、大明路沿线商业组团、机遇留白组团和智慧活力街区组团（见图2-6）。

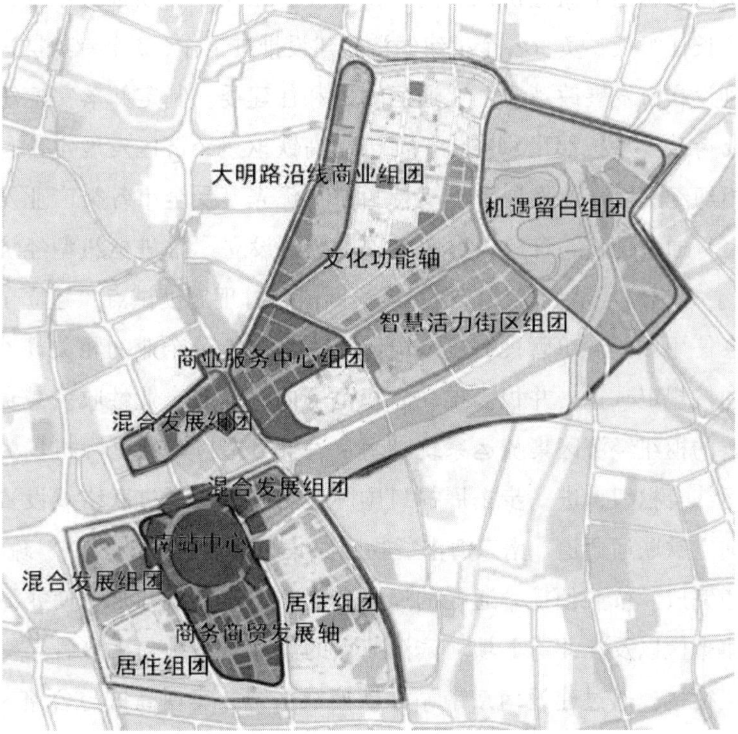

图2-6　南京高铁枢纽经济区空间布局示意图

高铁枢纽经济区重点产业情况。高铁枢纽经济区以南京南站为核心布局了商务、旅游休闲、居住等对高铁枢纽依赖性逐步递减的诸多产业。南站枢纽区作为高铁枢纽经济区的第一圈层，承载交通集散及城市门户功能，形成服务总部经济的商业商贸集聚区。红花机场片区位于高铁枢纽经济区的第二圈层，承载城市居住与文化交流功能，形成文化产业区、生态休闲区、旅游消费区、主题旅游区等组团。

发展经验。一是建立枢纽经济推进机制，即建立枢纽经济建设领导小组和分区推进机制。2015 年，南京市委、市政府下发《关于加快推进枢纽型经济建设的意见》，并制定了南京市发展枢纽型经济的“十三五”规划，正式确立全市枢纽经济发展战略。南京成立了枢纽型经济建设领导小组，由市委、市政府主要领导任组长，相关部门、区、开发区、企业为组成单位，负责推进全市枢纽型经济建设的统筹协调工作。枢纽型经济建设领导小组下设空港枢纽经济区、海港枢纽经济区、高铁枢纽经济区 3 个专项推进小组，分别由分管副市长任组长，负责各个枢纽经济区建设推进工作，3 个专项推进小组办公室分别设在市发展改革委、交通运输局和住建委。制定并落实枢纽经济发展各项支持政策。按照南京空港、海港、高铁枢纽经济区发展定位，南京制定了各枢纽经济区产业发展重点支持目录，优先享受全市各类产业发展专项资金扶持。通过优化整合市级财政专项资金，设立“推进枢纽型经济发展专项资金”。在枢纽经济区实施产业发展负面清单管理制度试点，建立了投资准入和社会信用负面清单管理制度。枢纽经济区内涉及企业的相关规费，在市权范围内按规定减免，并积极推动省权范围内的行政事业性收费减免。二是建立完善的枢纽经济区集疏运系统。南京着力打造以禄口国际机场为核心的空铁联运综合枢纽，进一步拓展禄口国际机场腹地，通过联络线设置构建完善多方向空铁联运通道。南京海港货物陆路集疏运通过疏港公路、疏港铁路、疏港航道完成。按照便捷、通畅的原则确定集疏运系统布局，使龙潭国际综合物流集聚区以及江北、七坝、滨江节点的集疏运系统与市域骨干交通网络形成有机衔接。通过建设南京南站高铁换乘系统，实现高铁与公路、轨道交通、公交、出租等多种出行方式的无缝衔接，强化高铁枢纽经济区与全市和周边区域的互联互通。三是枢纽经济下的港产城互动发展。南京依托三大枢纽形成“枢纽港+关联产业+枢纽经济区”的港产城互动发展格局，破解传统枢纽与城市生活工作区相分离的弊病，形成枢纽经济发展的持续动能。空港枢纽经济区以获批省级经济开发区为契机，重点集聚航空运输、航空物流、临空高科技产业、临空现代服务业、临空制造业等与空港关联度较高的相关产业，加快建设国家临空经济示范区。海港枢纽经济区充分依托长江深水航道和流域内完善的公铁水集疏运系统等有利条件，大力发展以物流、贸易为重点的现代服务业，以及与临港加工相关的先进制造业，建设成为港口、产业、城市联动融合发展的枢纽经济区。高铁枢纽经济区依托高铁枢纽和智慧城市两大重要支撑，打造以商务商贸业为主导、健康休闲和文化创意产业为亮点，具有枢纽特色的现代服务业产业体系。

（三）对重庆国际物流与运营组织中心的启示

1. 战略层面

打造内陆生产、消费和物流组织中心，推动重庆成为国内大循环战略支点。凭借上海浦东在新发展格局中的战略定位，上海航运中心在发展中的枢纽位势不断增强。重庆国际物流与运营组织中心需要强化在新发展格局中的战略位势，加强对成渝地区双城经济圈国家战略支撑，通过西南、西北通道联系中西部地区，加快形成国内大循环中西部发展战略支点。重庆国际物流与运营组织中心应加快强化服务中西部国内市场的能力，依托物流组织衔接生产和消费，形成西部地区生产供给和消费需求高效适配组织中心，成为重庆现代产业体系、现代流通体系、消费中心城市建设的重要支撑。

打造国际产业链供应链配置中心，推动重庆成为国内国际双循环战略链接中枢。新加坡作为多年来综合排名全球第一的航运中心，依托马六甲海峡特殊区位，已经成为全球物流和贸易组织中枢，并通过确立“下一代港口”的国际引领发展定位，从航运中心的智慧、稳定、高效等角度推进港口系统升级，巩固其枢纽地位。新加坡打造国际航运、贸易、金融枢纽的战略定位对重庆打造国际物流与运营组织中心具有重要借鉴意义，但新加坡发展腹地极为狭小，国内市场作用较弱，重庆更应发挥好国内国际双循环链接优势，以中西部广阔的国内市场为发展基点，把握西部陆海新通道沿线各地区现代化发展的设施建设、产业培育和消费增长前景机遇，强化物流与运营组织中心通过物流聚集国内国际两种资源的能力，打造依托国内、面向国际的更有韧性的战略链接中枢。

2. 功能层面

统筹物流组织、产业服务和开放平台功能。进入新发展阶段，增强产业链供应链价值链水平、强化关键产业领域和环节控制能力成为国家和区域经济发展补短板的重要方向。上海航运中心通过经济效应外溢，形成了在长三角区域一体化发展中的产业组织枢纽，郑州航空港经济综合实验区发展也在推动劳动密集型产业链向周边市县配置。西部陆海新通道沿线产业组织配置则更加需要紧密依托畅通的物流通道，创新与西南、西北、国外不同区域的产业分工方式，实现长距离交通物流走廊下的通道经济发展。重庆作为西部陆海新通道物流与运营组织中心，需要在已经形成的区域物流组织能力基础上，着力补足在沿线产业组织配置和开放载体平台的功能，服务支撑以成渝地区为引领的中西部形成具有国际竞争力的现代开放型产业集群。

积极争取制度性、战略性先行先试功能。上海航运中心作为国内商品要素流动型开放和制度型开放的创新前沿，利用自贸区等政策先行先试，不断引领国内开放模式和业态升级，制度性开放组织中心作用不断强化。重庆依托中欧班列进行了一系列在国际陆路贸易提单使用、金融结算方面的探索，物流与运营组织中心需要在“十四五”期间进一步在陆路贸易规则等方面创新突破，加强陆路和陆海贸易规则衔接，强化各类要素资源聚集能力。郑州航空物流和航空经济发展源于和卢森堡建立的“郑—卢空中丝绸之路”，重庆物流与运营组织中心应在成渝地区双城经济圈和西部陆海新通道两大国家战略框架下，加快推出一系列服务国家、服务成渝发展的战略性举措，完善先行先试的功能体系和政策支撑，并持续推进发展。

3. 运营层面

提高协调机构和企业主体能级，服务西部陆海新通道全线运营组织。从郑州发展经验看，其“空中丝绸之路”发展依托于国内唯一的航空港经济综合实验区，目前实验区已行使省辖市权限，河南省、郑州市发展资源大幅向实验区倾斜，形成快速发展和弯道超车态势。重庆口岸物流办公室下设处级事业单位，作为组织协调机构，在西部陆海新通道跨省市协调组织中层级较低，难以支撑打造物流与运营组织中心的战略高度。从西部陆海新通道各次协调调度会议情况来看，仍以国家、省级政府部门为组织主体，对沿线企业的物流组织统筹、产业资源配置方面涉及的深度不够，对市场主体的引导性还未完全显现。为实现重庆打造国际物流与运营组织中心的战略高度和功能体系，需要加快提高协调机构层级，加强平台企业联盟建设，拓宽业务覆盖范围、涉及领域，落实服务西部陆海新通道全线运营组织的职能。

建立跨部门、跨行业、跨领域协调机制，推动形成陆海经济产业走廊。西部陆海新通道不仅是交通物流走廊，更是经济产业走廊，重庆物流与运营组织中心作用不应局限于物流组织，应在通道沿线产业组织方面发挥更大作用，需要建立包含交通、物流、商贸、产业、信息化等主管部门的协调机制。在陆海新通道运营组织中，产业反哺物流、物流超前引导产业是重要的发展命题之一，南京各类枢纽经济区建设和相关负责部门的协调机制是推动物流产业协调互促发展的有效机制，上海统筹各类区域主管部门、各行业领域形成航运中心设施功能建设和体制机制创新发展合力，郑州建立了依托跨境电商的航空港实验区和经开区联动、“空中丝绸之路”和“网上丝绸之路”交互的发展局面，均为重庆国际物流与运营组织中心发展提供了可供借鉴的经验。为推动西部陆海新通道更好发挥经济产业走廊功能，重庆国际物流与运营组织中心需要建立涵盖国际国内物流组织、产业链供应链运行服务、通道经济枢纽经济发展的完整服务系统，加强沿线各省（区、市）物流运作协调和产业链上下游衔接，激发新通道系统性发展动能。

三、重庆国际物流与运营组织中心的功能定位

（一）地位作用及内涵

1. 发挥规模经济和网络经济效益

规模经济效益是指适度的规模所产生的最佳经济效益，从而推动优化资源配置，实现降本增效。全球化大生产作为规模经济活动的表现之一，依托低成本、高效率、广辐射的现代交通和物流网络使这种规模经济效应得以进一步放大。打造国际物流与运营组织中心，统筹配置全球交通、物流、贸易、产业、金融、科技等资源要素，实现规模经济和网络经济效益相互叠加倍增，为西部陆海新通道发展赋予更大动能。

重庆地处“一带一路”、长江经济带和西部陆海新通道的联结点，是打通

内陆、面向全国、联动全球的重要物流枢纽节点。依托长江黄金水道、中欧班列（渝新欧）、西部陆海新通道多式联运、国际航空货运等运输方式打造综合立体交通网络，使得规模经济效应得以进一步放大，能够有效扩大区域内物流、经济、产业、贸易的发展规模。同时，依托重庆内陆国际物流枢纽和口岸高地建设，将更好地发挥区域内、国家间产业规模经济和网格经济的作用，进一步引领西部地区高水平高层次开发开放，进一步为重庆打造西部陆海新通道物流和运营组织中心打下坚实的基础。

2. 集聚资源要素辐射带动周边

经济要素资源向中心聚集并发展壮大，然后再向外围区域溢出辐射的“极化—辐射”模式是地理经济学关于产业发展空间演化的经典范式。因此，必须重视区域资源要素的有效配置才能推动区域间产业的共同发展。国际物流与运营组织中心正是遵循“极化—辐射”模式的一般规律，以辐射双方在产业链供应链上的分工合作为核心，以区域间社会网格（通过一系列社会关系联结在一起的个体或组织）为媒介，以国际物流与运营组织中心的主导作用为引擎，实现中心节点城市的资源要素高效聚集和区域内、产业间集群化规模化发展，进而外溢并带动周边地区共同发展。

重庆市依托良好的区位优势，叠加国家战略要求，通过打造国际物流与运营组织中心，将有力促进资金、人才、技术和信息等资源要素在本地区集散，通过强烈的集聚功能效应，反向带动西部陆海新通道沿线经济产业快速发展壮大。同时，通过发挥国际物流和运营组织中心作用，形成通道品牌效应，叠加产业资源要素聚集效应，衍生出国际物流分拨中心、临空经济产业、临港经济产业等新型产业以及跨境贸易、口岸服务等新型服务功能，将为重庆市现代产业体系发展和创新注入新内涵。

3. 探索区域协同创新体制机制

现代产业体系是实体经济、科技创新、现代金融、人力资源协同发展的产业体系。在新发展阶段，为了落实新发展理念、融入新发展格局，要求各区域打破分割壁垒，协同发展，建立区域产业协同发展机制。重庆市建设西部陆海新通道物流和运营组织中心的一项重大使命就是开展跨区域跨产业发展的体制机制创新。依托国际物流与运营组织中心形成布局合理、产业互补、协同共进、融合发展的区域产业协同发展机制，为区域经济协调发展以及现代化经济体系建设积累宝贵经验。

探索区域协同创新体制机制有利于鼓励大型企业参与通道建设运营，逐步建立跨区域、跨产业、跨国家的企业互动机制，积极探索省际、区域间、国际产业合作交流机制。依托国际物流与运营组织中心，有利于加快建立国际多式联运调拨中心、战略性新兴产业示范基地、产业转移合作园等，推动国家级示范项目在重庆落地实施，健全协同人才发展、金融、经贸、信息等要素的资源保障机制，在加快西部地区更好更快开发开放的同时提升重庆市对外服务能力和辐射能级，全方位、全维度、全过程地推动重庆市现代产业体系的建立。

（二）功能定位

重庆市打造西部陆海新通道物流和运营组织中心是落实国家赋予的战略使命，是打造国际物流枢纽、推动西部地区更高水平开放的重要战略抉择，是贯彻新发展理念、融入新发展格局的重要体现。综合考虑国家战略要求以及西部陆海新通道发展定位，将国际物流与运营组织中心打造成为国际物流中转集散中心，进一步推动重庆国际物流枢纽和口岸高地建设；建设国际供应链产业链组织中心，进一步推动通道物流降本增效提质，提升通道产业链供应链国际竞争力；建设高层次全方位对外开放平台，进一步引领西部地区更好更快开放和区域协调发展。以国际物流与运营组织中心建设为牵引，推动重庆市在西部陆海新通道上发挥更大作用（见图 2-7）。

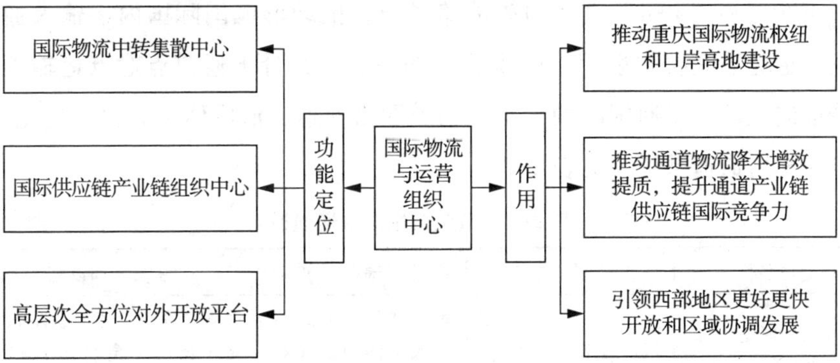

图 2-7　国际物流与运营组织中心功能定位

1. 国际物流中转集散中心

定位意义。《通道规划》要求重庆建设成为国际物流枢纽中心，支撑重庆成为国际物流分拨中心。《2021 西部陆海新通道建设要点》要求优化运营组织，提升通道运行与物流效率。因此，打造国际物流中转集散中心是推动西部陆海新通道发展战略融入国内大循环、国内国际双循环的重要体现；是落实西北、西南地区向国外进行物流流通的重要中转点和集散点的要求；是推动区域经济协调发展，促进重庆现代物流业繁荣，形成"通道带物流、物流兴产业"的良好发展格局的重要抓手；是统筹区域、贯通南北、联动国际的重要支撑点。

定位内涵。一是依托中欧班列（渝新欧）集结中心、长江上游航运中心和重庆江北国际机场航空物流枢纽，完善铁路货场、航空货运等物流集散中心，进一步提升国际物流集散、存储、分拨、转运等功能，打造"公铁水空"综合立体国际物流枢纽中心，服务成渝地区双城经济圈电子信息、汽车及装备制造等产业原材料、中间产品和产成品的国际运输，同时满足双城经济圈和西南地区居民的中高端消费产品进口需求。二是通过不断完善通道内物流基础设施建设，补齐多式联运转运设施短板；落实中欧班列集结中心示范工程、铁路集装箱中心站、国际物流枢纽园区等项目和节点建设，推动区域物流和国际物流产业在重庆交会，发挥物流产业规模效应，通过国际物流中转集散中心营造低成本、高效率、广辐射的国际物流运营环境。三是加快形成综合立体交通网络，加快铁路、公路、水路、航空等综合运输大通道项目建设，不断完善"5+4"九大对外战略通道，推动形成国际国内运输大通道，依托通道运输完善辐射周边的集疏运网络、提升骨干通道点对点运输能力，打造面向区域、联通国际的干支配物流网络通道，形成体系完善、功能完备的区域辐射通道系统（见表 2-3）。

表 2-3 重庆市主要交通通道

通道名称	主要节点	主要辐射方向	主要交通设施
东向江海联运（沪汉渝通道）	武汉、南京、上海	东至武汉、上海等泛太平洋地区（21 世纪海上丝绸之路）	铁路（渝沪、蓉沪铁路）、水路（长江黄金水道）、公路（沿江高速公路）

续表

通道名称	主要节点	主要辐射方向	主要交通设施
东南向铁海联运（渝湘闽通道）	长沙、宁波、广州、湛江、深圳、厦门	东南至海南等太平洋、印度洋地区（21世纪海上丝绸之路）	公路（包茂、沪昆、厦蓉高速公路）、铁路（渝怀铁路）
南向陆海联运（渝黔桂穗通道、渝滇东南亚通道）	昆明、贵阳、南宁、广州、深圳、海口	至北部湾、昆明、南亚、东盟、印度洋地区（中南半岛经济走廊、21世纪海上丝绸之路）	公路（兰海、渝昆高速公路）、铁路（渝黔、黔桂、柳肇、广深磨憨和瑞丽离境，北部湾出海）
西向国际铁路联运（渝兰西亚通道）	兰州、西宁、乌鲁木齐、阿拉山口	西北至中亚、欧洲等地区（陆上经济丝绸之路）	公路（兰海、连霍高速公路）、铁路（兰渝、兰新铁路，阿拉山口离境）、管道（中哈、中缅油气管道延伸区）
北向国际铁路联运（渝京远东通道）	西安、郑州、北京、沈阳、哈尔滨	北至北京、东亚、俄罗斯、欧洲等地区（中蒙俄经济走廊）	公路（包茂、连霍高速公路）、铁路（襄渝铁路复线，北上经满洲里口岸离境）
渝川藏通道	成都、拉萨	西至川藏地区	公路（成渝复、渝遂、渝沪、兰海、成雅、雅康高速，川藏线）、铁路（成渝、渝遂复线、渝遂）
渝包通道	西安、包头合川区	北上至西安、包头	公路（包茂高速）、铁路（襄渝铁路及复线）
成渝通道	四川成都市江津区、永川区	成渝城市	公路（成渝复、渝遂、渝沪、兰海）、铁路（成渝、渝遂复线、渝遂）

2. 国际供应链产业链组织中心

定位意义。《通道规划》《重庆市推进西部陆海新通道建设实施方案》要求重庆市打造境内外供应链节点体系，加快推进通道与区域经济融合发展，加强通道对外开放及国际合作。依托国际物流与运营组织中心，积极构建全球供应链产业链组织中心，是重庆市贯彻西部陆海新通道战略，加强与“一带一路”沿线国家经贸往来，推动西部地区更高水平开发开放和区域协调发展，打造重庆现代产业体系的必然要求；是落实国家战略政策的重要责任和使命。

定位内涵。一是对内发挥现代物流打造供应链、串接产业链、提升价值链的关键作用，积极完善西部陆海新通道，形成物流带贸易、贸易带产业发展，实现对全产业发展要素的优化配置；引导区域内传统流通企业向供应链服务企业转型，大力培育新型供应链服务企业，提升供应链产业链服务水平；推动建立供应链产业链综合服务平台，拓展质量管理、追溯服务、金融服务、研发设计等功能，提供采购执行、物流服务、分销执行、融资结算、商检报关等一体化服务；用好供应链产业链数字化、信息化、智能化发展技术手段，推进数字产业化、产业数字化，对标全球高端产业链供应链发展，积极培育和扶持一批高端制造业创新项目，提升重庆市国际供应链产业链的核心竞争力。二是对外积极推进重庆与“一带一路”沿线国家互联互通；推动国际产能和装备制造合作，鼓励在渝企业深化对外投资合作，设立境外分销和服务网络、物流配送中心、海外仓等，建立本地化的供应链体系；加强产业链供应链资源要素配置，推动重庆在国际国内两个市场两种资源中人员流动、资格互认、标准互通、认可认证、知识产权等方面与主要贸易国家和“一带一路”沿线国家的磋商与合作，探索建立供应链利益联结机制，推动重庆形成具有更强创新力、更高附加值、更安全可靠的产业链供应链。

3. 高层次全方位对外开放平台

定位意义。《通道规划》要求重庆发挥通道对西部陆海新通道沿线经济发展的带动作用，促进区域产业结构优化升级，实现要素资源高效集聚与流动。《重庆市推进西部陆海新通道建设实施方案》要求重庆提升通道对外开放水平，发挥通道开放合作平台作用。《2021 西部陆海新通道建设要点》要求深化开放合作，促进形成新发展格局。打造高层次全方位开放平台是重庆服务西部陆海新通道经济建设、积极融入新发展格局、贯彻新发展理念的内在要求，是重庆建设国际物流与运营组织中心的出发点和落脚点。优越的区位优势和国家政策战略的叠加为重庆市打造高层次全方位开放平台提供有力的支撑。

定位内涵。一是加快融入国内大循环，吸引全球资源要素在渝集聚，推动各要素节点集聚，打造一体化对外开放平台；以水运港、国际内陆港、航空港、跨境电子商务港、综合保税区、出口加工区、空港保税物流中心（B型）、对外经济合作服务平台“八大开放平台”建设为抓手，着力构建集水陆空及跨境电子商务于一体的开放通道。二是加快融入国际经济循环，利用国际国内两个市场两种资源，推动科技、航空等产业合作示范区加快落地，积极承接举办各类大型国际会议，利用中国国际智能产业博览会、中国西部国际投资贸易洽谈会、“一带一路”陆海联动发展论坛等合作平台，加强与东盟等通道沿线国家的合作，支持开展通道相关的物流、金融、海关、信息互联等专题论坛和研讨会。

（三）组织形态

为更好实现重庆国际物流与运营中心功能定位并发挥其地位作用，重庆国际物流与运营组织中心应建立实体组织形态，负责推进物流与运营组织中心各项具体工作，同时完善国际国内、国内区域以及重庆内部各部门、主体间协调机制，建立由通道沿线城市合作成立的国际物流运营公司，负责开展具体物流和供应链业务。依据《通道规划》《重庆推进西部陆海新通道建设实施方案》的整体规划和精心部署，由重庆市政府口岸物流办公室牵头设立重庆国际物流与运营组织中心，与西部陆海新通道物流和运营组织中心同一班人马，两块牌子，下设 6 个部门负责在重庆统筹推进西部陆海新通道的各项工作，同时建立四大机制实现西部陆海新通道跨区域、跨产业、跨部门、跨市场主体的协同建设（见图 2-8）。

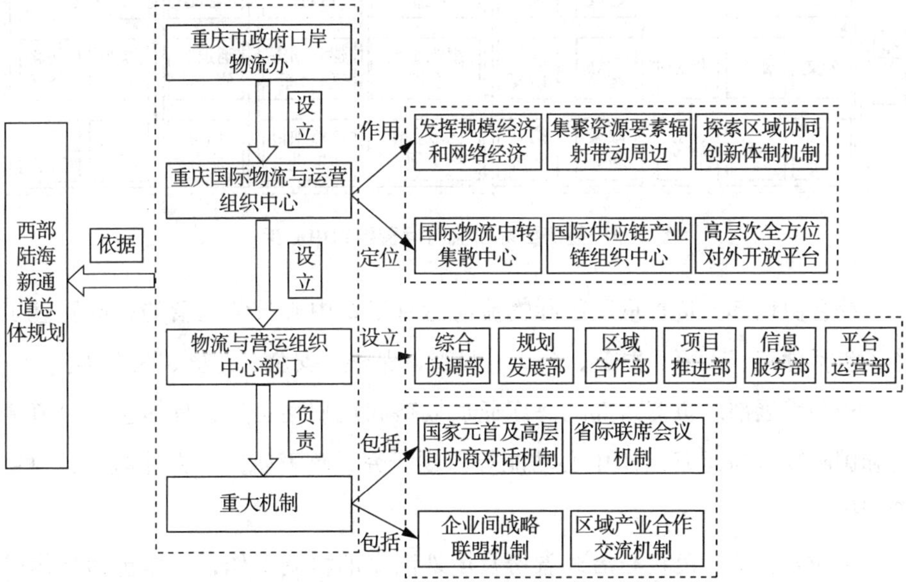

图 2-8　重庆国际物流与运营组织中心组织形态

1. 核心架构

为贯彻落实《通道规划》赋予重庆的责任与使命，切实履行好通道物流和运营组织中心的职责任务，由重庆市口岸物流办下属西部陆海新通道物流和运营组织中心加挂重庆国际物流与运营组织中心牌子，其性质是专门为西部陆海新通道建设和落实服务的组织机构。为配套实现服务通道与枢纽基础设施建设、中欧班列与物流运营、跨境电商与国际贸易、国际产业合作和人文科技交流等核心功能，重庆国际物流与运营组织中心下设综合协调部、规划发展部、区域合作部、项目推进部、信息服务部、平台运营部 6 个部门，协调推进通道建设有关工作（见图 2-9）。

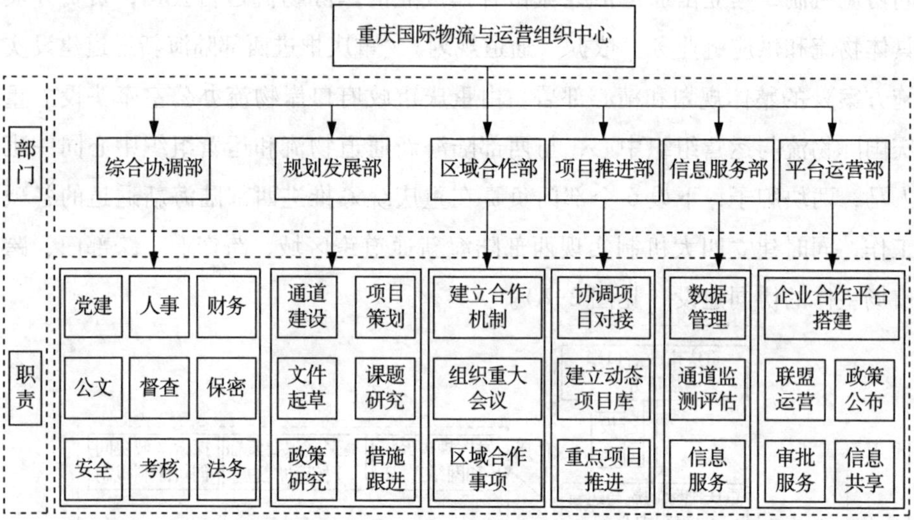

图 2-9 重庆国际物流与运营组织中心架构

综合协调部。负责重庆国际物流与运营组织中心日常运营的行政管理工作，包括党建、人事、财务、公文、督查、保密、安全、考核、法务等。

规划发展部。负责西部陆海新通道战略和规划性工作，具体包括通道建设和国际物流与运营组织中心功能等课题研究、政策研究、文件起草、项目策划等。

区域合作部。负责与沿线省份及境外国家的协调工作，具体包括合作机制建立、重大会议组织以及其他区域合作事项。

项目推进部。负责西部陆海新通道重大项目建设工作，具体包括协调项目对接、建立动态项目库和重点项目推进等。

信息服务部。负责西部陆海新通道信息化建设工作，具体包括数据管理、通道监测评估、信息服务等。

平台运营部。负责区域公共运营平台公司搭建工作，负责区域内组建联盟公司的审批和政策等运营平台工作，具体包括企业合作平台搭建、联盟运营、品牌打造、审批服务、政策公布、兼并重组、信息共享等。

2. 重大机制

构建和完善重大机制是更好发挥重庆西部陆海新通道物流和运营组织中心职能和作用的重要体现，是赋予重庆在建设西部陆海新通道过程中的重要使命和责任，是落实西部陆海新通道总体规划、推动内陆地区更高水平开放的必然要求。重大机制包括国家元首及高层间协商对话机制、省际联席会议机制、区域产业合作交流机制、企业间战略联盟机制（见图 2-10）。

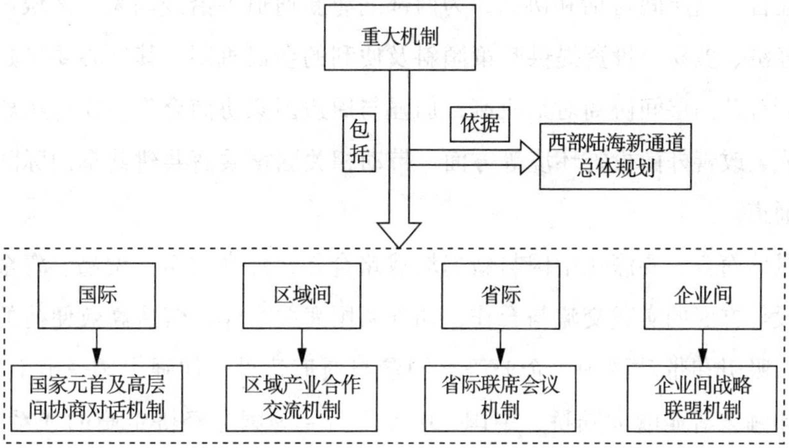

图 2-10　重大机制架构

省际联席会议机制。即在党中央、国务院领导下，由国家发展改革委、重庆市政府口岸物流办牵头，以通道沿线各省（区、市）为单位组成的，为加强对西部陆海新通道建设发展的指导、协调和服务而形成的会议机制。其主要职责是，研究拟定促进西部陆海新通道建设发展的重大政策措施，并向国务院提出建议；协调解决西部陆海新通道建设发展在政策实施、项目安排、体制机制创新等方面存在的困难和问题；加强部门之间、部省之间在通道建设中的信息沟通和协调，对《通道规划》实施工作进行指导、监督和评估，监督检查建设发展各项工作，及时向国家发展改革委、国务院报告有关工作进展情况；支持西部陆海新通道省际协商合作机制、重庆国际物流和运营组织中心建设，支持班列运输协调委员会开展工作，推动开展地方政府协商、企业合作等。

省际联席会议机制各成员单位要按照职责分工，主动研究新通道建设发展有关问题，认真落实联席会议议定事项，扎实开展工作。同时各成员单位要加强协作、互通信息，合力发挥联席会议作用，形成反应灵敏、配合密切的长效工作机制。联席会议办公室要及时向各成员单位通报工作进展情况。

国家元首及高层间协商对话机制。以“一带一路”政策为统领，通过各国家元首、高层间对话和协商，为西部陆海新通道各沿线国家、区域内、城市间经济、贸易、投资提供政策倾斜及便利的会议机制。其核心要义是通过国家元首及高层间协商对话机制，加强与周边国家协商合作，在持续放宽外资准入、改善外商投资环境等方面，带动相关国家共商共建共享国际陆海贸易新通道。

具体而言，要深化中国与新加坡战略合作，加强政策、贸易、资金、交通建设等方面的实践交流与合作，加强两国海关合作，营造高效便捷的通关环境，吸引和带动两国、企业等共同参与通道建设；加强中国—中南半岛、孟中印缅、新亚欧大陆桥、中国—中亚—西亚等国际经济走廊的联系互动，加快中新、中缅、中马、中印尼等国际合作园区建设。加大对边境地区合作园区建设支持力度，推进中越、中老等跨境经济合作区建设；充分发挥中国国际进口博览会、中国—东盟博览会、中国—南亚博览会、中国西部国际博览会和中国西部国际投资贸易洽谈会等合作平台功能，加强与周边国家商贸合作。

区域产业合作交流机制。即建立区域合作圆桌会议，各市（州）高层领导出席，研究决策西部陆海新通道沿线区域合作发展重大事宜，协调推进区域合作交流的会议机制。其职责是发挥通道沿线各区域优势资源、优势区位、优势产业、优势环境的辐射和牵动作用，营造区域优势整合效应，共享区域优势影响力和竞争力，促进区域共同发展，带动西南西北地区更高层次更高水平开放。坚持市场主导、政府推动、优势互补、开放透明、互利共赢的区域合作交流原则。建立各市（州）部门间、行业间的经常性联系，通过专业论坛、行业会议等平台，开展双边和多边的区域交流合作。

具体而言，按照西部陆海新通道总体规划要求，加强各区域交通、物流、金融、科技、旅游等产业之间的合作交流。加快推进西南、西北地区临空经济区建设；加快完善重庆、成都、昆明、贵阳、南宁等西南地区铁路口岸通关设施，拓展国际商贸流通服务功能，打造高品质区域陆港经济区；加快发展广西北部湾港、海南洋浦港、重庆港等沿海航运经济，提升现代航运经济发展水平；大力支持通道经济和枢纽经济发展，推动区域产业现代化体系建立。

企业间战略联盟机制。依据西部陆海新通道总体规划，有共同战略利益的企业，为了达到共同拥有市场、共同使用资源等战略目标，形成企业间优势互补、优势相长，生产要素多向流动的一种合作联盟机制。要积极制定鼓励企业签订战略联盟的相关扶持政策，支持新通道上龙头企业发展，鼓励有条件的企业兼并重组。依托企业战略联盟，形成一批现代物流产业园、国家重点项目示范基地、科技创业孵化园等并发展壮大；依托企业战略联盟，加强合作研究与开发，针对企业不同特性，提升自主创新能力。

四、建设国际物流与运营组织中心的目标体系

（一）发展思路及原则

1. 发展思路

以习近平新时代中国特色社会主义思想为指导，围绕加快构建新发展格局的总体要求，深度契合国家重大区域发展战略，以推动西部陆海新通道高

质量发展为主题，以具备“综合协同、联动融合”[①] 特征的供给侧结构性改革为主线，聚焦通道发展战略定位和组织中心功能，精准对接国内国际产业链、供应链发展需求，以创建“通道+枢纽+网络”的现代物流组织体系[②]和“大平台、全链条、新业态”[③] 的新型运营组织体系为重点，以“海铁联运班列+跨境公路班车+国际铁路联运”为基本物流载体，以“交通+物流+贸易+产业”[④] 为基本实施路径，创新协同体制机制，加强政策统筹协调，健全运营网络布局，完善平台服务功能，提升产业组织效率，畅通经济要素循环，优化资源时空配置，推动产业联动融合，提高整体质量效益，促进通道沿线区域加快形成资源要素优势互补、发展功能有机衔接、经济循环内通外畅、产业体系高效运转的开发开放新格局。

2. 发展原则

统筹协同，共建共享。秉持共商共建共享的原则，加强部门间、行业间、区域间、国内外资源统筹和政策协同，提高重庆国际物流与运营组织中心公共服务属性和协调整合能力，有机协调国内大循环和国内国际双循环发展关系，探索开拓第三方市场合作模式，充分吸引和带动通道沿线相关省份、东盟相关国家及地区、域外有关发达国家参与通道及其运营组织中心建设。

创新驱动，联动融合。坚持深化相关体制机制改革创新，破解阻碍运输链、物流链、供应链等一体化、市场化、国际化发展的“瓶颈”制约，营造产业链、产业集群、产业生态圈良性发展环境，创新运营组织模式和产业融合发展业态，集聚上下游产业发展效能，培育通道经济、枢纽经济、平台经

① “综合协同、联动融合”主要指跨行业、跨区域的综合协同机制以及营造产业联动供应链生态圈，具有创新发展模式的供给侧结构性改革的主要特征。

② “通道+枢纽+网络”的现代物流组织体系主要指依托综合运输大通道、国家物流枢纽基地以及干线、支线、配送紧密衔接配合的网络化规模化的运行组织，实现经济、便捷、高效、绿色的物流组织体系。

③ “大平台、全链条、新业态”分别指功能完备的对外开放平台、政策协调平台及运营组织平台，实现贯通运输和物流链、串接供应链、融合产业链和提升价值链的全链条组织能力，以及催生新业态、新模式、新产业、新动能的新型生态圈发展模式。

④ “交通+物流+贸易+产业”的发展路径主要指依托稳定可靠、能力充足、经济高效的交通运输服务及物流组织体系，大幅降低资源要素循环流通的综合成本，推动通道沿线贸易大发展以及相关产业的转移、集聚和转型升级。

济、网络经济发展新动能，优化经济资源和要素的时空配置，深入推动交通、物流、贸易、产业联动融合发展。

质量效益，精益求精。坚持质量第一、效益优先，精准对接国际国内供应链、产业链发展需求，补齐服务能力短板，优化网络运营组织，提升交通运输和物流服务的稳定性、可靠性、灵活性、多样性，降低综合物流成本，提高综合服务功能和附加价值，拓展价值链提升空间，确保供应链总体安全平稳。

政府引导，市场运作。坚持正确处理政府与市场关系，遵循市场规律，充分发挥市场在资源配置中的决定性作用，鼓励通过合资、联盟等形式做大做强企业运营主体，更好发挥政府在规划引领、政策引导、制度保障、环境培育等方面的作用。

（二）目标及指标体系

结合组织中心的功能定位及主要发展任务，从组织效率、服务质量和经济效益3个层面构建发展目标及指标体系（见表2-4）。

表2-4　国际物流与运营组织中心发展目标及指标体系

目标层	指标层	序号	测度层
组织效率	常态化规模化开行能力	1	海铁联运班列开行规模
		2	跨境公路班车开行规模
		3	国际铁路联运开行规模（细分为欧洲、东盟、中亚等方向）
		4	班列计划兑现率
	网络辐射能力	5	境内服务节点数量
		6	境外服务节点数量
		7	线路铺画数量
	中转集散能力	8	重庆枢纽全口径到发货运量
		9	本地货源占比
		10	异地货源占比
		11	重箱率（或重载率）
	均衡组织能力	12	海铁联运回程班列占比
		13	跨境公路回程班车占比
		14	国际铁路联运回程占比

续表

目标层	指标层	序号	测度层
服务质量	安全可靠性	15	安全问题数量
		16	海铁联运班列发车频次
		17	跨境公路班车发车频次
		18	国际铁路联运发车频次
		19	海铁联运班列与班轮船期匹配度
	便捷性	20	托运业务办理时间
		21	通关时间
		22	全程运输时间
		23	货物追踪应用普及率
	经济性	24	物流成本占货值的比重
		25	海铁联运提单应用比重
		26	中小企业融资担保业务比重
经济效益	直接或间接贡献	27	到发货物总货值
		28	进口货物货值
		29	出口货物货值
		30	对 GDP 贡献
		31	对税收贡献
	可持续性	32	年度客户增长率
		33	年度货值增长率
		34	大客户占比

其中，组织效率主要是从供给侧反映重庆国际物流与运营组织中心的组织能力，主要包括常态化规模化开行能力、网络辐射能力、中转集散能力、均衡组织能力等指标；服务质量主要从需求侧反映客户满意度，主要包括安全可靠性、便捷性及经济性等指标；经济效益主要是从宏观层面反映重庆国际物流与运营组织中心对经济发展的贡献和成长性，主要包括直接或间接贡献、可持续性等指标。在不同指标层，分别通过 34 个子指标进行测度、分析和评价。

五、近期目标及相关措施

（一）“十四五”时期发展目标

到 2025 年，重庆国际物流与运营组织中心初步建成联通通道沿线相关地区及境外若干主要物流节点的运营网络，主要物流节点的功能分工进一步明确；铁海联运班列和跨境公路班车的线路及频次进一步增多，国际铁路联运基本实现“天天班”，铁海联运回程班列占比达到 50%左右；重庆内陆口岸高地基本建成，通关便利化水平和物流效率大幅提升，重庆枢纽全口径到发货运量达到 25 万标准箱以上；通道综合物流成本较 2020 年下降 10%左右，海铁联运提单应用比例占 50%以上，大客户占比 30%以上。

（二）重大措施建议

在保障实现重庆国际物流与运营组织中心功能定位、完善建设政策体系、推动区域合作深化发展、设立建设项目库等方面，提出重大措施和建议，支撑建设形成强大发展合力，争取收获先期建设成果。

1. 保障实现重庆国际物流与运营组织中心功能定位

在新发展格局下，重庆国际物流与运营组织中心为加快实现国际物流中转集散中心、国际供应链产业链组织中心和高层次全方位开放平台的功能定位，需要建立与中心发展定位相适应的保障机制，加强中心主要承载机构职能体系优化和业务团队建设，明确在重庆市口岸物流办主要负责下，发展改革、交通、商务、工信、海关等部门的职责和工作机制，确保重庆国际物流与运营组织中心的供应链产业链组织功能、对外开放功能得到落实。

2. 完善重庆国际物流与运营组织中心建设政策体系

在重庆既有物流、口岸、产业政策基础上，梳理和建立适应国际物流与运营组织中心的政策体系，全面覆盖物流中转集散、产业要素聚集、制度型开放建设等领域，完善重庆国际物流与运营组织中心发展的土地、劳动力、资本、技术、数据要素市场化配置政策机制，突出建立在物流、产业、开放联动方面的政策支持机制，推动形成物流引领产业聚集、开放扩大物流能级、产业反哺物流发展的良性循环，并通过在国际陆路运输提单物权化、国际陆路贸易规则创新等方面快速推进，加快形成西部陆海新通道制度型开放高地。

3. 推动区域合作深化发展

在西部陆海新通道建设推进既有联系合作机制的基础上，加快提升重庆国际物流与运营组织中心对西部陆海新通道的全线服务能力，进一步深化重庆与沿线省份在统一国际物流运作、共享产业发展利益、破除区域政策补贴壁垒等方面合作，推动一系列区域协调发展机制向深水区改革，率先在中欧班列、海铁联运班列、南亚班列、东盟班车等运输组织中实现对国外统一谈判，提高西部陆海新通道整体话语权和竞争力，争取在沿线串珠式建设一批优势互补的省际合作产业园区，建立持续可靠的利益分配和考核评价机制，推动西部陆海新通道交通物流走廊向产业经济走廊迈进。

4. 设立中心建设项目库

在重庆“十四五”规划纲要和物流、交通等专项规划项目库的基础上，根据中心发展各阶段目标安排，梳理中心建设项目库，区分支撑中心功能定位实现的重大战略项目和支撑中心发展的重点专项项目，避免各类关联度低的项目占用中心建设推进的过多资源，积极引进培育和落地建设一批多式联运组织、扩大对外开放、通道经济枢纽经济发展等方面的项目，以重大项目建设推进作为中心建设的抓手，尽快收获先期成果。

分报告二

重庆建设国际物流与运营组织中心的现实需求与问题

2021年是“十四五”规划开局之年，也是开启全面建设社会主义现代化国家新征程的起步之年，《中共中央关于制定国民经济和社会发展第十四个五年规划和二〇三五年远景目标的建议》（以下简称《“十四五”规划》）特别强调加快形成以国内大循环为主体、国内国际双循环相互促进的新发展格局。循环的本质是互联互通、通达通畅，物流业作为融合运输、仓储、货代、信息等产业的复合型服务业，承载了联系、协调，乃至重组内部各要素、各服务功能以及不同层次组织的重要作用，无疑是构建新发展格局的关键环节。因此，推进物流业发展具有重要的战略意义，国家政策层面也将物流业发展提升到新的高度，物流业进入降本增效、转型升级的高质量发展时期，迎来重要的战略机遇。

为促进区域协调发展和支持现代经济体系建设，国家发展改革委发布了《西部陆海新通道总体规划》，从运输通道建设、物流设施建设、物流效率提升、区域融合发展以及国际贸易发展等方面，对物流业及其相关行业的规划建设提供了政策基础。明确指出，重庆应充分发挥位于“一带一路”与长江经济带交会点的区位优势，建设通道物流和运营组织中心，着力打造国际综合交通枢纽。

重庆是我国中西部地区唯一的直辖市，是中国西部的三大门户城市之一，集“水、陆、空”交通于一体，连续两年入选国家物流枢纽建设，区位优势突出，战略地位显著。近年来，重庆积极建设内陆国际物流枢纽和口岸高地，现代物流业发展取得积极成效，物流产业规模效益和区域物流组织地位明显提升；物流设施空间布局逐步优化；开放平台体系不断完善，国际物流加快发展；多式联运、电商物流等服务业态不断丰富；口岸开放与物流创新深度融合。因此，重庆具有建设全面化、现代化、一体化、辐射广、统一调配的物流运营中心的优势和基础，从而实施和实现西部地区及重庆市对物流行业的中长期战略规划。在这一背景下，为了发挥市场在资源配置中的决定性作用，在激发各市场主体活力的同时，更好发挥政府作用、着眼长远发展，加快物流和运营组织中心建设，亟待对重庆建设国际物流与运营组织中心的现实需求与问题进行调查和分析。

一、物流业规划政策分析

（一）国家层面物流业政策分析

1. 物流业发展重要性

2021 年是“十四五”规划的开局之年，也是开启全面建设社会主义现代化国家新征程的起步之年。《“十四五”规划》指出：“十四五”时期推动高质量发展，必须立足新发展阶段、贯彻新发展理念、构建新发展格局。这三大战略导向与物流业的发展紧密相关，物流业作为支撑现代化经济体系和国民经济发展的基础性、战略性、先导性产业，在服务于我国经济建设、促进经济高质量发展、确保产业链供应链畅通等方面发挥着其他产业无法替代的作用。

支撑现代流通体系建设。流通体系在国民经济中发挥着基础性作用，高效的流通体系能够在更大范围把生产和消费联系起来，扩大业务范围，提高生产效率，促进财富创造。未来的经济发展将更多依靠国内需求来拉动增长，在新发展格局下，外需也将不断扩大。内需和外需的增加迫切需要建立服务双循环的高效流通体系，推动构建以国内大循环为主体、国内国际双循环相互促进的新发展格局。物流业作为融合运输业、仓储业和信息业等的复合型服务产业，是支撑现代流通体系建设的重要一环，在服务经济大循环方面具有重要作用。

推动实体经济发展。在产业经济发展层面，当前我国仍然是“实体经济为主”的制造业大国，第二产业对 GDP 的贡献率高于欧美国家。党的十九届五中全会明确提出，坚持把经济发展的重点放在实体经济上，坚定建设制造强国、质量强国、网络强国、数字中国，推进产业基础高级化、产业链现代化，提高经济质量效益和核心竞争力。物流业与实体经济之间具有很强的统筹关系，目前物流业有 90%左右的收入源于服务制造业，承载了不同经济部门、不同企业以及企业组织内部不同职能部门的重要作用。在推动制造业与消费者之间的供应链短链直连，推动制造业服务化、制造业的供应链创新方面具有重要意义。此外，从整体视角来看，物流业贯穿一、二、三产业，连接生产与消费，涉及领域广阔、发展潜力大、带动作用强。因此，发展现代物流业迫在眉睫。

促进区域协调发展。当前，我国经济已由高速增长阶段转向高质量发展阶段，但发展不平衡不充分问题仍然突出。实施区域协调发展战略、增强区域发展协调性，是践行新发展理念的必然要求。区域经济强调特定区域内的地域要素与经济发展要素有机结合构成经济系统，这是由具有特定结构和功能的经济活动相互作用而形成的。为了促进区域经济协调发展，必须实现区域经济体内部以及跨区域经济体之间生产力的合理布局、生产要素的自主有序流动和市场的一体化建设。现代物流业作为连接生产和消费之间的重要环节，可以通过扩大经济规模、降低贸易壁垒和促进相关产业的发展等，提高区域资源配置和经济结构的效率，从而产生对区域经济发展的有力促进作用。因此，发展现代物流业是促进区域经济协调发展的重要路径。

2. 物流业发展政策重点

《“十四五”规划》作为指导今后国民经济和社会发展的纲领性文件，明确指出要建设现代物流体系，为行业的高质量发展指明了方向。据统计，《“十四五”规划》中 4 次提到物流，8 次提到供应链；2021 年 3 月发布的《中华人民共和国国民经济和社会发展第十四个五年规划和 2035 年远景目标纲要》中有 15 处提到“流通”，20 处提到物流，13 处提到供应链。这是我国五年规划中首次如此高频部署物流与供应链，从国家政策层面将物流业的发展提升到一个新的高度。物流业迎来重要的战略机遇期。政策重点主要有以下几方面内容。

构建双循环新格局与物流体系。加快构建以国内大循环为主体、国内国际双循环相互促进的新发展格局。优化国内国际市场布局、商品结构、贸易方式，实施贸易投资融合工程，构建现代物流体系。发展高铁快运等铁路货运服务产品，提高国际航空货运能力，增强国际海运竞争力。优化国际物流通道，加快形成内外联通、安全高效的物流网络。双循环新发展格局将是我国“十四五”乃至更长时期内的经济布局路线，政策将进一步保障物流运输在国内国际双循环中的“连接器”作用，从而更好地服务于我国高水平对外开放，维护产业链、供应链安全稳定，形成我国参与国际竞争的新优势。

建设交通强国和物流强国。加快交通强国建设，完善综合运输大通道、交通枢纽和物流网络。完善综合运输大通道，推进能力紧张通道的升级扩容，加强与我国中西部地区、沿江沿海沿边地区以及周边国家和地区的互联互通。完善干线网，优化铁路客货布局，推进国、省道“瓶颈”路段贯通升级，内河高等级航道扩能升级，推进支线机场、通用机场和货运机场建设。构建多层级、一体化综合交通枢纽体系，优化枢纽场站布局、促进集约综合开发，完善集疏运系统，发展旅客联程和货物多式联运，推广全程“一站式”“一单制”服务。未来5年的交通和物流将迎来新的发展机遇，港口、机场、铁路货运、公路园区等物流基础设施将成为建设投资重点，加快推进交通与现代物流融合发展。

建设数智物流。培育新兴数字产业，如人工智能、大数据、区块链、云计算等。构建基于5G的应用场景和产业生态，在智能交通、智慧物流、智慧能源等重点领域开展试点示范。鼓励企业开放搜索、电商、社交等数据，发展第三方大数据服务产业。实施“上云用数赋智”行动，推动数据赋能全产业链协同转型。深入推进服务业数字化转型，培育智慧物流、新零售等新增长点。智慧物流可实现物流的自动化、可视化、可控化、智能化和网络化，推动物流业实现降本增效。随着智慧物流优势逐渐凸显，政府亦出台了一系列利好政策，大力推动智慧物流建设。

完善乡村物流等基础设施。实施乡村建设行动，完善乡村物流等基础设施。全面实施乡村振兴战略，强化以工补农、以城带乡，推动工农互促、城乡互补协调发展，形成共同繁荣的新型工农业关系，加快农业农村现代化进程。健全县乡村三级物流配送体系，加强邮政设施建设，实施快递“进村进厂出海”工程，即国家支持农业农村物流的产业布局和物流配送体系完善，保障现代农业发展和乡村振兴战略实现。

（二）西部陆海新通道各省份物流业政策分析

我国物流业经过多年发展，在保证国民经济平稳运行和国家振兴等方面发挥了重要作用。任何产业都需要政府制定相关的政策来扶持和引导其发展，物流产业亦是如此，基于此，本文根据2016—2020年我国西部陆海新通道各省份政府颁布的43份物流业政策，通过词频分析，研究和判断我国西部地区物流业政策支持和政策导向的现状，分析目前西部地区物流业发展面临的主要问题和未来我国物流业发展的关键点，以期为新时期物流政策的制定提供参考。

1. 物流业政策导向

物流业的高质量发展离不开物流政策的支持和引导，政策导向体现了政府对物流业发展的引导方向和目标。因此，本报告首先对物流业政策导向进行分析，预测物流产业未来的发展方向，以更好地面对“十四五”时期的发展机遇和挑战。

结合国务院为促进物流产业健康发展和产业升级转型而制定的《物流业发展中长期规划（2014—2020 年）》以及西部陆海新通道各省份政府颁布的物流业相关政策的分析结果，本报告将政策引导的发展方向分为信息化、标准化、专业化、国际化、现代化、集约化、绿色化和社会化（见表 3-1）。西部陆海新通道各省份物流产业政策源于中国政府网公布的信息，使用微词云和 Excel 软件对信息文本进行了分词及词频统计，如图 3-1 和图 3-2 所示。

表 3-1 政策导向概念描述

政策导向	概念描述
信息化	利用信息技术搭建物流信息平台，以及对物流活动中相关信息进行处理，以实现物流产业的信息共享和数据共用
标准化	统一和规范物流相关标准，包括设备、技术和服务等相关标准，衔接其他产业标准，并紧跟国际标准，促进物流业发展，提升物流服务水平
专业化	指引物流产业向着专业化方向发展，提高专业化水平，包括人才专业化、领域专业化、企业专业化，实现物流一体化运作
国际化	构建国际物流网络，打通国际物流通道，加强国际区域合作，促进“一带一路”物流发展，树立中国物流品牌，形成有国际竞争力的中国物流
现代化	采用先进技术、设备、理念，促进物流产业向现代化发展，提升物流服务水平，实现高端智能化服务
集约化	合理配置物流设备设施资源，有效协调物流运作管理，整合企业资源，实现企业集聚规模化和协同化发展，如企业统一配送。同时，推动产业的融合发展和协同发展，实现产业集群发展
绿色化	采用节能环保的技术、装备，实现物流作业和各个环节管理的绿色化，减少污染和能源消耗，促进资源的合理利用
社会化	物流产业满足各个行业的发展需求，鼓励推广物流服务向各个领域发展，支持其他产业实现主副业分离，将有关物流活动外包给物流企业，为物流产业发展拓展新的市场

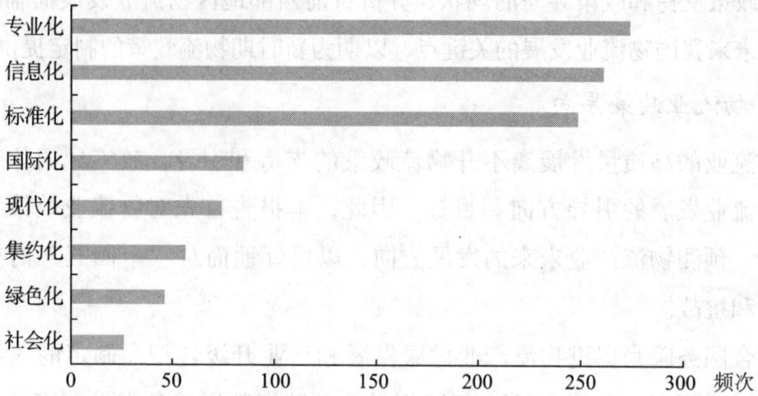

图 3-1　政策导向词频分析

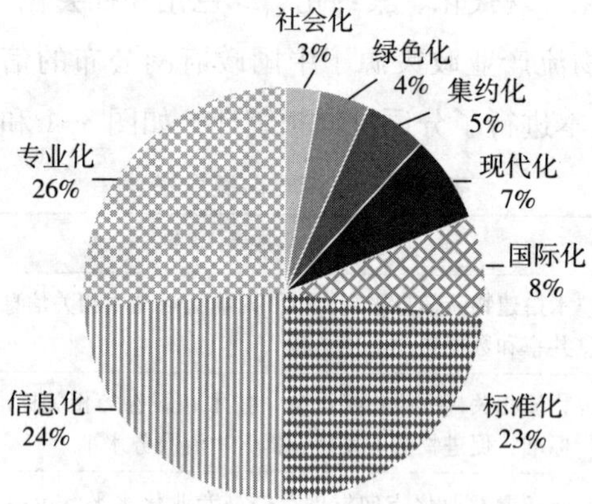

图 3-2　政策导向占比

政策导向综合多样。从政策导向词频分析可以看出，政府政策指引物流业向着多样化和综合化方向发展。涉及专业化、信息化、标准化、国际化、现代化、集约化、绿色化和社会化八大方向。这是源于我国物流业的发展规律。物流业一开始主要集中于制造业、工业等相关产业的某一环节中，包括运输和仓储等，所涉及的产业活动较少、物流管理水平较低，这一时期的物流表现为“储运”。随着物流内涵的拓展、过程的延伸、覆盖面的扩大以及物流管理水平的提升，物流业迫切需要降本增效并进一步满足客户需求，这推动了传统储运业向现代物流业转变，而后物流业进入创新发展社会化物流服务阶段和现代物流业快速发展阶段。当前，我国物流业发展环境显著改善，物流基础设施体系更加完善，大数据、云计算等先进信息技术广泛应用，物流新模式、新业态加快发展，物流业转型升级步伐明显加快，发展质量和效率显著提升，在市场规模和物流技术与管理方面已经领跑世界物流产业，正处于物流业转型升级与高质量发展的重要阶段。故物流业的政策导向和发展方向不再单一化，而是引导行业、企业和个人朝着多样化、综合化发展，以适应新时代经济发展特点和要求。

政策导向以专业化、信息化和标准化为主。在八大政策导向中，专业化、信息化、标准化占比突出，受到高度重视。具体而言，在物流专业化方面，政策支持导向包括鼓励物流企业提升专业化服务水平，发展定制化物流服务，满足日益增长的个性化物流需求；发挥物流对产业发展的基础支撑作用，提升农产品物流、冷链物流、危化品物流、应急物流和绿色物流等领域的专业化服务水平，实现重点领域物流突破与发展；打造专业化物流产业集群，提高供应链服务水平，发挥物流产业集群对产业的支撑带动作用；等等。在物流信息化方面，现代信息技术打破了运输环节与其他环节之间的分业界限，得以对传统物流业务进行优化整合，政策支持导向包括：加强对物流信息化技术的开发和应用，支持物流领域关键技术攻关；整合各环节、各主体信息资源，建设信息港和物流大数据中心，有效实现信息互通、共享。在物流标准化方面，标准不一致是我国商贸物流业发展的瓶颈。为此，商务部、国家标准委专门成立商贸物流标准化工作领导小组，加快物流标准制定修订；地方政府亦探索建立地方商贸物流标准体系，并逐步推进企业标准、地方标准与行业标准、国家标准和国际标准衔接统一。

政策导向不均衡，社会化、绿色化引导不足。从政策导向词频分析中可以看出，政府在制定政策导向时，对各政策导向的重视程度不同，其中，社会化、绿色化引导不足。这是由于政策制定立足于物流业发展现状，并遵循行业发展规律。具体而言，物流社会化是建立在物流专业化发展的基础上的，是一个不断深入的市场化发展过程。“十三五”时期，物流业还处于专业化、信息化、标准化水平不高的阶段，因此政策导向对物流社会化的引导稍显不足。随着未来物流业专业化水平的提高，物流业涉及的领域越来越广泛，物流市场需求将不断增加，物流社会化是必然的发展趋势，并将进一步促进物流市场及专业化第三方物流企业的发展。另外，随着环境资源的约束加强，能源消耗和环境污染将成为物流产业发展的考虑因素之一。加快绿色转型，加强绿色运营技术创新，不断提高物流绿色化水平，将成为未来政府政策和物流发展的主要方向，推动我国物流业向低污染、低消耗、低排放、高效能、高效率、高效益的绿色物流转变。

2. 物流业发展政策重点

在对西部陆海新通道各省份物流产业政策导向分析的基础上，本文进一步对物流业政策重点进行了研究。首先，使用微词云对信息文本进行初步分词及词频统计，筛选出 597 个高频词；依据词性进行初步筛选后，结合分析物流关键词的相关文献以及《中华人民共和国国家标准物流术语》中提及的物流及物流职能，对政策文本逐一进行审阅并提取关键词，如运输、储存、装卸、搬运、包装、配送、流通加工、信息处理等相关或延伸词。其次，对信息文本中提取好的关键词进行频数统计，保留了 58 个关键词，如图 3-3～图 3-5 所示。可以看出，2016—2020 年，政策主要从推动跨境电商与国际物流、完善物流基础设施、整合物流资源、完善农村物流体系、发展和管理物流技术、强化监管等方面支撑物流业高质量发展。

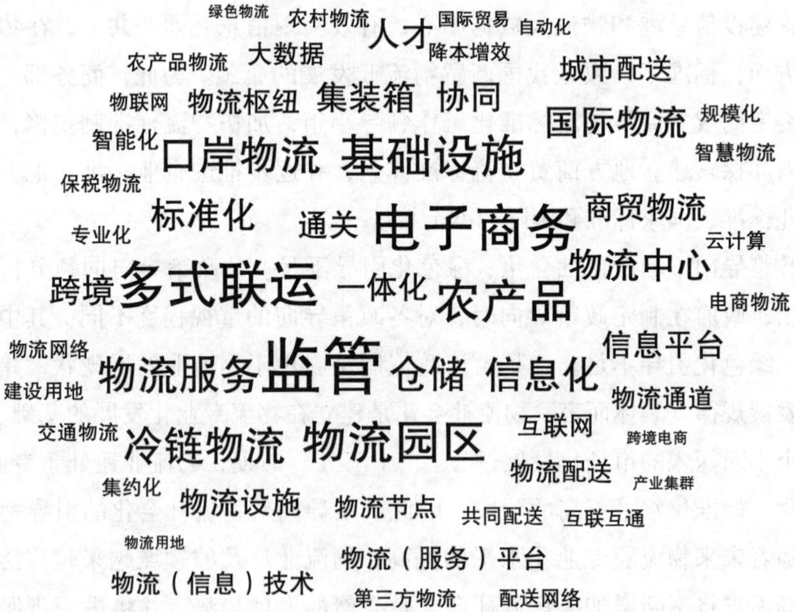

图 3-3　政策关键词词云

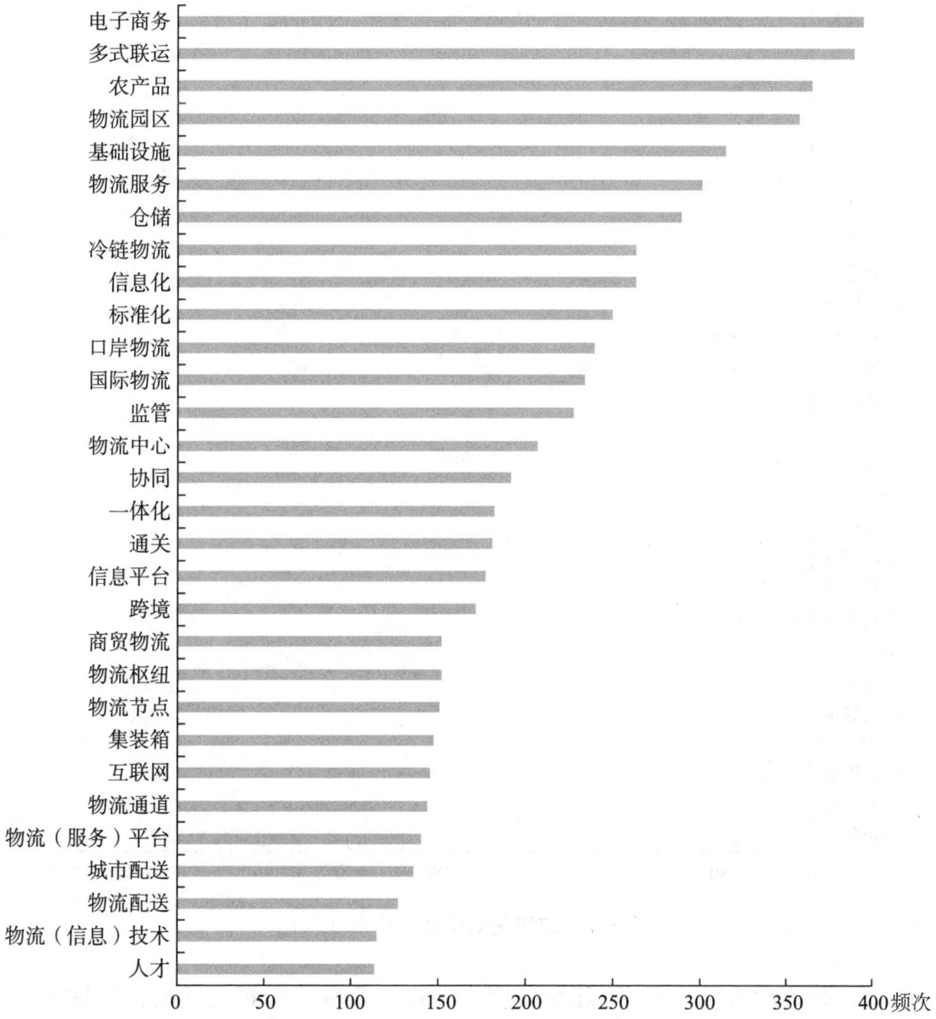

图 3-4 政策关键词词频分布（一）

推动跨境电商与国际物流。近年来，跨境电商和国际物流在推动外向型经济发展、培育竞争新优势方面发挥了重要作用。随着“一带一路”倡议的深入和开放型经济的升级，跨境电商将继续发展，在为国际物流提供新增长点的同时，国际物流也将保障跨境电商的持续发展，两者紧密相连。

政策将进一步支持二者在战略、资源、供应链等方面的合作，积极构建国际物流服务体系，如加快国际陆港、空港建设，打造国际物流发展核心枢

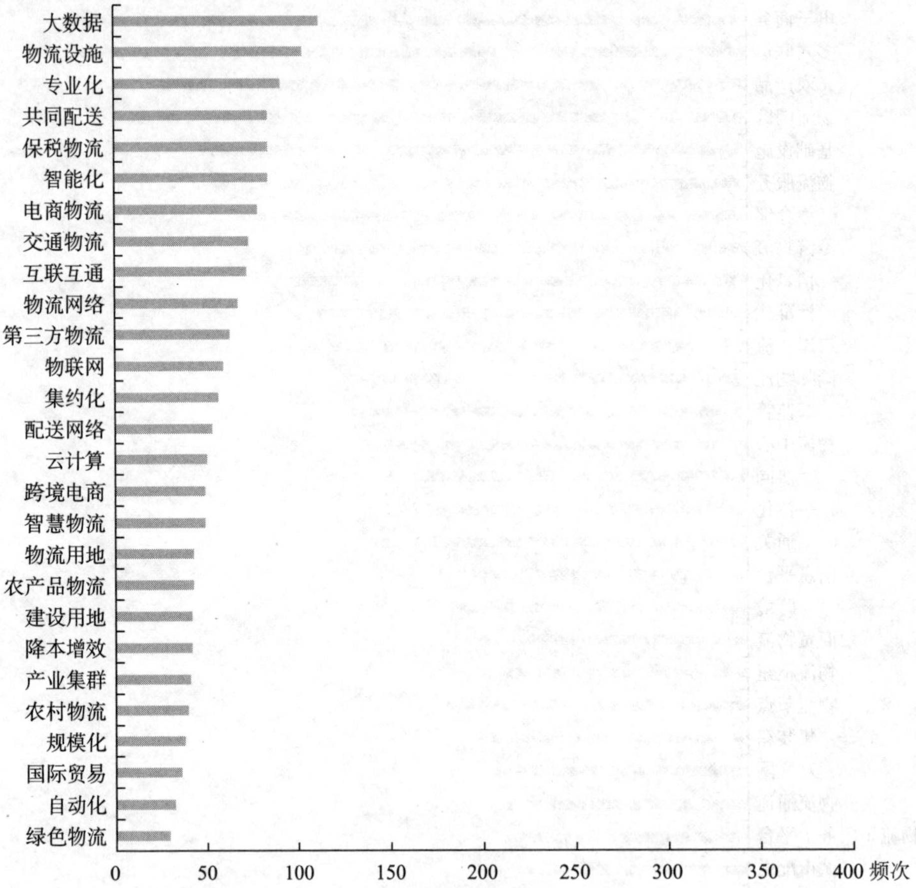

图 3-5　政策关键词词频分布（二）

纽；促进国际物流节点和国际物流网络建设；争取口岸扩大开放，促进国际物流高效发展；整合中欧班列资源，打造国际班列物流平台。坚持口岸开放、国际多式联运、保税物流和跨境电子商务协调同步推进，支持物流企业国际化拓展。

完善物流基础设施。物流基础设施建设是政策支持重点，基础设施建设在物流业的发展中起到重要支撑作用。物流运作依赖于网络和节点，网络包括公路、铁路和航空等，节点包括机场、码头、仓储设施、配送中心、转运中心以及物流园区等。西部地区由于经济发展相对落后，基础设施建设相对薄弱，政府的政策支持重点一方面是推动公路、铁路、内河、海运、民航等基础设施的统筹建设和运作方式衔接，打造物流通道网络体系，并进一步完善铁路专用线、冷链物流设施、集装箱、存储、转运、停靠、卸货等配套基础设施建设，为物流业的高质量发展打下基础；另一方面，从通道、枢纽、节点建设方面大力支持物流基础设施建设和功能布局，推进区域性物流大通道、综合性物流枢纽、物流园区、城市配送中心、多式联运场站等重要物流基础设施建设，带动农村物流、城乡配送，加快建立“通道+枢纽+网络”的现代物流运作体系，以覆盖全国，连接海外。

整合物流资源。物流资源整合主要包括促进物流信息互联共享、构建高效运行的多式联运体系以及推动物流业与其他产业的联动发展3个方面，从而降低物流运行成本、完善物流网络、提高物流组织效率。西部地区存在信息服务水平和物流信息共享程度总体不高、“互联网+智慧物流”发展相对滞后的问题，不利于物流资源整合。政府从构建物流公共信息平台、整合行业现有信息资源、整合社会资源等方面，推进物流资源整合和物流信息共享，促进物流效率的提高。此外，政府积极支持多式联运发展，推动多式联运协调机制的建立，加快培育多式联运服务主体，进一步完善集疏运体系。以综合运输枢纽的建设和综合运输服务水平的提升为切入点，促进多种运输之间的衔接共享，加快形成贯通内外的多式联运网络体系。国外物流的发展经验亦表明多式联运是提升物流效率的重要手段。

完善农村物流体系。进一步完善民生物流体系建设也是政策支持的重点，特别是促进农村物流的发展。虽然物流乡镇覆盖率已达90%，但尚未真正下沉到农村，基础设施落后、物流主体发育滞后、物流公共服务平台缺失等问题仍然存在。政府的政策重点包括：构建由中心城市物流园区、县配送中心、乡镇服务站和村服务网点构成的农村物流网络体系；鼓励快递、交通、农业、供销、商贸企业共同构建农村物流配送网络，建设“工业品下乡”和“农产品进城”双向流通渠道，释放农村市场活力。另外，也致力于通过交通运输条件的提升、物流环境的改善带动农业增产增效、农民持续增收、居民消费升级。例如，在发展农产品冷链物流，完善农产品储备、加工处理和冷藏储存设施的同时，培育农村物流企业、电子商务运营商、品牌培育商和农产品加工、销售企业等各类市场主体，从而带动农产品批零市场、农民合作社、家庭农场等共建网上购销渠道，推动农产品网上交易，促进产销对接。

发展和管理物流技术。物流具有技术属性，物流业的发展离不开物流技术和物流设备，近年来物流技术的创新和应用得到进一步重视。以物联网、移动互联网、大数据、云计算等为代表的现代信息技术在物流业的广泛应用将大大提升物流业的运营效率，因此我国西部各省份政府进一步出台了相关政策，鼓励研发和应用物流新技术，积极推进“智慧物流”体系建设、推动“互联网+高效物流”的应用，并大力推动各地物流业的互联互通。同时，通过注重物流标准化体系的建立，健全运行高效的标准化管理体制，做好物流基础设施、物流技术装备、物流作业、物流服务等标准的制定、修订和推广工作，实现物流资源更好更优配置。此外，人才队伍建设也是物流业相关政策支持的重点，鼓励培养高层次、高素质物流人才，并积极引进高层次物流专业管理人才和技术人才，对符合条件的人才培养、培训和引进项目给予政策扶持。

强化监管。“监管”亦是物流产业政策中的高频词汇，物流发展合规时代到来。行业管理思路从“严进宽管”向“宽进严管”转变。首先，强化市场监管，加大对生产源头、流通渠道和进出口环节的监管，对物流企业经营行为的事中事后进行监管，严厉查处违法犯罪行为，依法查处不正当竞争和行业垄断、地方保护等行为，营造公开、公平、公正的交易环境。同时，建立信用体系，推进与公安、工商、税务、金融等部门征信系统的有效对接和信息共享，建立行业许可、企业信用、市场监测等体系，完善信用管理制度。搭建包括信息平台在内的基础性公共服务平台，优化物流业发展的市场环境、法治环境和诚信环境，打造现代物流健康有序协调发展的产业生态体系。此外，完善综合保税区、保税物流中心和海关特殊监管区建设，推进口岸对外开放，实现口岸与海关特殊监管区的“区港联动”“区区联动”，实现“信息互换、监管互认、执法互助”和国际贸易“单一窗口”。

3. 小结

基于西部陆海新通道各省份物流产业政策的词频分析显示，政府政策主要从跨境电商与国际物流、基础设施建设、物流资源整合、农村物流体系建设、物流技术发展和管理、监管强化等方面引导和支撑物流业高质量发展。在政府政策导向方面，政策导向兼顾信息化、标准化、专业化、国际化、现代化、集约化、绿色化和社会化等多个方面，考虑到物流业发展现状和所处发展阶段，政策导向以专业化、信息化和标准化为主，社会化、绿色化引导稍显不足。

在相关政策支持和地方政府积极响应推进下，物流业基础设施建设、科技创新、资源效率等方面的问题得到了一定程度的解决，国际物流、电子商务、民生物流也得到了一定程度的发展。未来“十四五”期间，在现有成果的基础上，政府政策应当进一步推动跨境电商与国际物流的发展，大力带动外向型经济；鼓励物流技术创新与应用，加强物流资源整合，强调科技创新对驱动物流高质量发展的重要性；完善基础设施建设，进一步健全物流网络运输体系；进一步完善民生物流体系建设，大力发展农村物流。同时，政策导向在坚持物流信息化、标准化、专业化、国际化、集约化的同时，应当进一步重视和鼓励物流绿色化和社会化发展，进一步推动中国由“物流大国”迈向“物流强国”，相关政策见表 3-2。

表 3-2　相关政策

省份	政策名称	发布年份
重庆	《重庆市人民政府关于贯彻落实国家物流业发展中长期规划（2014—2020 年）的实施意见》	2015
重庆	《重庆市促进物流业发展三年行动计划（2015—2017 年）》	2015
重庆	《重庆内陆国际物流分拨中心建设方案》	2018
重庆	《重庆市物流降本增效综合改革试点实施方案》	2020
重庆	《关于推动物流高质量发展实施意见》	2020
重庆	《重庆市城乡冷链物流体系建设方案（2020—2025 年）》	2020
重庆	《重庆市加快推进多式联运发展工作实施意见》	2020
甘肃	《甘肃省“十三五”物流业发展规划》	2016
甘肃	《甘肃省人民政府关于加快发展现代商贸物流业的意见》	2018
广西	《广西物流业发展“十三五”规划》	2016
广西	《广西壮族自治区人民政府办公厅关于推动物流业降本增效促进我区物流业健康发展若干政策的意见》	2017

续表

省份	政策名称	发布年份
广西	《“互联网+流通”行动计划实施方案》	2017
贵州	《关于加快发展现代物流业的若干意见》	2015
贵州	《贵州省发展冷链物流业助推脱贫攻坚三年行动方案（2017—2019 年）》	2017
贵州	《贵州省推进电子商务与快递物流协同发展实施方案》	2018
内蒙古	《内蒙古自治区人民政府关于发展空港经济的指导意见》	2015
内蒙古	《内蒙古自治区物流业降本增效专项行动实施方案（2016—2018 年）》	2017
内蒙古	《内蒙古自治区“十三五”时期综合交通运输发展规划》	2019
宁夏	《宁夏回族自治区物流业“十三五”发展规划》	2017
宁夏	《自治区人民政府办公厅关于进一步推进物流降本增效促进实体经济发展的实施意见》	2018
宁夏	《宁夏回族自治区推进电子商务与快递物流协同发展实施方案》	2018
宁夏	《自治区贯彻落实〈推进运输结构调整三年行动计划（2018—2020 年）〉实施方案》	2019
青海	《关于营造良好市场环境推动交通物流融合发展的实施方案》	2016
青海	《青海省物流业降本增效专项行动实施方案》	2017
青海	《青海省推进电子商务与快递物流协同发展实施方案》	2018
青海	《青海省贯彻落实进一步降低物流成本实施意见的任务分工方案》	2020
陕西	《陕西省物流业发展中长期规划（2015—2020 年）》	2015
陕西	《陕西省人民政府办公厅关于进一步推进物流降本增效促进实体经济发展的实施意见》	2018
陕西	《关于推动交通物流融合发展实施方案》	2017
陕西	《陕西省人民政府办公厅关于推进电子商务与快递物流协同发展的实施意见》	2018
四川	《四川省物流业发展中长期规划（2015—2020 年）》	2015
四川	《四川省 2016 年现代物流业发展工作推进方案》	2016
四川	《四川省人民政府办公厅关于进一步推进物流降本增效促进实体经济发展的实施意见》	2018
四川	《四川省推进电子商务与快递物流协同发展实施方案》	2018
西藏	《西藏自治区人民政府关于推进电子商务与快递协同发展的实施意见》	2018
西藏	《西藏自治区“十三五”时期物流业发展规划》	2018
新疆	《自治区物流业“十三五”发展规划》	2017

续表

省份	政策名称	发布年份
新疆	《关于进一步降低物流成本的实施意见》	2020
云南	《云南省现代物流产业发展“十三五”规划实施方案（2016—2020 年）》	2016
云南	《云南省人民政府办公厅关于推进电子商务与快递物流协同发展的实施意见》	2018
云南	《云南省加快推进现代物流产业发展 10 条措施》	2018
云南	《云南省支持农产品冷链物流设施建设政策措施》	2020

二、西部各省份物流运行现状分析

以上国家及地方政策为西部各省份物流行业的总体发展指明了发展方向，也为其物流行业的发展奠定了坚实的基础。为明晰西部陆海新通道各省份目前的物流运行发展情况和对外经济发展情况，本文在收集来的各省份政府文件、报告等基础上，对比了隶属西部陆海新通道的 14 个省份 2019 年的物流运行情况和对外经济情况，并对西部陆海新通道项目的规划建设重点进行了分析。

自西部大开发战略实施以来，我国西部地区进入了发展快车道，经济社会发展取得了历史性重大成就，也扩展了国家发展的战略回旋空间。西部地区在我国经济整体发展全局中承担着突破资源瓶颈的“战略根据地”、扩大内需的“战略抓手”、东西部经济互补的“战略支点”，以及我国向西向北的“战略通道”四个重要角色。

从物流运行和对外经济情况来看，2000—2019 年，我国西部地区 12 个省份的货物周转量由 5423 亿吨千米增长到 26921 亿吨千米，提高 396. 4%；公路、铁路、内河航道里程由 59. 8 万千米增加到 215. 2 万千米，提高 260%。与此同时，西部地区的国民生产总值由 2000 年的 17326. 4 亿元增加到 2019 年的 204908. 3 亿元，增长 1083%。随着国家“一带一路”倡议的深入推进，西部地区 12 个省份的进出口总额由 2013 年的 2577 亿美元增加到 2019 年的 4028 亿美元。

从西部地区物流通道的建设来看，重庆、广西等西部省、自治区、直辖市积极参与共建“一带一路”，加强与新加坡等东南亚地区国家的经贸合作，中新互联互通项目持续推进，通道建设取得积极成效，为促进西部地区经济发展、外贸增长和产业转型升级作出了重要贡献。

1. 货物运输总量情况

由图 3-6 可知，2019 年西部陆海新通道各省份货物运输总量排名前三的分别是广东、广西和内蒙古，排名靠末尾的分别是青海、海南和西藏。整体来看，地处西南地区省份的物流运行水平比地处西北地区省份的运行水平更佳。在增长率方面，西藏、广西和云南增长率分别位列前三，而重庆、四川、陕西、海南、内蒙古和新疆等均为负增长。其中，重庆的货物运输量增长率低至-12.04%，虽然其货物运输总量在 14 个省份中位居中上游，但增长速度为负，进入了缓慢发展的阶段。综合来看，广东、贵州、广西、云南的货物运输发展水平最佳，其运输总量和增长率均排名靠前。虽然西藏目前货物运输总量不多，但增长率高达 65.43%，具有较好的发展前景。

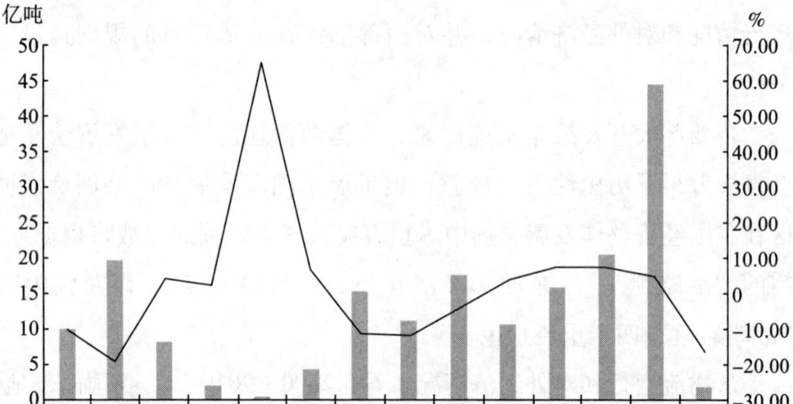

	新疆	内蒙古	甘肃	青海	西藏	宁夏	陕西	重庆	四川	贵州	云南	广西	广东	海南
货物运输总量	10.01	19.80	8.26	1.96	0.40	4.37	15.48	11.28	17.73	10.68	16.01	20.53	44.6050	1.86
货物运输量增长率	-10.01	-18.95	4.40	2.24	65.43	7.15	-10.65	-12.04	-4.40	3.70	7.40	7.60	5.00	-16.26

图 3-6　2019 年西部陆海新通道各省份货物运输总量情况

2. 货物运输周转量情况

首先，从西部陆海新通道各省份货物运输周转量来看，广东周转量一马当先，居首位，货物运输周转量高达 29232.14 亿吨千米；广西周转量排名第二，货物运输周转量高达 5382.86 亿吨千米；内蒙古排名第三，货物运输周转量高达4634.00亿吨千米；重庆、甘肃、陕西周转量相当，货物运输周转量在3483.45亿吨千米至3610.54亿吨千米；青海、宁夏和西藏周转量较少，货物运输周转量均低于1000亿吨千米。其余省份的货物运输周转量在1668.54亿吨千米至4139.30亿吨千米。其次，在增长率方面，海南的增长率高达88.17%。云南、贵州、广西均不低于8.00%；而四川、陕西、新疆和内蒙古均为负增长，且都低于-8.00%。其余省份的增长率在0.47%~6.00%。结合货物运输周转量来看，虽然内蒙古、新疆、四川和陕西的货物运输周转量名列前茅，但增长率却落后于其他省份，表明其货物运输周转量的发展比较迟滞。总体来看，大部分省份货物运输周转情况较好，呈上升发展趋势；也有部分省份发展脚步放缓，如内蒙古、新疆、四川和陕西（见图3-7）。

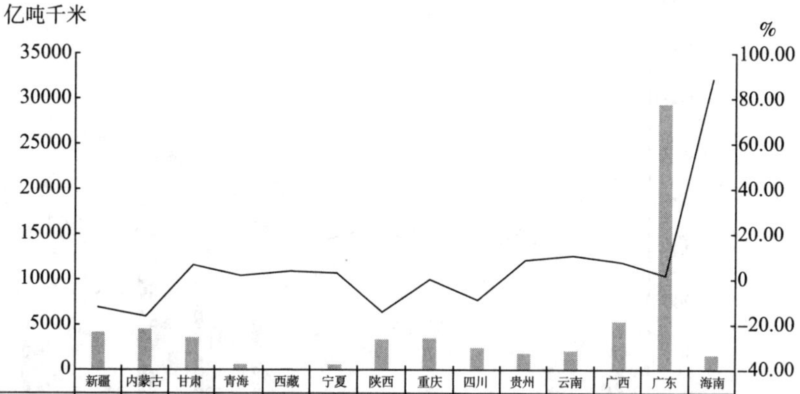

	新疆	内蒙古	甘肃	青海	西藏	宁夏	陕西	重庆	四川	贵州	云南	广西	广东	海南
货物运输周转量	4139.30	4634.00	3585.80	572.07	156.14	710.31	3483.45	3610.54	2573.30	1953.89	2150.32	5382.86	29232.14	1668.54
货物运输周转量增长率	-12.41	-16.20	6.00	1.98	2.88	2.53	-13.48	0.47	-8.70	8.70	10.60	8.00	2.10	88.17

图3-7　2019年西部陆海新通道各省份货物运输周转量情况

3. 对外经济增长情况

首先，2019年进出口总额排名前三位的分别是四川、重庆和广西，进出口总额最末位的是青海，进出口总额较少的有西藏、宁夏、甘肃和贵州。

其次，在出口总额方面，2019年，四川、重庆和广西分别位列前三；青海、甘肃、宁夏、贵州等出口总额排名落后。同样，在进口总额方面，四川、重庆和广西排名靠前；青海、甘肃、宁夏、贵州等排名靠后。在进出口差额方面，大多数省份存在贸易顺差，只有云南和甘肃、内蒙古存在贸易逆差。

最后，在进出口总额增长率方面，新疆、广西、四川、云南、重庆的进出口总额增长率喜人，均超过10.00%；而贵州、甘肃、青海、宁夏均为负增长。在出口总额增长率方面，西藏、广西、云南位列前三，均超过15.00%；而青海、宁夏、陕西、贵州、内蒙古、甘肃等均为负增长。在进口总额增长率方面，新疆和宁夏的进口增长率比较突出，分别为57.90%和33.40%；而贵州、甘肃、青海、西藏等均为负增长（见图3-8）。

综上，地处西南地区的省份整体进出口总额比地处西北地区的省份整体进出口总额水平更高，即目前西南地区的对外经济情况更佳。特别是青海，不管是进出口额度还是增长率水平排名均靠后，需要大力改进，促进发展。

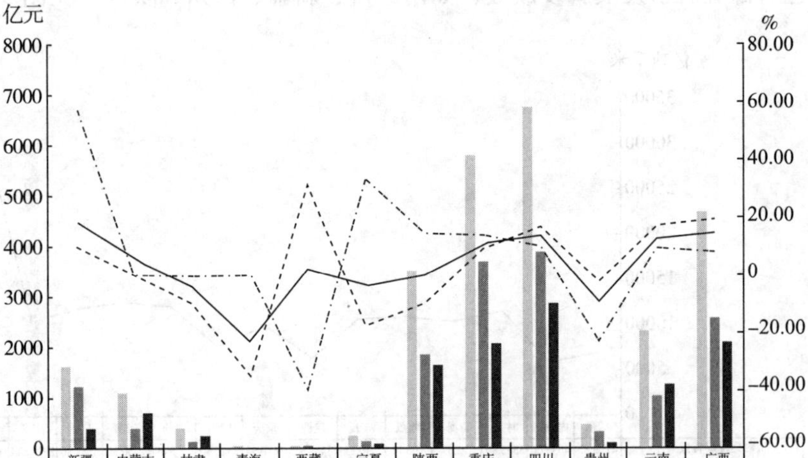

	新疆	内蒙古	甘肃	青海	西藏	宁夏	陕西	重庆	四川	贵州	云南	广西
进出口总额	1635.93	1095.7	379.9	37.24	48.76	240.62	3515.75	5792.78	6765.9	453.57	2324.76	4694.7
出口总额	1245.04	376.8	131.4	20.2	37.45	148.92	1873.27	3712.92	3892.3	327.14	1036.52	2597.15
进口总额	390.87	718.9	248.5	17.04	11.3	91.7	1642.48	2079.86	2873.6	126.43	1288.24	2097.56
进出口总额增长率	18.50	5.90	-3.90	-22.70	2.60	-3.30	0.10	11.00	13.80	-9.50	12.80	14.40
出口总额增长率	9.90	-0.40	-10.00	-35.10	31.10	-17.30	-9.80	9.40	16.80	-3.10	17.30	19.40
进口总额增长率	57.90	0.90	-0.40	-0.10	-40.40	33.40	14.50	13.80	9.90	-22.60	9.50	8.70

图3-8 2019年西部陆海新通道各省份对外经济增长情况

4. 小结

尽管西部地区取得了显著的发展成果，但与区域经济社会发展和扩大对外开放的需求相比，既有通道仍存在交通运输“瓶颈”制约、物流成本偏高、竞争能力不强、缺乏有效产业支撑、通关便利化有待提升等突出问题。就西部陆海新通道各省份物流运行现状和对外经济发展情况而言，各省份的发展不均衡，部分地区仍然存在基础设施不完善问题。除川渝两地外，其他省份外向型经济发展有限，进出口规模整体较小。要想加快西部陆海新通道建设，推进西部大开发形成新格局，需要在完善地方合作机制的基础上，找准各省份的精准定位和差异化发展路径，同时从国家层面来统筹分配各省份之间的资源重点并布局相关配套产业。例如，通过集中优势力量在西部先打造几个基础较好的重点城市，如重庆、成都、西安、兰州等，让这些城市先行对接“一带一路”，再安排部署其他地区与这些城市相对接，完善配套建设，从而更好地发挥出优势地区的辐射作用。

三、重庆建设国际物流与运营组织中心的优势

重庆是我国中西部地区唯一的直辖市，区位优势突出，战略地位重要，深入贯彻习近平总书记对重庆提出的营造良好政治生态、构建重庆市国民经济支柱型产业、积极培育战略级的现代物流产业、实现物流业高质量扩张发展的要求，是重庆经济和产业发展的重要战略任务。重庆需要加快构建高质量的现代物流产业体系，支撑内陆开放高地建设，实现带头开放，并带动西部其他省份发展。同时，重庆是“西部陆海新通道”的运营组织中心，处于“一带一路”中的重要位置，也是与长江经济带的连接点，具备承东启西、连接南北的独特区位优势，以及可建设成为内陆开放高地和国际门户枢纽城市的地理优势。

因此，重庆建设国际物流与运营组织中心不仅是服务于国家战略，也是勇担主干责任，在承担协同、整合各个物流要素，提升物流发展质量和效率的同时，发挥作为区域中心城市和物流节点城市的枢纽辐射作用，是具有必要性和紧迫性的。

（一）重庆市“十四五”战略规划和物流行业战略规划

1. 建设内陆国际物流枢纽

《重庆市国民经济和社会发展第十四个五年规划和二〇三五年远景目标纲要》《中共中央关于制定国民经济和社会发展第十四个五年规划和二〇三五年远景目标的建议》和习近平总书记对重庆提出的系列重要指示揭示了未来15

年重庆市经济社会发展的宏伟蓝图。这些纲要文件指出了重庆市全面深化“一带一路”倡议，加快国内国际双循环，建设内陆国际物流枢纽等重要战略指示。

深化与“一带一路”沿线国家和地区合作。扩大与“一带一路”沿线国家和地区经贸往来，建设“一带一路”进出口商品集散中心。在国内和国际大循环的基础上，充分利用国内和国际资源，推动重庆市高水平对外开放，打造国内国际双循环的战略枢纽。

2. 建设内陆国际物流枢纽和口岸高地

《重庆市物流业发展中长期规划（2021—2035 年）》指出：“到 2025 年，重庆市基本建成布局合理、功能完备、内通外畅、多极辐射、多圈网联、智慧高效、绿色安全的现代物流体系，基本建成内陆国际物流枢纽和口岸高地，国际物流要素组织创新中心、国家物流业高质量发展示范高地和现代化国际供应链智慧中枢建设取得重大进展，对现代化经济体系和西部地区高质量发展的支撑引领能力显著增强。”

把握新时代西部大开发、“一带一路”建设、长江经济带发展、西部陆海新通道建设契机，加快推进物流大通道布局和枢纽建设，优化口岸布局，完善口岸功能，加快国际物流发展，实现口岸和物流的深度融合互嵌。

3. 建立国际物流要素组织创新中心

依托长江黄金水道、中欧班列（成渝）通道、西部陆海新通道和国际航空物流大通道，强化对国际市场和国内市场的覆盖，优化创新物流运营组织模式，实现资源要素的规模化聚集、高效率配置和大范围流转。

4. 成为国家物流业高质量发展示范高地

稳步推进集“海陆空”型、生产服务型和商贸服务型于一体的国家物流枢纽建设，积极融入国家物流枢纽网络，推动物流与产业深度融合发展，拓展物流设施覆盖范围，提升物流服务质量，培育壮大市场主体，优化营商环境，降低社会物流成本，打造内陆国际物流分拨中心，为物流支撑现代化经济体系建设开展先行先试。

（二）重庆市物流行业发展现状

近年来，相较于其他处于西部陆海新通道沿线的省份，重庆市始终紧紧围绕建设内陆国际物流枢纽和口岸高地的目标，现代物流业发展取得积极成效，口岸物流领域改革取得重大突破，出海出境大通道建设成果丰硕，国际物流枢纽网络体系基本成形，口岸开放与物流创新深度融合，口岸物流营商环境明显优化，现代物流业繁荣发展，服务质量效益明显提升，内陆国际物流枢纽和口岸高地建设取得显著成效，对重庆经济社会高质量发展的支撑保障作用显著增强，有基础、有实力、有经验打造全面、现代化、一体化、辐射广、统一调配的物流运营中心。

1. 物流产业规模效益显著提升

重庆市的物流产业规模效益在西部地区名列前茅。全市社会物流总额保持稳定增长，2020 年约 3 万亿元，物流业增加值超过 1100 亿元。全市货运量 12.1 亿吨，稳居中西部城市第一位，其中，铁路承运 1878.5 万吨、公路承运 10 亿吨、水路承运 2 亿吨。全市完成集装箱吞吐量约 197 万标准箱，其中，港口约 115 万标准箱、铁路约 82 万标准箱；开放通道集装箱运输量约 159 万标准箱，约占全市集装箱吞吐量的 81%。航空货邮吞吐量 41.4 万吨，其中，国际货邮吞吐量 15.1 万吨，居西部城市第一。物流企业规模进一步扩大，A 级物流企业数量已达 50 家。

2. 内陆国际物流枢纽和口岸高地规划完善

重庆市具有独特的地理优势和较为完善的交通基础设施。重庆依山而建，内靠长江、乌江等河流，拥有较为完善的公路、铁路、机场、码头等交通基础设施，可令重庆市发挥西部陆海新通道物流和运营组织中心作用，优化口岸开放布局，加快智慧口岸建设，构建形成水陆空口岸联动发展机制。

3. 区域物流组织地位明显提升

与其他地处西部陆海新通道的省份相比，重庆具有较高的区域物流组织地位。全市初步建成以重庆为中心，立足西部，辐射全国，东南西北四个方向互联互通、铁公水空多式联运的国际物流通道体系。中欧班列（渝新欧）开行规模持续扩大，累计开行突破 7000 列。重庆长江上游航运中心加快建设，港口年吞吐量近2亿吨。重庆港口型、陆港型国家物流枢纽获国家批复，对“一带一路”倡议及长江经济带和西部陆海新通道等国家战略的衔接和支撑作用显著增强。

4. 物流设施空间布局逐步优化

重庆物流设施空间布局逐步优化。与其他地处西部陆海新通道的省份相比，重庆市的物流网络和整体格局更为广泛和完整。具体而言，全市已建成中心城区、万州、涪陵3个核心港区，沙坪坝团结村、江津小南垭、两江新区鱼嘴等核心铁路物流枢纽运营良好，重庆国际物流枢纽园区等主要物流节点成为全市物流资源聚集的重要载体。城乡三级配送网络不断优化，区县级物流节点与乡镇配送站覆盖率达97%。

5. 国际物流加快发展

重庆市国际物流水平较高，且持续稳健发展。截至2020年底，全市已形成1个自贸区、4个国家开放口岸、5个综合保税区、4个保税物流中心、9类口岸功能的发展格局，航空、水运、铁路和万州机场口岸等规模不断壮大，为重庆国家物流枢纽建设和国际物流发展创造良好开放环境。国际航线网络持续拓展，航线总量达到101条，通达33个国家74个城市，基本构建起覆盖全球的国际航线网络。

6. 多式联运、电商物流等服务业态不断丰富

近年来，重庆市政府大力支持发展多式联运和电商物流，已取得巨大成效，使重庆市的多式联运和电商物流运营状态处于西部领先水平。2020年，铁水联运、水水中转集装箱吞吐量分别达11万标准箱和15.7万标准箱。电商物流高速发展，2020年物流业务量为7.3亿件，其中，国际及港澳台物流业务量为161.5万件。物流平台经济发展迅速，2020年，重庆国际贸易“单一窗口”累计业务量超过5500万票，主要业务应用率达100%；重庆跨境电商公共服务平台实现交易额为66.53亿元。

7. 口岸开放与物流创新深度融合

重庆市将对外开放和物流创新进行深度融合，极大地提高了国内贸易和跨境贸易的物流运行水平。重庆市开创性地设立重庆市人民政府口岸和物流

办公室，理顺相关部门职能职责，推动口岸和物流快速发展、联动发展、协同发展，口岸经济和物流国际化水平显著提升，为推进内陆国际物流枢纽和口岸高地建设营造了良好的体制机制环境，也为全国口岸、物流深度融合树立新典范。同时出台了一系列政策方案措施，特别是随着物流降本增效综合改革试点持续深入推进，简政减税降费取得实效，物流营商环境和制度性建设持续改善。口岸营商环境持续优化，进出口整体通关时间较 2017 年均压缩 60%以上，跨境贸易便利化水平显著提升。

8. 小结

由此可见，重庆物流产业正处于稳定发展、持续上升的态势，这奠定了建立运营中心的经济基础。虽然近年来，重庆物流业取得了突出成绩，但与构建新发展格局，在西部地区率先实现现代化的使命要求相比，重庆现代物流业发展还存在一些短板。

《重庆市物流业发展中长期规划（2021—2035 年）》明确指出重庆市物流业的中长期发展还存在以下问题亟待解决：一是物流产业定位不够清晰，引领全市经济高质量规模扩张的战略性作用不突出，功能不匹配。二是物流需求增长动能不足，供需对接不精准，区域物流服务能力亟待提升。三是物流成本仍然较高，运输结构不尽合理，公路运输占比较高，水运优势发挥不充分，铁路干线运输能力不足，多式联运等先进物流组织方式作用发挥受到限制。四是物流设施体系建设网络分散，通道与枢纽衔接不畅，引导产业布局优化和空间重构能力不强。五是区域、市域物流组织能力偏弱，业务联系不够紧密，物流要素集聚和服务集约发展不够，阻碍物流产业高质量规模化和服务创新发展。六是政策法规体系仍待健全，物流设施和服务标准化推进不够深入，市场集中度低，龙头物流企业引领作用不强，发展软环境仍有较大改善空间。

因此，为加快重庆市“十四五”规划和重庆市物流业发展中长期规划对物流行业的战略规划的实现和实施，响应发挥西部陆海新通道物流和运营组织中心作用、强化内陆国际物流枢纽支撑、构建形成水陆空口岸联动发展机制的战略发展要求，重庆市有必要加快建立统一运营调配的物流运营中心以改善上述问题，构建发展新格局。

四、重庆建设国际物流与运营组织中心需求分析

加快对重庆国际物流和运营组织中心的建设迫在眉睫，但这需要政府和市场的双重作用。围绕市场主体发展需求的政策才能有效、精准聚焦市场主体需求，调动市场主体创新积极性，营造良好的市场发展环境。因此，有必要对西部地区，特别是重庆市内的物流市场主体展开需求调查，从物流基础设施体系、国际物流信息平台、物流大数据应用、国际贸易结算服务等方面的需求情况和应用情况，分析其对物流与运营组织中心的需求，更好地发挥政府作用。

（一）重庆市国际物流与运营组织中心建设需求的问卷调研

鉴于中央和地方政府对建设运营中心和枢纽以及对现代化物流运行体系的发展要求，处于西部陆海新通道的各省份物流企业积极响应政府号召，但目前各个物流企业对建设运营中心及其配套设施的需求、对各项新兴技术的运营现状及其需求仍不明晰。本项目认为有必要通过多种严谨和全面的调研方法来厘清地处西部陆海新通道的各省份物流企业的具体需求和发展现状，为后续中本项目提供针对性的战略和政策措施，奠定扎实的基础。

1. 调研方法和过程

本项目使用了文献研究法、深度访谈法和问卷调研法。

首先，本项目通过 Web of Science、CNKI 等数据库、相关网站等途径，查阅了大量国内外相关文献资料与研究数据，认真分析与运营中心相关研究成果、研究动态，对其进行了分类、归纳、整理与综合，为初步的问卷题项构建了一个良好的理论基础平台。

其次，本项目通过与相关领域内的多名学者、物流行业从业者代表进行面对面的访谈，获得了宝贵的关于运营中心的第一手资料。对获取的第一手资料，进行细致的文本整理分析，从而为本项目的问卷提供了重要的依据和帮助。

最后，根据国家质检总局和中国国家标准化管理委员会在 2013 年发布的《物流企业分类与评估指标》（GB/T 19680—2013 代替 GB/T 19680—2005）和中国物流行业协会 2020 年所公布的 A 级物流企业名单，本项目选取符合国家评估标准并且地处西部陆海新通道各省份的 A 级物流企业（包括 5A、4A、

3A、2A、1A）作为调研对象。在正式调研前，本项目随机抽取了10家企业并从中选取15名受访者进行预调研，随后根据受访者的建议对问卷的题目作了一定的调整。在正式调研时，本项目首先利用随机抽样，生成样本，随后删掉重复的企业和无法进行访谈的企业，得到最终的调研样本。然后在其中选择愿意接受调研的企业，向其员工进行调研。最终本项目获得了250份有效问卷。在调研中，本项目采用了如下方式来确保回收问卷的质量。首先，向受访者承诺本次调研完全匿名，且问卷无标准答案。其次，确保问卷被试的大部分物流企业的高层管理者和物流经理对公司及物流业务和运营充分了解（见图3-9、图3-10）。具体而言，这些被试在所在职位的平均任期为5.396年，对公司业务及流程的熟悉程度平均为4.505分（满分为5分）。最后，比较了早期受访者和晚期受访者之间的差异。

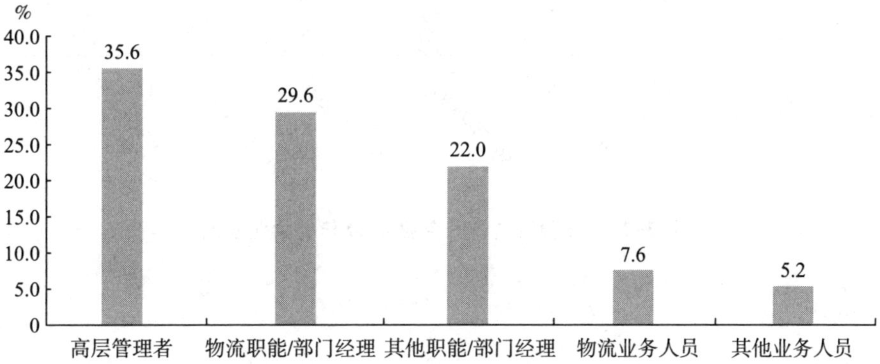

图3-9　参与问卷调研的被试的职位

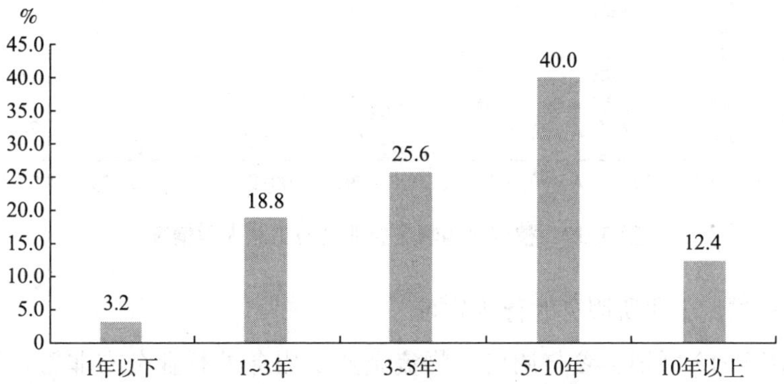

图3-10　被试目前所在职位的工作年限

2. 调研企业的基本信息分析

（1）物流企业的员工人数和营业收入情况

由图3-11、图3-12可知，参与调研的物流企业大部分为中小型企业，其营业收入在500万元以下，员工在300人以内；被试企业中也包含少部分大型企业，年收入在5000万元以上的，占比为4.0%，员工在3000人以上的，占比为2.8%。

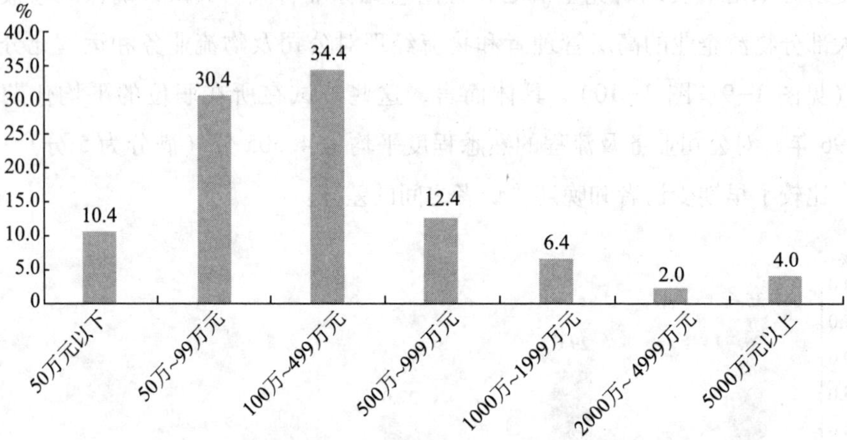

图3-11　被调研的物流企业2020年的营业收入

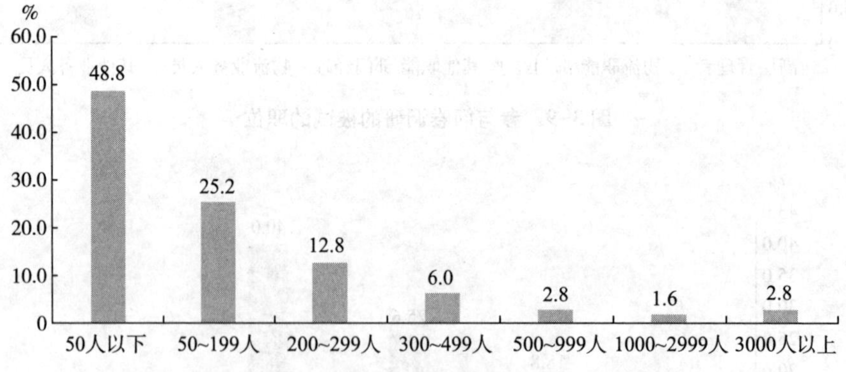

图3-12　被调研的物流企业的员工总人数情况

（2）物流企业所服务的行业分布

由图3-13可知，参与调研的物流企业所服务的行业分布非常广泛。其中，服务于纺织、服装及日用百货行业，食品、饮料及烟草制品行业，五金、家具及装修材料行业，矿产品、建材及化工品行业的物流企业所占比例最高。

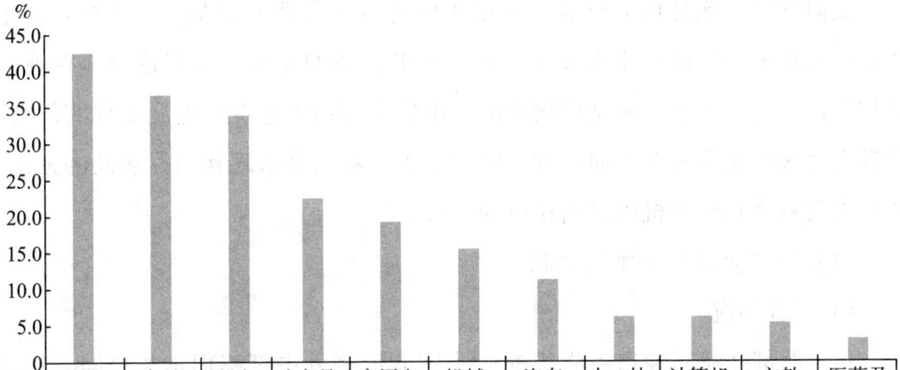

纺织、服装及日用百货	食品、饮料及烟草制品	五金、家具及装修材料	矿产品、建材及化工品	家用电器及电子产品	机械、电气及仪器设备	汽车、摩托车及零配件	农、林、牧、渔	计算机、通信设备及软件	文教、体育用品及器材	医药及医疗器材
42.8	36.8	34.0	22.4	19.2	15.6	11.2	6.0	6.0	5.2	2.8

图 3-13　物流企业所服务的行业分布

（3）物流企业主要提供的物流服务

被调研的物流企业所提供的物流服务主要为仓储与库存管理（74.8%），其次为车队、运输、配送等物流信息管理服务（63.2%），再者为物流代理服务（35.2%）和与海关相关的业务管理服务（32.0%）。另外，也有少量物流企业提供物流金融服务（9.6%）。如图 3-14 所示。

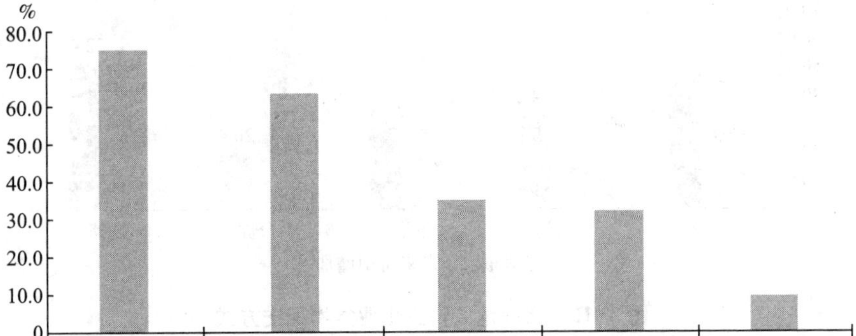

仓储与库存管理服务	车队、运输、配送等物流信息管理服务	物流代理服务	与海关相关的业务管理服务	物流金融服务
74.8	63.2	35.2	32.0	9.6

图 3-14　物流企业主要提供的物流服务

3. 物流交通基础设施的应用和需求分析

交通基础设施是物流行业的市场主体进行经营活动的基石，其对物流企业的运营水平和配送水平有重大影响。因此，我们需要了解目前物流企业的货物配送方式、物流交通基础设施的应用情况和物流企业所遇到的现实问题，并探究物流企业未来对交通基础设施的需求，对比分析现状与需求间的差距，从而为政府及其相关机构提出相应的建议。

（1）物流企业货物配送现状

1）总体情况

目前西部陆海新通道各省份的“十四五”规划中都提倡加快公路、铁路建设，加快开通多条跨省、跨国路线，已经取得了初步成效；并且陆运在西部地区发展已久。所以，绝大部分物流企业迄今为止所采取的货物配送方式主要为陆运，包括公路（87.6%）和铁路（36.4%）。随着航空业的发展，西部地区的机场、航线逐步增多，空运也逐渐被一些物流企业采用，占比为18.8%。最后，由于西部陆海新通道的各省份受到地理位置的制约，河海等自然资源相较东部地区匮乏，所以目前河运和海运的采用比例较小，占比分别为6.4%和8.8%（见图3-15）。

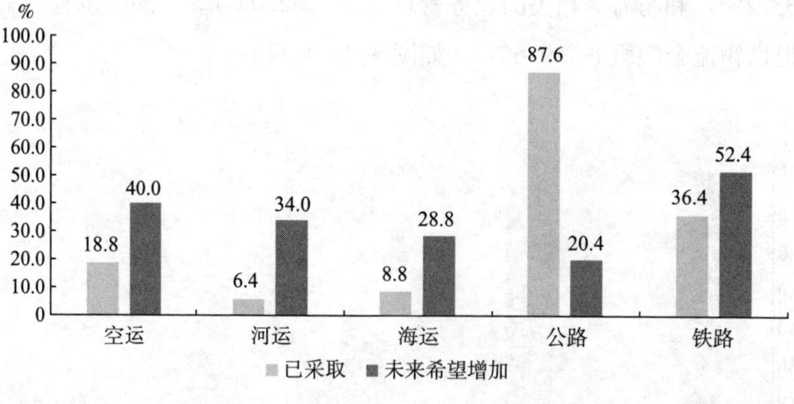

图3-15 西部地区物流企业货物配送方式

在影响货物配送的基础设施方面，目前主要有交通和物流配送这两类基础设施。被调研的物流企业认为交通基础设施和物流配送基础设施的影响力相当，占比分别为62.4%和58.0%（见图3-16）。

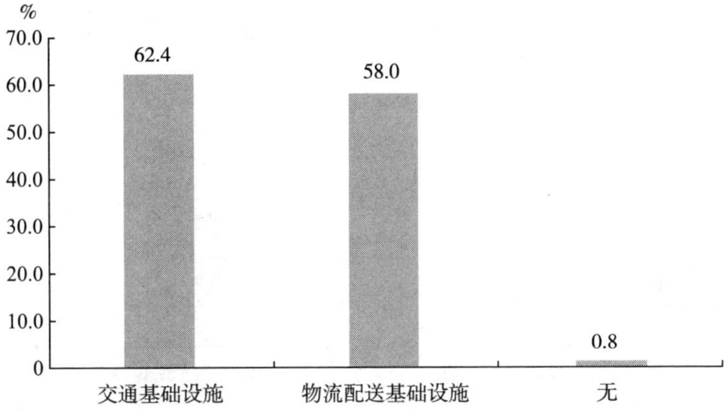

图 3-16　影响物流企业配送货物的基础设施

2）按企业规模细分情况

为了更为深入地分析所获取的样本，并为政府和企业提出更为准确的建议，本项目组将按照企业规模进行分组对比分析，将年收入在 500 万元以下的企业归为中小企业，而年收入超过 500 万元的企业归为大企业。

由图 3-17、图 3-18 可知，大部分中小型物流企业目前采用的配送方式较为传统，主要是公路配送，其次为铁路配送，而空运、河运和海运则采用较少，但企业未来希望能够更多地采取铁路、空运、河运和海运这 4 种运输方式，这反映了中小型物流企业对运输配送方式多元化的需求。在限制其物流配送的基础设施问题方面，中小型物流企业认为交通基础设施的影响大于物流配送基础设施的影响。

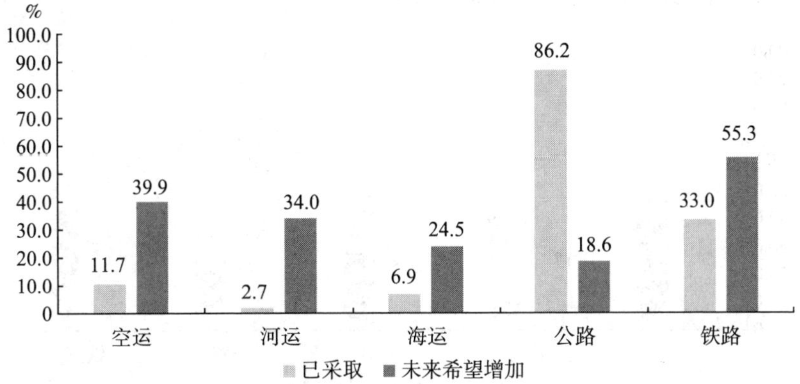

图 3-17　货物配送方式（中小型物流企业）

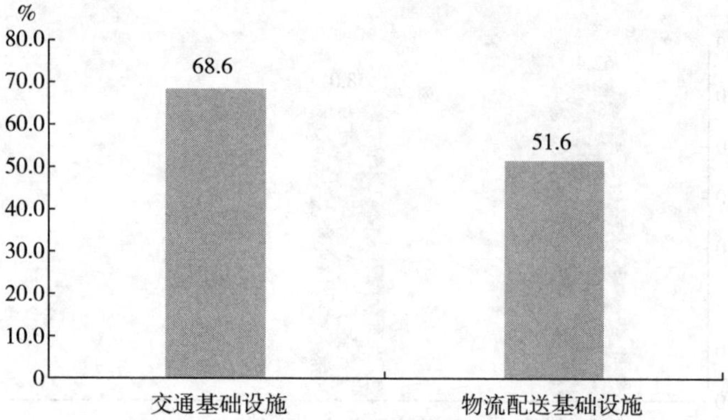

图 3-18　影响物流企业配送货物的基础设施（中小型物流企业）

由图 3-19、图 3-20 可知，大型物流企业的货物配送方式的占比类型与中小型物流企业一致，占比最高的均为公路运输，其次为铁路运输；但是，与中小型物流企业相比，大型物流企业的空运、河运和海运的比例明显增高，这说明大型物流企业具有一定的资本和实力负担这些成本较高的运输方式。在未来希望增加的运输方式方面，5 种运输方式的占比与图 3-17 相似。有趣的是，与中小型物流企业相反，大型物流企业认为在限制其物流配送的基础设施问题方面，交通基础设施的影响远小于物流配送基础设施的影响，这说明在企业规模较大的情况下，企业会更加注重自身所需要投资的物流配送基础设施的水平，而不是由政府和相关机构所提供的交通基础设施的水平。但事实上，中小型物流企业占市场主体的绝大部分，因此，满足它们的需求也是政府及其相关机构工作的重中之重。

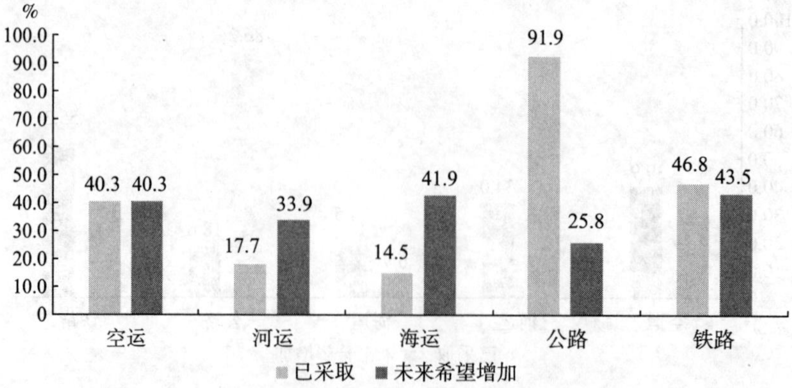

图 3-19　货物配送方式（大型物流企业）

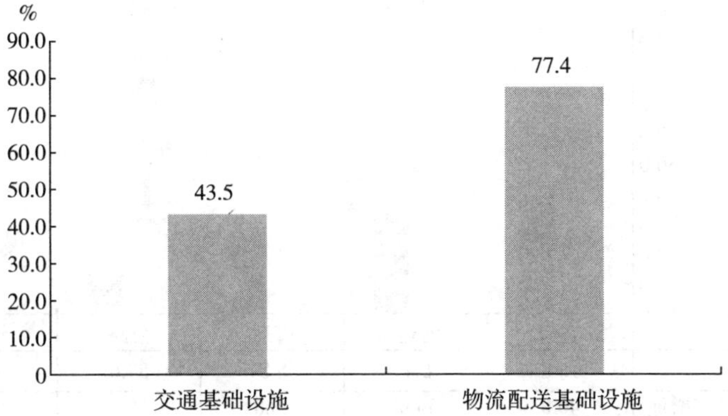

图 3-20　影响物流企业配送货物的基础设施（大型物流企业）

（2）需求分析

1）总体情况

总体来看，虽然目前公路的配送方式使用比例最高，但是未来物流企业却并不希望过多通过公路运输来配送货物，而是更希望采用铁路运输（52.4%）、空运（40.0%）、河运（34.0%）、海运（28.8%）的方式，这跟西部陆海新通道各省份目前的交通基础设施发展和政府政策息息相关（见图 3-21）。首先，铁路运输本为物流企业采用较多的物流配送方式，加之近年来，国家加强西部地区的铁路建设，增设多条铁路，并开通了多条高铁、动车路线，极大地提升了货物运输量和配送速度，因此，许多物流企业将铁路运输纳入未来采纳的范围之内。其次，长期来看，政府所颁布的多项政策极有利于航运方式，所以诸多物流企业未来也会采用航运的方式配送货物。最后，自 21 世纪“海上丝绸之路”国家战略规划以及西部陆海新通道规划出台，各省份响应国家号召，积极开拓海上航线，强化江海联运业务协同，这奠定了海运的基础，也加强了市场对海运的需求，所以诸多物流企业未来同样希望能够更多使用海运的方式。总而言之，物流企业目前对交通基础设施的需求与政府政策的出台息息相关；同时，市场对交通基础设施的需求也将推动政府政策的快速落地实施。

此外，52.8%的物流企业希望公路、铁路、港口、机场可高速互通，方便企业运输货物，节省运输时间和运输成本；同时，企业也希望以上运输场

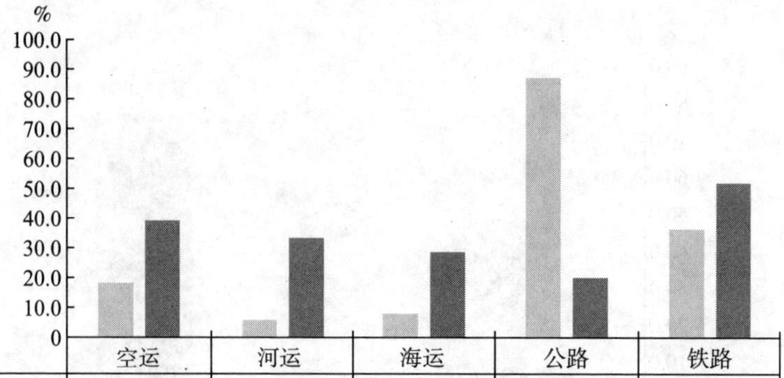

	空运	河运	海运	公路	铁路
已采取	18.8	6.4	8.8	87.6	36.4
未来希望增加	40.0	34.0	28.8	20.4	52.4

图 3-21　未来希望增加的货物配送方式

所含有较为全面的硬件设施，包括自动化集装箱堆场、站台、仓库、叉车、吊车等；但对仓储管理、装卸搬运等配套服务的需求略低（见图 3-22）。一方面，各个通道互通不仅是物流企业目前的迫切希望和需求，也是目前政府政策和指导方针所提出的要求。另一方面，物流企业对运输场所硬件设施的需求也与政府规划相对应。例如，重庆市政府在重庆市“十四五”规划中明确提出：重庆市未来会创建一流的全面配套的物流服务体系，加快建设公共型物流基础设施和物流组织服务体系，打造高度集成的物流服务平台。

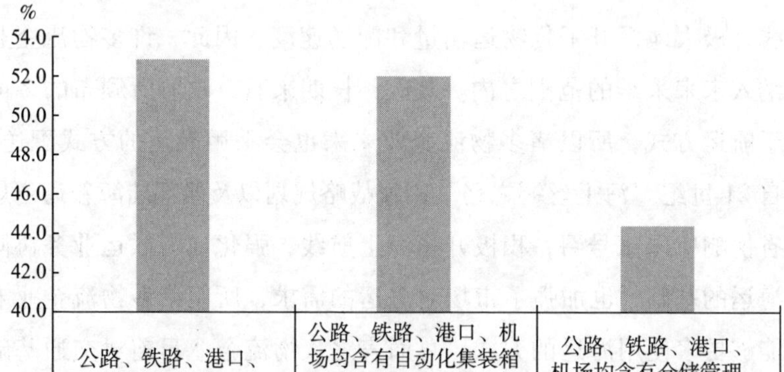

公路、铁路、港口、机场可高速互通	公路、铁路、港口、机场均含有自动化集装箱堆场、站台、仓库、叉车、吊车等硬件设施	公路、铁路、港口、机场均含有仓储管理、装卸搬运等配套服务
52.8	52.0	44.4

图 3-22　物流企业对交通基础设施的需求情况

2）按企业规模细分情况

将样本按照企业规模进行分组之后，可以明显看出，大型物流企业和中小型物流企业对交通基础设施的需求完全不同。具体来说，大型物流企业更希望运输场所含有较为全面的硬件设施，包括自动化集装箱堆场、站台、仓库、叉车、吊车等（占比 62.9%），而对公路、铁路、港口、机场可高速互通的需求较低（占比 41.9%）；但中小型物流企业对公路、铁路、港口、机场可高速互通的需求最高（占比 56.4%），对仓储管理、装卸搬运等配套服务的需求略低（占比 39.4%），如图 3-23 所示。

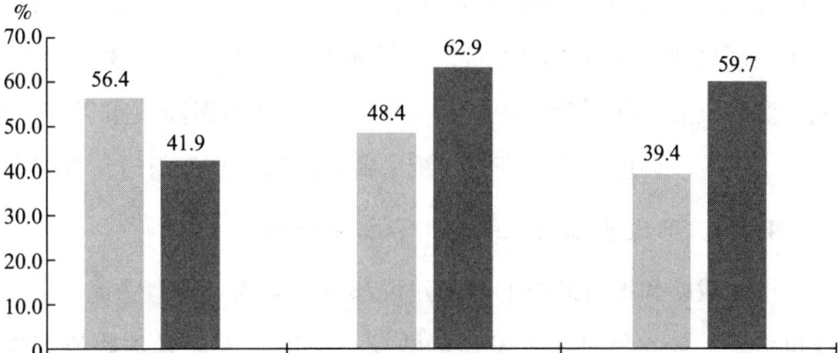

	公路、铁路、港口、机场可高速互通	公路、铁路、港口、机场均含有自动化集装箱堆场、站台、仓库、叉车、吊车等硬件设施	公路、铁路、港口、机场均含有仓储管理、装卸搬运等配套服务
■中小型物流企业	56.4	48.4	39.4
■大型物流企业	41.9	62.9	59.7

图 3-23　物流企业对交通基础设施的需求情况（细分）

（3）小结

首先，从被调研的物流企业来看，大部分物流企业为中小型企业，可见物流行业整体发展水平有待提升，而提升物流行业的水平有利丁整体经济水平的提升，因此，国家"十四五"规划中提出急需加强物流行业以及物流企业的运营水平。

其次，交通基础设施和物流配送基础设施是物流行业发展的基石。目前物流企业主要依赖陆运，包括公路运输和铁路运输。因此，政府在维护、维修公路和铁路方面关注颇多。但近年来，政府倡导多种运输方式并用，西部陆海新通道的多个省份开启联运，物流企业对铁路运输、空运和河海运输的需求有所提升，因此也驱使政府加快铁路、机场、港口等建设，加快实现公路、铁路、港口、机场互通，加快交通基础设施一体化。

最后，物流企业对运输场所的配套设施也有一定的要求，包括自动化集装箱堆场、站台、仓库、叉车、吊车等硬件设施和仓储管理、装卸搬运等配套服务。但是不同规模的物流企业对上述的配套设施和服务需求有所差异，因此政府及其相关机构需要“对症下药”，有针对性地满足不同规模的物流行业市场主体的需求，如为大规模的物流企业建设运输场所应具有的较为全面的硬件设施，包括自动化集装箱堆场、站台、仓库、叉车、吊车等。另外，为了实现这些亟待解决的需求，满足西部陆海新通道的物流企业乃至整个物流行业的发展，除了政府提供必要的保障设施和保障政策以外，还有必要建立一个可统一调度、协调安排、统筹资源的国际物流与运营组织中心。

4. 物流配送基础设施的应用和需求分析

国家战略和地方政府的政策建议都着重强调“智慧物流”，由此，物流行业也将乘上各类信息技术发展的快车，应用和发展各项物流配送基础设施。目前物流配送基础设施依托于信息技术，主要分为物流管理系统、基于物联网技术的基础设施和基于自动化技术的基础设施。具体而言，首先，物流管理系统是企业的物流管理系统，也包括第三方物流的信息管理系统，可以提高物流信息的处理和传递速度，使物流活动的效率和快速反应能力得到提高。

其次，基于物联网技术的基础设施利用传感器和全球定位系统等先进的物联网技术，通过信息处理和网络通信技术平台广泛应用于物流业。物联网将传统物流技术与智能化系统运作管理相结合，能够更好更快地实现智能物流。其在实施的过程中强调的是物流过程的数据智慧化、网络协同化和决策智慧化。

最后，基于自动化技术的基础设施能够将物流作业过程的设备和设施自动化。自动化技术在物流管理各个层次中发挥着重要的作用，包括物流规划、物流信息技术及自动物流系统等各种软技术和硬技术。物流自动化技术将在信息化、绿色化方面进一步发展，并得到广泛应用。

由此可见，物流管理系统、基于物联网技术的基础设施和基于自动化技术的基础设施具有诸多好处，它们不仅对物流企业的运营、配送现状至关重要，还会对未来整个物流业的发展产生深远影响。此部分将按照物流管理系统、基于物联网技术的基础设施和基于自动化技术的基础设施这三个方面进行分析，厘清物流企业对三者的应用水平和未来的需求情况，为后续的政策建议和行业指导奠定基础。

（1）物流配送基础设施的应用现状

物流配送基础设施是物流企业进行主营业务活动的基础。随着信息技术的快速发展，目前物流配送基础设施依托于信息技术，主要分为物流管理系统、基于物联网技术的基础设施和基于自动化技术的基础设施这三类。总体来看，目前大部分的物流企业都已经应用了物流配送基础设施，三种物流配送基础设施的使用水平也大致相当。其中，物流管理系统的应用占比为50%，基于物联网技术的基础设施的应用占比为44.8%，基于自动化技术的基础设施的应用占比为43.6%。另有22.0%~26.4%的物流企业计划在未来一年内分别应用以上三种基础设施；而低于4.8%的物流企业暂无应用计划（见图3-24）。

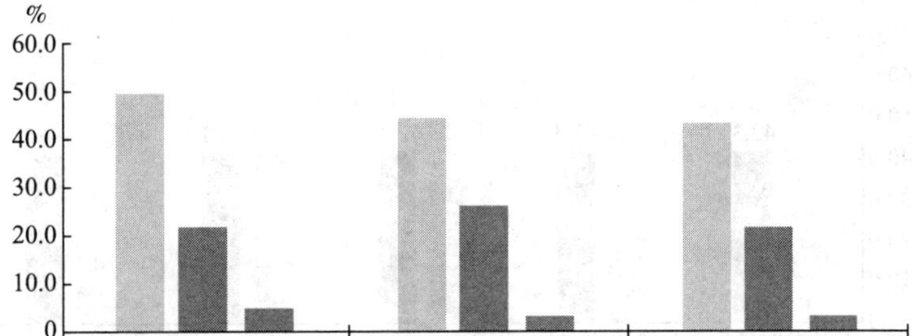

	物流管理系统	基于物联网技术的基础设施	基于自动化技术的基础设施
已应用	50.0	44.8	43.6
计划未来一年内应用	22.0	26.4	22.0
暂无应用计划	4.8	3.2	3.2

图3-24　物流企业应用物流配送基础设施的情况

1）物流管理系统的应用情况

第一，已经应用的物流管理系统具体类型。

目前物流管理系统包含六种类型：企业资源计划系统（ERP）、电子订货系统（EOS）、运输管理系统（TMS）、仓库管理系统（WMS）、货代管理系统（FMS）以及订单管理系统（OMS）。ERP 系统和 EOS 系统应用最为广泛，占比分别为 61.6%和 54.4%；TMS 系统和 WMS 系统也颇受物流企业欢迎，分别占比 36.8%和 33.6%；OMS 系统的采用比率较低，为 21.6%；FMS 系统的采用比率最低，为 12.0%（见图 3-25）。

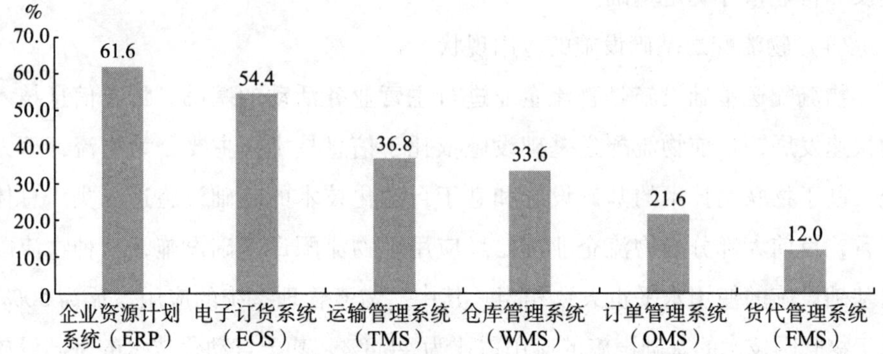

图 3-25　应用物流管理系统的具体类型

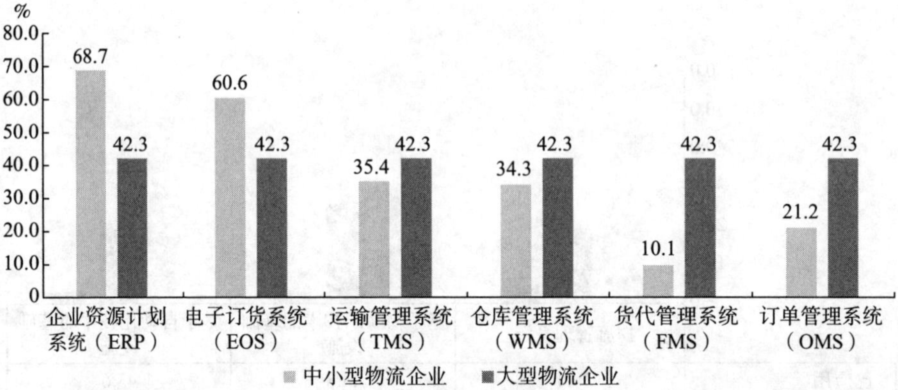

图 3-26　应用物流管理系统的具体类型（细分）

由图 3-26 可知，大型物流企业对上述 6 种物流管理系统的应用水平相当，均为 42.3%；而中小型物流企业的应用水平则呈现分布不均的情况。因为 ERP 系统和 EOS 系统发行较早，技术相对成熟，购买系统的价格也相对便宜，对中小型物流企业非常友好，所以应用也最为广泛，占比分别为 68.7%

和 60. 6%；TMS 系统和 WMS 系统也颇受中小型物流企业欢迎，分别占比 35. 4%和 34. 3%；OMS 系统的采用比率较低，为 21. 2%；FMS 系统的采用比率最低，为 10. 1%。对上述差异其实不难理解，大型企业资本雄厚，有能力对不同的物流管理系统面面俱到地进行投资和应用，而中小型企业资金和资源有限，只能先采用性价比较高的管理系统，再根据自身条件投资新的物流管理系统。

第二，应用物流管理系统的主要用途。

物流企业应用物流管理系统的主要用途包括四类。①运营管理：通过信息化来改善企业自身的运营状况，提高运营效率；②决策优化：通过特定的系统功能来帮助企业更好地进行需求预测、物流网络设计、仓储管理、网点及路径规划等管理决策；③服务创新：通过特定的系统功能来改进原有的客户服务，或拓展新的服务领域；④风险管理：通过分析物流信息管理系统中的数据来更好地控制业务风险。由图 3-27 可知，物流企业主要将物流信息系统应用于运营管理方面（占比 89. 6%），其次应用于决策优化（占比 76. 8%）和服务创新（占比 74. 4%）方面，相对较少应用于风险管理方面（占比 57. 6%）。

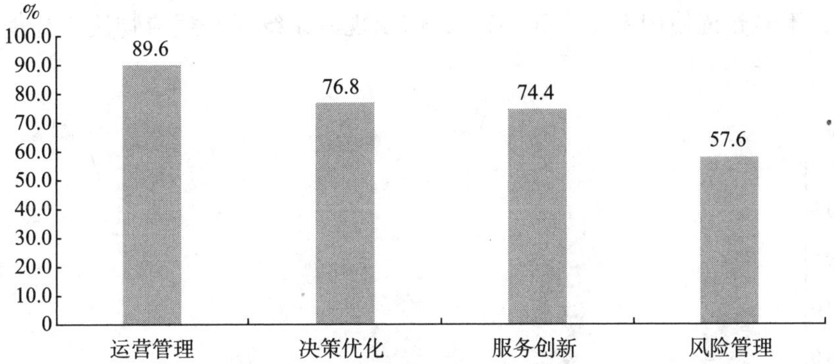

图 3-27　应用物流管理系统的主要用途

由图 3-28 可知，中小型物流企业主要将物流管理系统应用于运营管理方面（占比 88. 9%），其次应用于决策优化（占比 80. 8%）和服务创新（占比 74. 7%）方面，相对较少应用于风险管理方面（占比 62. 6%）。而大型物流企业则更多地将物流信息系统应用于运营管理（占比 92. 3%）和服务创新（占比 73. 1%）方面，较少应用于决策优化（占比 61. 5%）和风险管理（占比 38. 5%）方面。

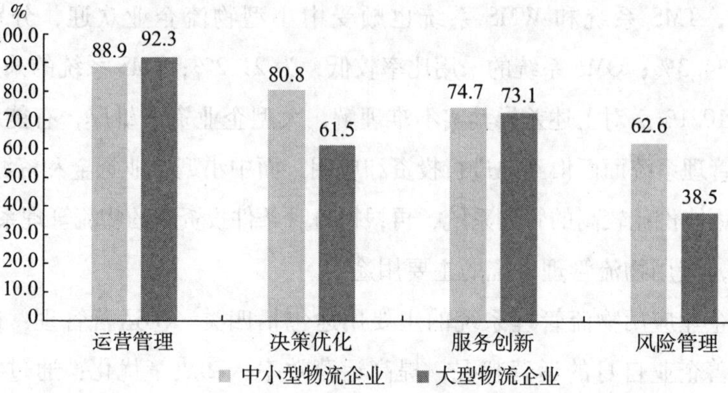

图 3-28　应用物流信息管理系统的主要用途（细分）

第三，物流企业在开发和应用物流管理系统过程中遇到的问题。

由图 3-29 可知，物流企业在开发和应用物流管理系统过程中遇到的最大的问题是开发和应用的系统与公司需求不匹配（51.2%）；其次较大的障碍是开发环境落后、资源短缺和投入少（48.8%）；再次是系统对企业物流管理并无显著改善，未发挥出真正的价值（33.6%）；最后是开发及使用人员的素质较低，不能熟练使用系统（20.8%），以及现有系统无法适应物流大环境变化的需要（15.2%）。

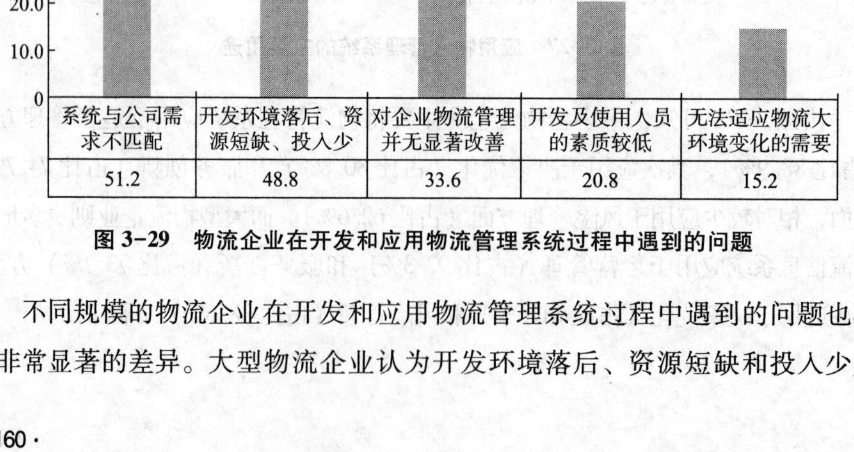

图 3-29　物流企业在开发和应用物流管理系统过程中遇到的问题

不同规模的物流企业在开发和应用物流管理系统过程中遇到的问题也存在非常显著的差异。大型物流企业认为开发环境落后、资源短缺和投入少是其最大障碍，而中小型物流企业认为开发和应用的系统与公司需求不匹配是最大的问题。并且，大型物流企业认为开发及使用人员的素质较低（占比38.5%）和现有系统无法适应物流大环境变化的需要也是较大的问题（占比23.1%），而中小型物流企业却认为其问题不大（占比16.2%和13.1%）。由此可见，大型物流企业更加重视人力资源的缺陷以及关注外部环境变化所带来的影响（见图3-30）。

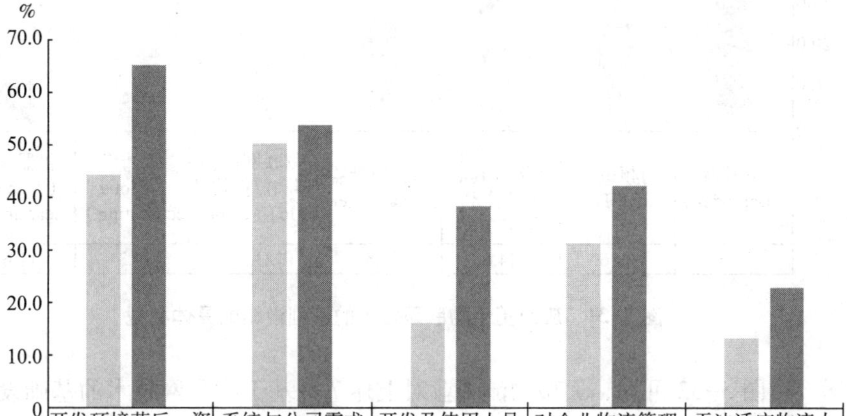

	开发环境落后、资源短缺、投入少	系统与公司需求不匹配	开发及使用人员的素质较低	对企业物流管理并无显著改善	无法适应物流大环境变化的需要
中小型物流企业	44.4	50.5	16.2	31.3	13.1
大型物流企业	65.4	53.8	38.5	42.3	23.1

图3-30　物流企业在开发和应用物流管理系统过程中遇到的问题（细分）

2）物联网技术的应用情况

第一，已经应用的基于物联网技术的基础设施的具体类型。

目前基于物联网技术的基础设施的类型包括条形码（Barcodes）、射频识别（RFID）、卫星定位系统及/或其他追踪技术（GPS）、数据记录器（Data logger）、物联网传感器和监控技术（IoT sensor）、云计算（Cloud computing）、机器学习（Machine learning）。由图3-31可知，条形码和射频识别技术应用最为广泛，分别占比72.3%和69.6%；其次使用范围较广的是卫星定位系统及/或其他追踪技术（44.6%）；再次是数据记录器（26.8%）与物联网传感器和监控技术（23.2%）；而企业对机器学习（11.6%）和云计算（14.3%）

的使用并不充分。

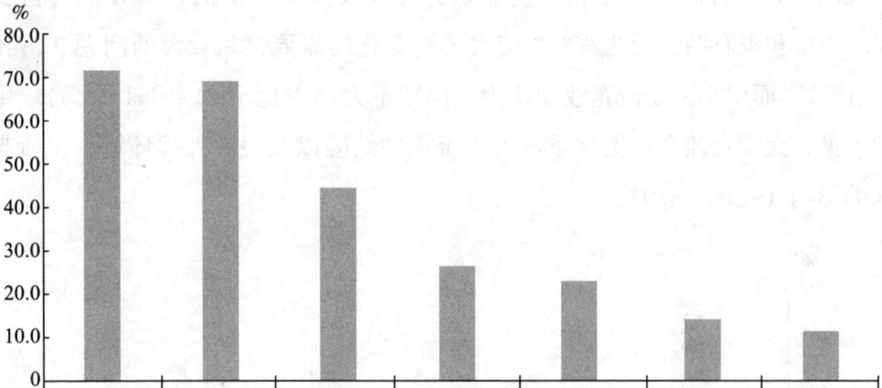

条形码（Barcodes）	射频识别（RFID）	卫星定位系统及/或其他追踪技术（GPS）	数据记录器（Data logger）	物联网传感器和监控技术（IoT sensor）	云计算（Cloud computing）	机器学习（Machine learning）
72.3	69.6	44.6	26.8	23.2	14.3	11.6

图 3-31　应用基于物联网技术的基础设施的具体类型

由图 3-32 可知，大型物流企业对上述 7 种基于物联网技术的基础设施的应用水平较为均衡，其中，卫星定位系统及/或其他追踪技术、条形码及物联网传感器和监控技术应用最多，新兴技术如云计算和机器学习的应用占比也超过 26%；而中小型物流企业的应用水平呈现出分布不均的情况，较为传统的条形码和射频识别使用占比最高，均为 76. 3%，而新兴技术的应用占比在 10%左右。这说明大型物流企业对基于新兴技术的基础设施采用相对更为广泛，而对传统的条形码、射频识别等基础设施相比中小型企业投入不多；而中小型物流企业则更加依赖于传统技术的基础设施，对新兴技术的应用较少。

第二，应用基于物联网技术的基础设施的主要用途。

物流企业应用基于物联网技术的基础设施的主要用途包括四类。①运营管理：通过物联网设备及技术实现物流过程的透明化管理，从而降低运营成本，提高运营效率；②决策优化：通过物联网设备、技术及相关数据来帮助企业更好地进行需求预测、物流网络设计、仓储管理、网点及路径规划等管理决策；③服务创新：通过物联网设备、技术及相关数据来改进原有的客户服务，或拓展新的服务领域；④风险管理：通过分析物联网系统中的数据来

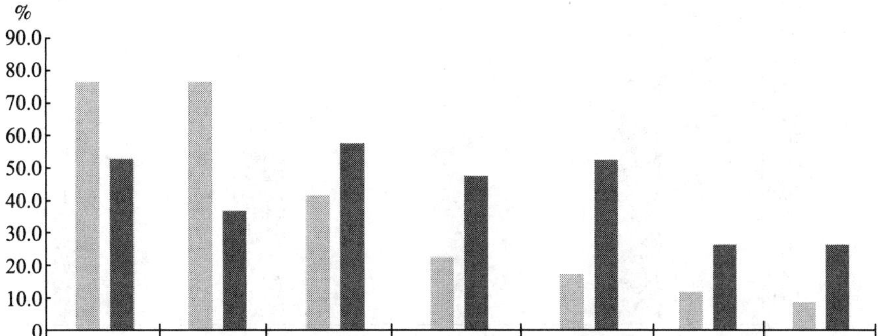

	条形码（Barcodes）	射频识别（RFID）	卫星定位系统及/或其他追踪技术（GPS）	数据记录器（Data logger）	物联网传感器和监控技术（IoT sensor）	云计算（Cloud computing）	机器学习（Machine learning）
中小型物流企业	76.3	76.3	41.9	22.6	17.2	11.8	8.6
大型物流企业	52.6	36.8	57.9	47.4	52.6	26.3	26.3

图 3-32　应用基于物联网技术的基础设施的具体类型（细分）

更好地控制业务风险。由图 3-33 可知，绝大部分的物流企业将物联网技术应用于运营管理之中，占比为 91. 1%；用于决策优化和服务创新的比例则相当，分别为 75. 9%和 74. 1%；而应用于风险管理方面的比例为 61. 6%。

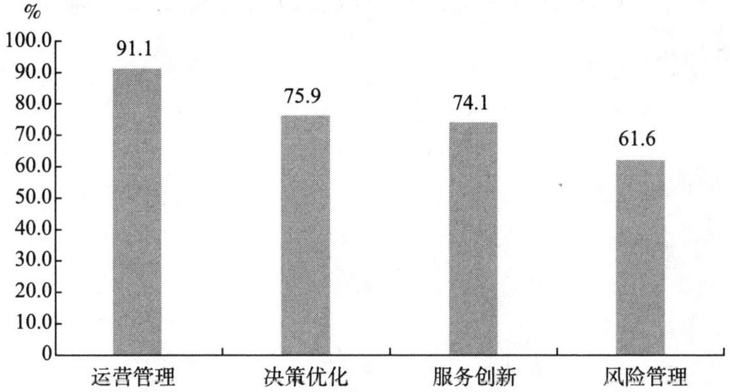

图 3-33　应用基于物联网技术的基础设施的主要用途

由图 3-34 可知，不同规模的物流企业应用基于物联网技术的基础设施的目的非常相似。不过与中小型物流企业相比，大型物流企业明显更少将其应用于风险管理方面。

第三，物流企业在开发和应用基于物联网技术的基础设施过程中遇到的问题。

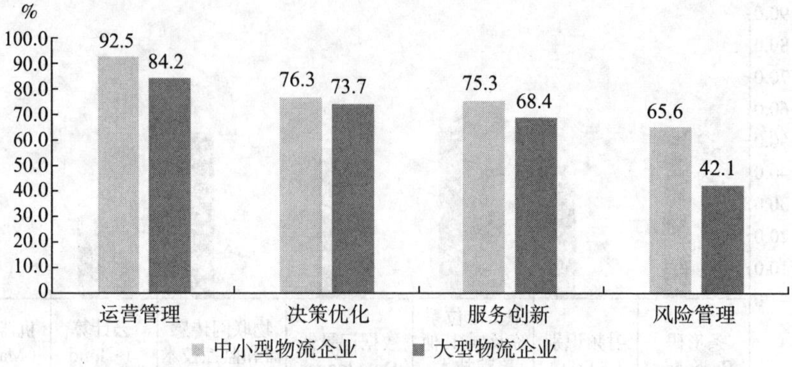

图 3-34　应用基于物联网技术的基础设施的主要用途（细分）

调研结果显示：物流企业在开发和应用基于物联网技术的基础设施过程中遇到的最大的问题是开发和应用的系统（如射频识别、条形码、卫星定位系统及/或追综技术、数据记录器、物联网传感器和监控技术、机器学习、云计算）与公司需求不匹配（57.1%）；其次较大的障碍是开发环境落后、资源短缺和投入少（40.2%）；再次是系统对企业物流管理并无显著改善，未发挥出真正的价值（38.4%）；最后是开发及使用人员的素质较低，不能熟练使用系统（20.5%），以及现有系统无法适应物流大环境变化的需要（14.3%），如图 3-35 所示。

系统与公司需求不匹配	开发环境落后、资源短缺、投入少	对企业物流管理并无显著改善	开发及使用人员的素质较低	无法适应物流大环境变化的需要
57.1	40.2	38.4	20.5	14.3

图 3-35　物流企业在开发和应用基于物联网技术的基础设施过程中遇到的问题

由图 3-36 可知，所有物流企业都认为在开发和应用基于物联网技术的基础设施过程中遇到的最大的问题是开发和应用的系统与公司需求不匹配（大型物流企业占比为 63.2%、中小型物流企业占比为 55.9%）。但是在其他问题方面，不同规模的物流企业呈现出较大的差异。大型物流企业更多遇到的问题是开发环境落后、资源短缺和投入少（占比 52.6%）和系统对企业物流管理并无显著改善，并未发挥出真正的价值（占比 57.9%）；而在中小型物流企业中，这两个问题占比分别为 37.6%和 34.4%。此外，大型物流企业认为开发及使用人员的素质较低的问题也较大，占比为 26.3%，高于中小型物流企业（占比为 19.4%）。

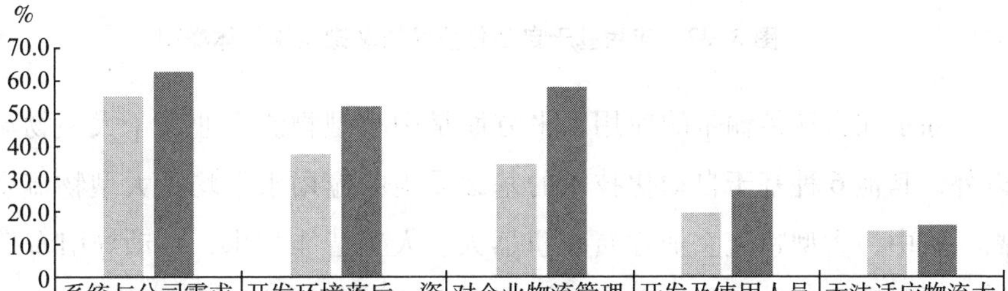

	系统与公司需求不匹配	开发环境落后、资源短缺、投入少	对企业物流管理并无显著改善	开发及使用人员的素质较低	无法适应物流大环境变化的需要
中小型物流企业	55.9	37.6	34.4	19.4	14.0
大型物流企业	63.2	52.6	57.9	26.3	15.8

图 3-36　物流企业在开发和应用基于物联网技术的基础设施过程中遇到的问题（细分）

3）自动化技术的应用情况

第一，已经应用的基于自动化技术的基础设施具体类型。

目前基于自动化技术的基础设施的类型包括自动传输带、自动仓储系统（ASRS）、自动分拣系统（ASS）、货仓机器人、人工智能技术（AI）、自动导引车（AGV）、无人机。由图 3-37 可知，自动传输带和自动仓储系统的应用最为广泛，分别占比为 73.4%和 61.5%；其次使用范围较广的是自动分拣系统（52.3%）；企业也较为广泛地使用货仓机器人（33.0%）、人工智能技术（22.9%）及自动导引车（20.2%）；对无人机（3.7%）的使用并不充分，如图 3-37 所示。

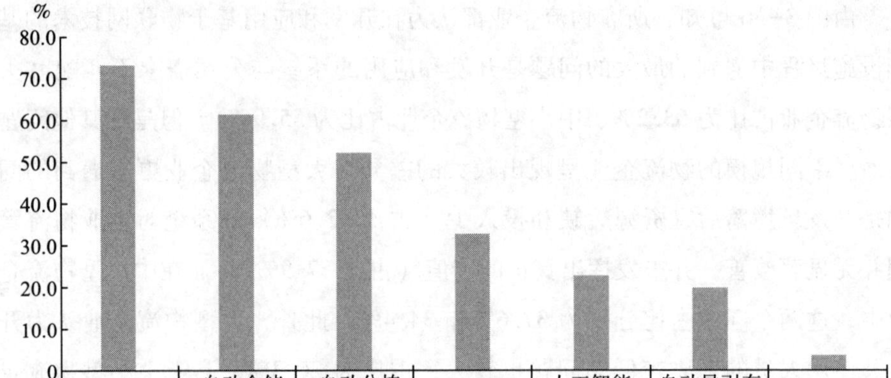

自动传输带	自动仓储系统（ASRS）	自动分拣系统（ASS）	货仓机器人	人工智能技术（AI）	自动导引车（AGV）	无人机
73.4	61.5	52.3	33.0	22.9	20.2	3.7

图 3-37　应用基于自动化技术的基础设施具体类型

除了在自动传输带的应用水平方面是中小型物流企业高于大型物流企业以外，其他 6 种基于自动化技术的基础设施的应用水平均是大型物流企业更高。其中，大型物流企业在货仓机器人、人工智能技术、自动导引车等新兴技术方面的应用水平均远高于中小型物流企业（见图 3-38）。

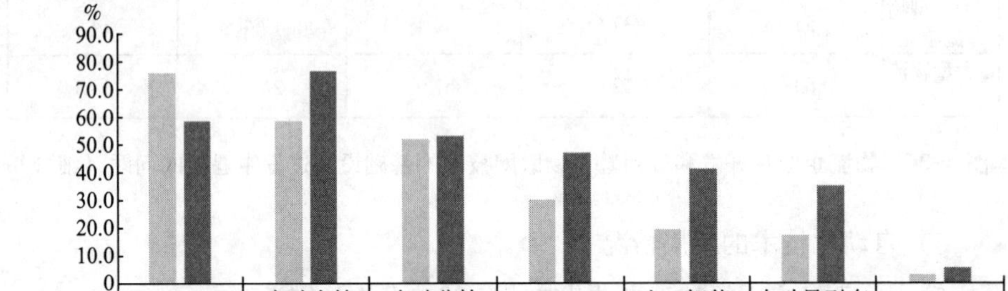

	自动传输带	自动仓储系统（ASRS）	自动分拣系统（ASS）	货仓机器人	人工智能技术（AI）	自动导引车（AGV）	无人机
■中小型物流企业	76.1	58.7	52.2	30.4	19.6	17.4	3.3
■大型物流企业	58.8	76.5	52.9	47.1	41.2	35.3	5.9

图 3-38　应用基于自动化技术的基础设施具体类型（细分）

第二，应用基于自动化技术的基础设施的主要用途。

物流企业应用基于自动化技术的基础设施的主要用途包括四类。①运营管理：通过自动化设备及技术改善企业自身的运营状况，降低运营成本，提高运营效率；②决策优化：通过自动化设备、技术及相关数据来帮助企业更好地进行需求预测、物流网络设计、仓储管理、网点及路径规划等管理决策；③服务创新：通过自动化设备、技术及相关数据来改进原有的客户服务，或拓展新的服务领域；④风险管理：通过分析自动化技术系统中的数据来更好地控制业务风险。由图 3-39 可知，绝大部分的物流企业将自动化技术应用于运营管理之中，占比为 90.8%；用于决策优化和服务创新的比例相当，分别为 76.1%和 70.6%；而应用于风险管理方面的比例相对较低，为 59.6%。

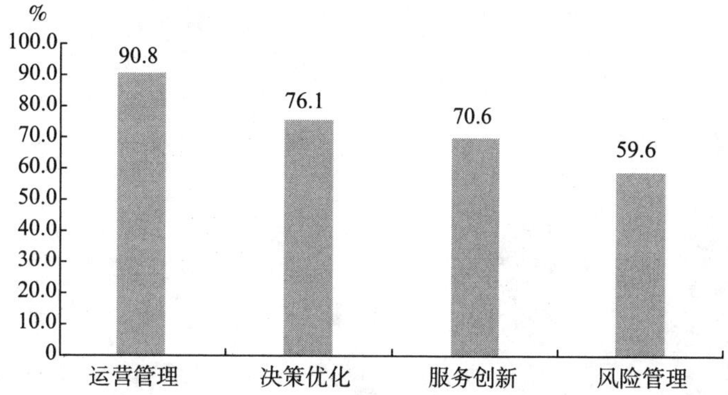

图 3-39 应用基于自动化技术的基础设施的主要用途

在用途划分方面，不同规模的物流企业应用基于自动化技术的基础设施的目的非常相似。不过与中小型物流企业相比，大型物流企业明显更少应用于风险管理方面，占比才达 29.4%，而中小型物流企业应用于风险管理方面的占比高达 65.2%（见图 3-40）。

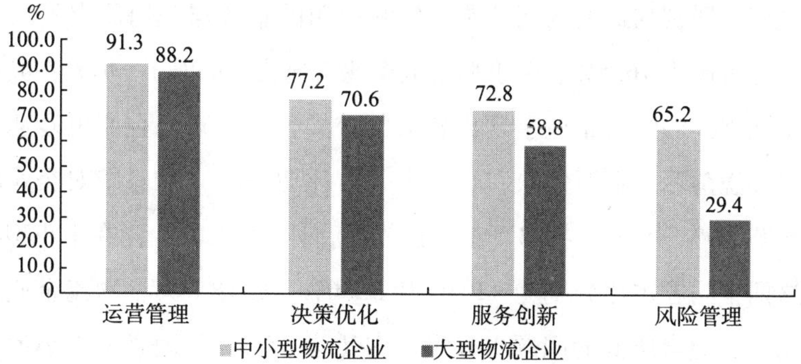

图 3-40 应用基于自动化技术的基础设施的主要用途（细分）

第三，物流企业在开发和应用基于自动化技术的基础设施过程中遇到的问题。

由图 3-41 可知，物流企业在开发和应用基于自动化技术的基础设施过程中遇到的最大的问题是开发和应用的系统与公司需求不匹配（63.3%）；其次较大的障碍是开发环境落后、资源短缺和投入少（46.8%）；再次是系统对企业物流管理并无显著改善，并未发挥出真正的价值（33.9%）；最后是开发及使用人员的素质较低（18.3%）以及现有系统无法适应物流大环境变化的需要（11.0%）。

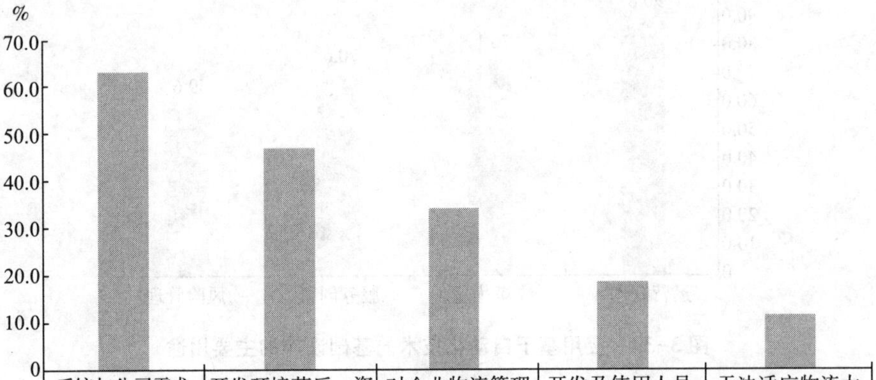

系统与公司需求不匹配	开发环境落后、资源短缺、投入少	对企业物流管理并无显著改善	开发及使用人员的素质较低	无法适应物流大环境变化的需要
63.3	46.8	33.9	18.3	11.0

图 3-41　物流企业在开发和应用基于自动化技术的基础设施过程中遇到的问题

由图 3-42 可知，所有物流企业都认为在开发和应用基于自动化技术的基础设施过程中遇到的最大的问题是开发和应用的系统与公司需求不匹配（大型物流企业占比为 76.5%、中小型物流企业占比为 60.9%）。但是在其他问题方面，不同规模的物流企业呈现出较大的差异，大型物流企业更多遇到的问题是开发环境落后、资源短缺和投入少（占比 70.6%）和系统对企业物流管理并无显著改善，并未发挥出真正的价值（占比 41.2%）；而在中小型物流企业中，这两个问题占比分别为 42.4% 和 32.6%。此外，大型物流企业认为开发及使用人员的素质低的问题也较大，占比为 35.3%，远高于中小型物流企业（占比 15.2%）。

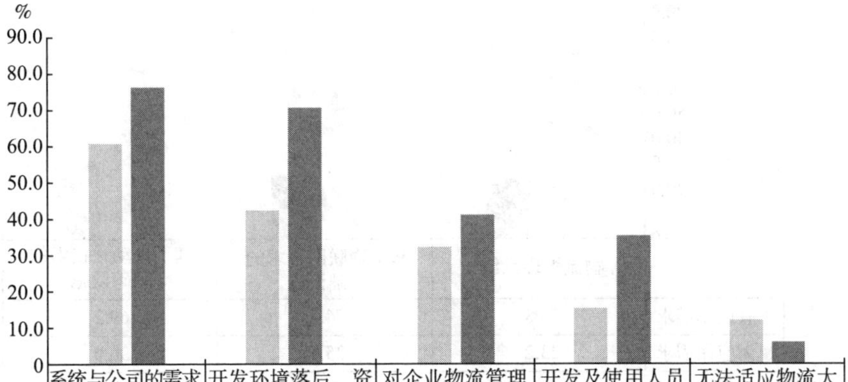

	系统与公司的需求不匹配	开发环境落后、资源短缺、投入少	对企业物流管理并无显著改善	开发及使用人员的素质较低	无法适应物流大环境变化的需要
中小型物流企业	60.9	42.4	32.6	15.2	12.0
大型物流企业	76.5	70.6	41.2	35.3	5.9

图 3-42　物流企业在开发和应用基于自动化技术的基础设施过程中遇到的问题（细分）

（2）需求分析

随着新兴技术的快速发展，政府大力推进完善智慧物流设施与装备建设，推进云计算、大数据、物联网、北斗导航、移动互联网、5G、区块链等技术在物流领域应用，加快云（云计算）、网（宽带网）、端（各种终端）等智能物流基础设施建设，支持物流企业建设智能化立体仓库、应用智能化物流装备，加大无人车、无人船、无人机等智能载运工具的应用，鼓励 RFID 等技术在集装箱、冷链、不停车收费系统、口岸大通关等领域集成应用，提升仓储、运输、配送、分拨、分拣、包装等作业效率。在这些利好政策的基础上，物流企业对三类常用的物流配送基础设施的需求也有所增加，比率均超过 69.0%（见图 3-43）。其中，物流企业对物流管理系统的需求最高，达到 76.8%；其次是基于物联网技术的基础设施，占比为 74.4%；占比最小的是基于自动化技术的基础设施，为 69.2%。此外，由图 3-44 和图 3-45 可知，不同规模的物流企业对物流配送设施的需求情况差异并不大，与总体情况非常类似。

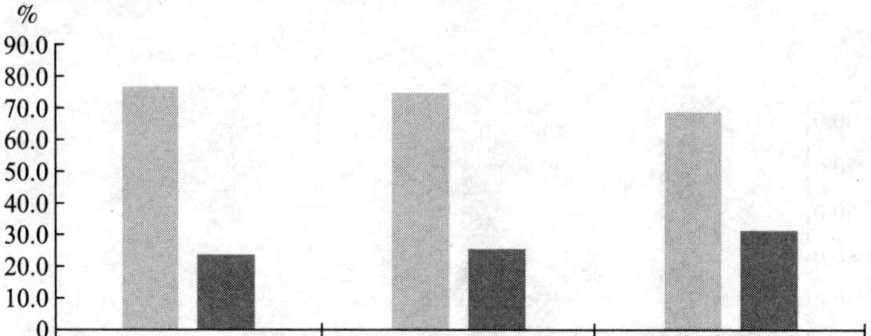

	物流管理系统	基于物联网技术的基础设施	基于自动化技术的基础设施
有应用需求	76.8	74.4	69.2
无应用需求	23.2	25.6	30.8

图 3-43　物流企业对物流配送基础设施的需求情况

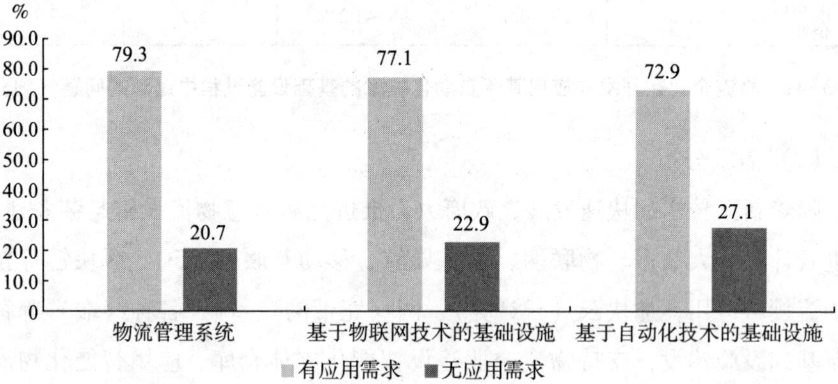

图 3-44　物流企业对物流配送基础设施的需求情况（中小型物流企业）

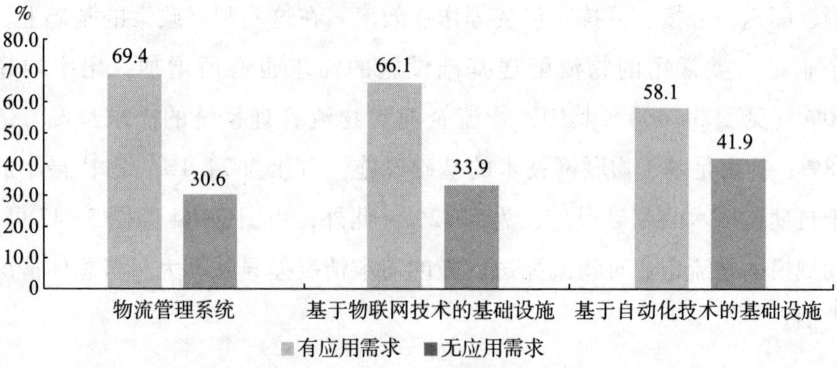

图 3-45　物流企业对物流配送基础设施的需求情况（大型物流企业）

1）应用物流管理系统的需求情况

第一，计划应用物流管理系统的具体类型。

除当前应用最为广泛的 ERP 系统外（占比 36.4%），随着物流行业技术水平的提高和降本增效的要求，物流企业对 EOS/TMS/FMS/OMS/WMS 等物流管理系统的应用需求迅速增长，占比均在 30%左右（见图 3-46）。

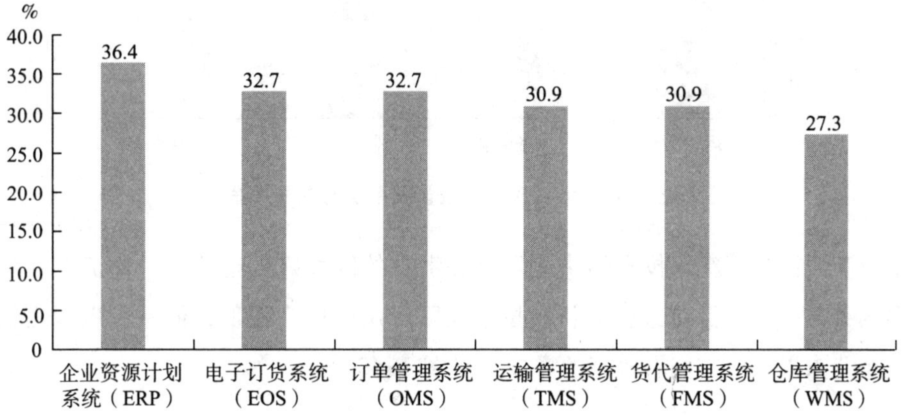

图 3-46　计划应用物流管理系统的具体类型

第二，计划应用物流管理系统的主要用途。

与目前已应用物流管理系统企业的目的相同，计划应用物流管理系统主要用于运营管理，占比高达 83.6%。但不同的是，计划用于服务创新的比率高于目前已用于服务创新的比率，并且计划用于决策优化的比率远低于目前已用于决策优化的比率。此外，计划用于风险管理的比率为 65.5%，略高于目前已用于风险管理的比率（见图 3-47）。

2）应用物联网技术的需求情况

第一，计划应用的基于物联网技术的基础设施的具体类型。

首先，条形码技术相较于其他技术更为成熟，前期投入成本也较低，对中小型物流企业来说是性价比较高的基础设施投资，所以计划应用条形码技术的物流企业占比最多，达到 48.5%；其次，由于物流企业需要监管货物、货车等的动向、状态，所以物流企业也比较重视 RFID、GPS 和 Data logger 这三类技术的应用，占比均超过 30%；最后，物联网传感器和监控技术、机器

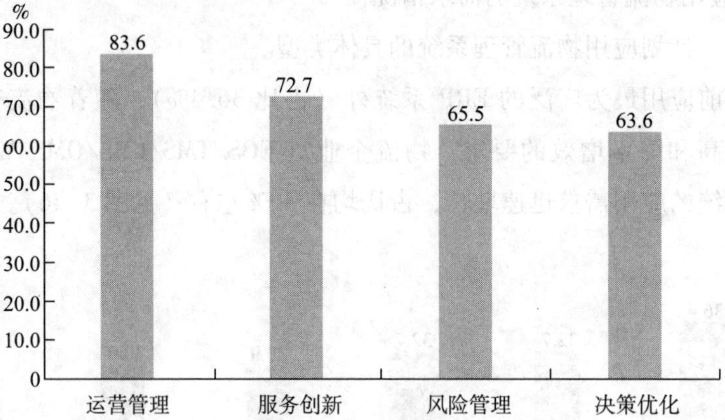

图 3-47　计划应用物流管理系统的主要用途

学习和云计算等新兴技术的快速发展和潜在的巨大好处也获得了物流企业较多的关注，尽管目前这三类新兴技术实际应用的比率较低，但是可以看出物流企业未来将对它们有较高的需求（见图 3-48）。

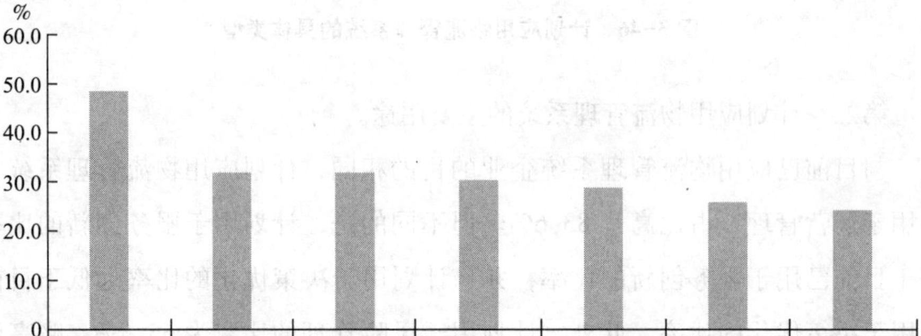

条形码（Barcodes）	卫星定位系统及/或其他追踪技术（GPS）	数据记录器（Data logger）	射频识别（RFID）	机器学习（Machine learning）	云计算（Cloud computing）	物联网传感器和监控技术（IoT sensor）
48.5	31.8	31.8	30.3	28.8	25.8	24.2

图 3-48　计划应用基于物联网技术的基础设施的具体类型

第二，计划应用基于物联网技术的基础设施的主要用途。

与目前已应用基于物联网技术的基础设施的企业的目的相同，计划应用基于物联网技术的基础设施主要用于运营管理，占比高达 72.7%。但不同的是，计划用于服务创新的比率高于计划用于决策优化的比率，这是由于物流行业本身主要为其他产业提供运输、配送服务，提高服务质量能够获得更多的客户，也能提高客户满意度，维系合作。此外，计划用于风险管理的比率为 56.1%，略低于目前已用于风险管理的比率（见图 3-49）。

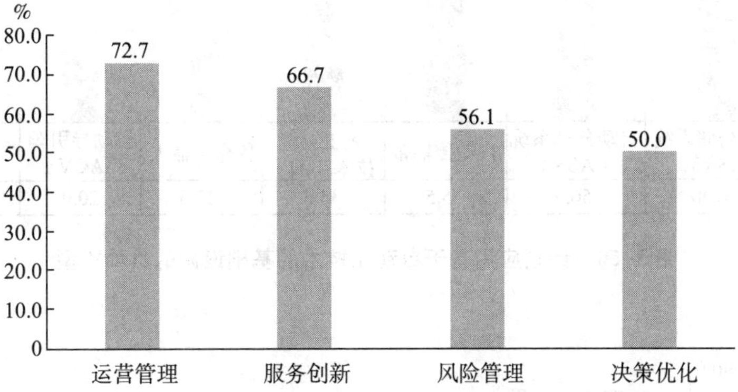

图 3-49　计划应用基于物联网技术的基础设施的主要用途

3）应用自动化技术的需求情况

第一，计划应用的基于自动化技术的基础设施的具体类型。

计划应用基于自动化技术的基础设施的具体类型与应用现状有差异。由于单纯专注于运输的物流企业极少，大部分物流企业还需要储存大量货物，因此急需提高企业目前的仓储质量、环境和服务水平，因而计划应用的具体类型中占比最多的是自动仓储系统，为 61.8%（见图 3-50）。此外，计划应用人工智能技术和无人机的比率远高于目前已应用二者的比率，而自动传输带的计划应用比率远低于目前已应用的比率。这意味着：一方面，技术的快速发展促使物流企业越来越重视新兴的自动化技术；另一方面，物流企业响应国家和地方政府号召，追求应用更快、更高、更新的技术来提高物流企业乃至整个物流行业的运营水平。

第二，计划应用基于自动化技术的基础设施的主要用途。

与目前已应用基于自动化技术的基础设施的企业的目的相同，计划应用基于自动化技术的基础设施也主要用于运营管理，占比为 76.4%。但不同的是，计划用于服务创新的比率高于计划用于决策优化的比率。此外，计划用于风险管理的比率为 50.9%，略低于目前已用于风险管理的比率（见图 3-51）。

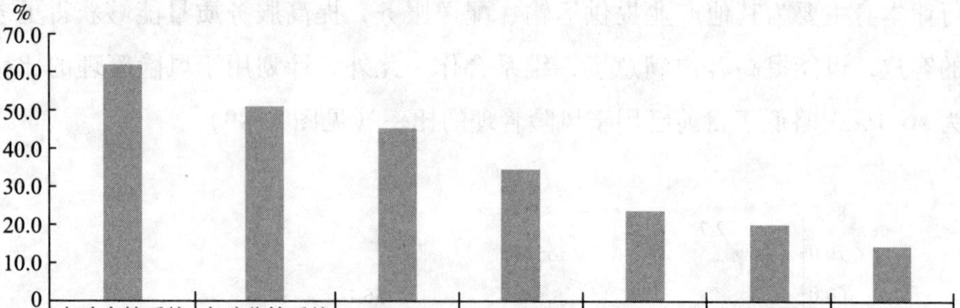

自动仓储系统（ASRS）	自动分拣系统（ASS）	自动传输带	人工智能技术（AI）	货仓机器人	自动导引车（AGV）	无人机
61.8	50.9	45.5	34.5	23.6	20.0	14.5

图 3-50　计划应用基于自动化技术的基础设施的具体类型

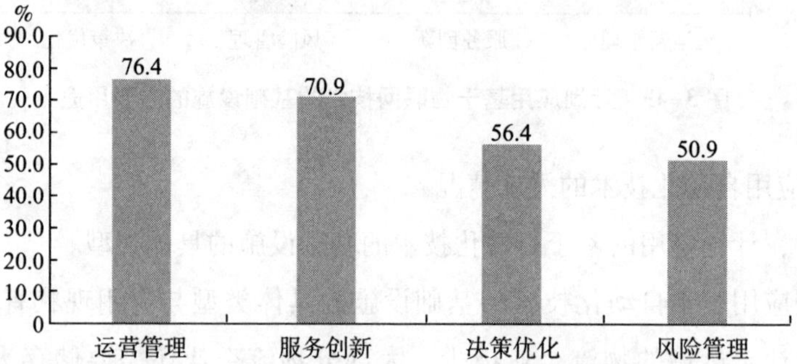

图 3-51　计划应用基于自动化技术的基础设施的主要用途

（3）小结

此部分主要关注了物流企业对三种物流配送基础设施的应用和需求情况。在应用情况方面，总体来说，物流企业目前对基于物流管理系统、物联网技术、自动化技术的基础设施应用水平不高，基本低于 50%。但物流企业对三者的应用程度大致相当。由于物流行业本身主要为其他行业提供运输、配送服务，提高服务质量能够获得更多的客户，也能提高客户的满意度，维系合作，所以物流企业主要应用上述基础设施维持企业的日常运营和提高服务水平。此外，物流企业在应用基于上述三种技术的基础设施的过程中遇到的困难也极为相似，主要为开发和应用的系统与公司需求不匹配和开发环境落后、资源短缺和投入少的问题，这主要是由于目前物流企业大多为中小型企业，缺乏足够的系统开发、应用经验和充沛的企业资源做后盾。

在需求方面，由于国家和西部陆海新通道各省份规划都强调要推进云计算、大数据、物联网、北斗导航、移动互联网、5G、区块链等技术在物流领域的应用，加快云（云计算）、网（宽带网）、端（各种终端）等智能物流基础设施建设，支持物流企业建设智能化立体仓库、应用智能化物流装备；并且上述新兴技术也有潜力使得物流行业和物流企业蓬勃发展，所以在各项指导方针倡导和各项利好政策的帮扶下，物流企业对新兴技术的需求变得更为迫切，如物联网、AI 等。此外，更多的企业更希望未来能将这些新兴技术应用于服务创新之中，拓展服务范围和赢得客户。这就要求物流运营中心结合信息化、智能化技术，构建区域产业数据交换中心和智慧物流信息平台，进一步提升物流保障能力，如建立高效便捷的物流信息平台，统一管理、下单、查询、配送，实现所有配送货物可在信息平台查询，打造大数据智慧物流，为物流发展规划和政策制定提供有效依据；同时要求政府及其相关机构能够提供相应的技术指导、资金帮扶和相应的科技人才引进措施。通过各种途径落实物流高端人才培训计划，培养企业物流高端人才，为物流现代化体系的推进提供源源不断的人力保障，聘请物流专家等，提供咨询顾问与专业技术指导，进一步确保物流运营中心建设工作的平稳顺利推进。

5. 国际物流信息平台的应用和需求分析

在全球化的经营活动中，有国际业务的物流企业必须建立能够满足各种需求的信息系统。通过国际物流信息平台，物流企业对原材料、半成品、成品等物品进行管理控制和协调，获得整个供应链的物料流、库存和市场所需要的信息。如果国际物流信息平台出现信息更新不及时或者信息有误等问题，将会极大降低物流企业的国际业务水平。因此，有必要评估和分析目前物流企业关于国际物流信息平台的应用水平和未来的需求情况，保证后续能够有针对性地提出改善建议。

（1）国际物流信息平台的应用现状

1）国际物流信息平台的应用情况

总体来说（见图 3-52），目前应用国际物流信息平台的物流企业占比不高，为 48.7%，但有高达 40.9%的物流企业计划未来一年内应用国际物流信息平台，也有10.4%的物流企业对国际物流信息平台暂无应用计划。而具体来说（见图3-53），目前中小型物流企业采用国际物流信息平台的比例比大型物流企业更高；而更多的大型物流企业计划未来一年内应用国际物流信息平台。

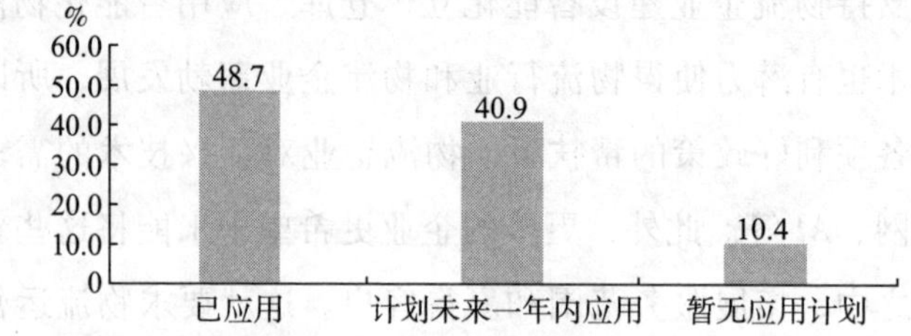

图3-52　国际物流信息平台的应用情况

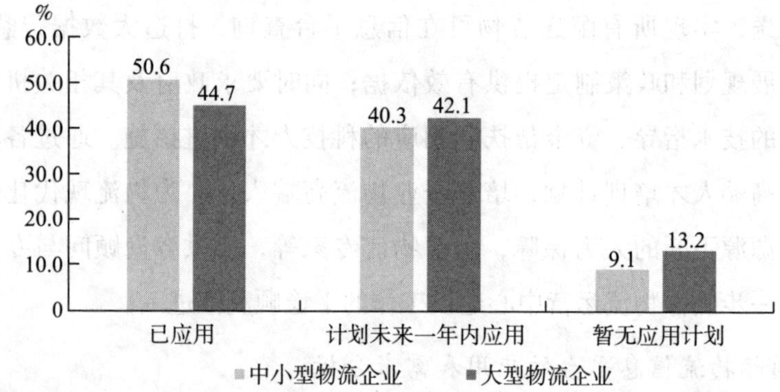

图3-53　国际物流信息平台的应用情况（细分）

2）实际应用的国际物流信息平台功能

目前物流企业在国际物流信息平台上使用最多的功能是信息类功能（78.6%），如信息查询、信息发布、信息撮合等；其次为联络类功能和运输、仓储管理与追踪类功能，二者占比相同，均为62.5%；企业较多使用O2O类功能（33.9%），如上门提货/卸货/分拨/发货、载具/设备维护、通报关服务等；同时也较多使用分析类功能（30.4%），如生产/库存/需求信息分析、行业数据挖掘、物流方案策划咨询等。此外，物流企业也使用金融类功能（如保险、存货担保、质押融资、融资租赁、在线结算等）和公益类功能（如获取/发布物流行业政策信息、行业动态信息、物流资讯等），占比分别为21.4%和16.1%（见图3-54）。

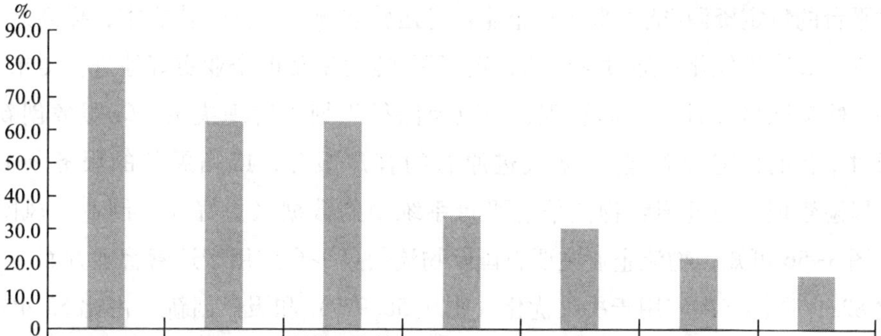

信息类功能	联络类功能	运输、仓储管理与追踪类功能	O2O类功能	分析类功能	金融类功能	公益类功能
78.6	62.5	62.5	33.9	30.4	21.4	16.1

图 3-54　实际应用的国际物流信息平台功能

由图 3-55 可知，除了大型物流企业在联络类功能方面更高以外，其他国际物流信息平台功能方面均是中小型物流企业的应用比例更高。而特别的是，大型物流企业并不使用国际物流信息平台的金融类功能。

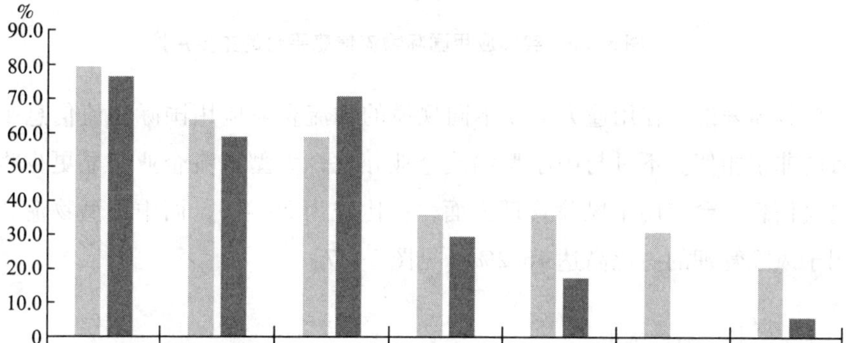

	信息类功能	运输、仓储管理与追踪类功能	联络类功能	O2O类功能	分析类功能	金融类功能	公益类功能
■中小型物流企业	79.5	64.1	59.0	35.9	35.9	30.8	20.5
■大型物流企业	76.5	58.8	70.6	29.4	17.6	0.0	5.9

图 3-55　实际应用的国际物流信息平台功能（细分）

3）实际应用国际物流信息平台的主要用途

物流企业应用国际物流信息平台的主要用途包括四类。①运营管理：通过平台的特定资源/能力来改善企业自身运营状况，降低运营成本，提高运营效率；②决策优化：通过平台的特定资源/能力来帮助企业更好地进行需求预测、物流网络设计、仓储管理、网点及路径规划等管理决策；③服务创新：通过平台的特定资源/能力来改进原有的客户服务，或拓展新的服务领域；④风险管理：通过国际物流信息平台系统中的数据来更好地控制业务风险。由图 3-56 可知，物流企业主要将国际物流信息平台应用于运营管理方面（占比 82.1%），其次应用于决策优化（占比 58.9%）和服务创新（占比 55.4%）方面，相对较少应用于风险管理方面（占比 41.1%）。

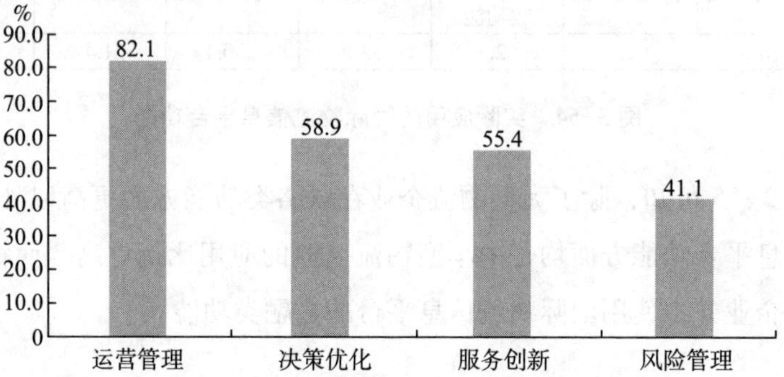

图 3-56　实际应用国际物流信息平台的主要用途

具体来说，在用途方面，不同规模的物流企业应用国际物流信息平台的目的非常相似。不过与中小型物流企业相比，大型物流企业明显更少将国际物流信息平台应用于风险管理方面，占比仅为 29.4%，而中小型物流企业应用于风险管理的占比高达 46.2%（见图 3-57）。

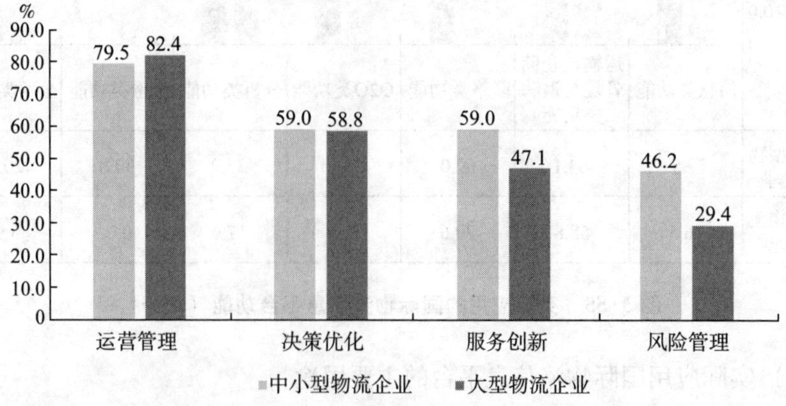

图 3-57　实际应用国际物流信息平台的主要用途（细分）

4）实际应用国际物流信息平台的主要类型及存在的问题

总体来说，64. 3%的物流企业选择自建物流信息平台，35. 7%的企业选择使用第三方物流信息平台。具体而言，70. 6%的大型物流企业和 61. 5%的中小型物流企业选择自建物流信息平台，而 29. 4%的大型物流企业和 38. 5%的中小型物流企业选择应用第三方物流信息平台（见图 3-58、图 3-59）。

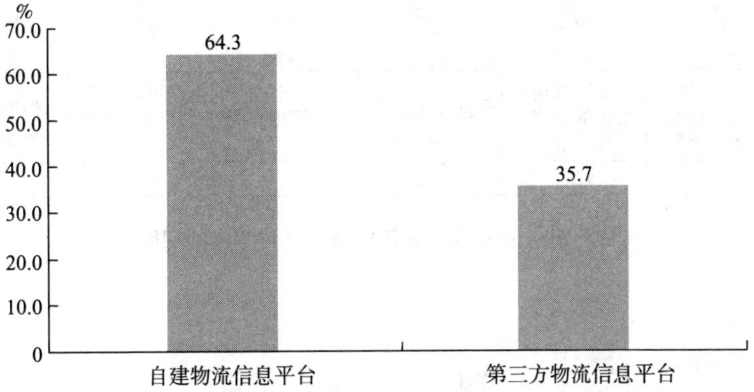

图 3-58　实际应用国际物流信息平台的主要类型

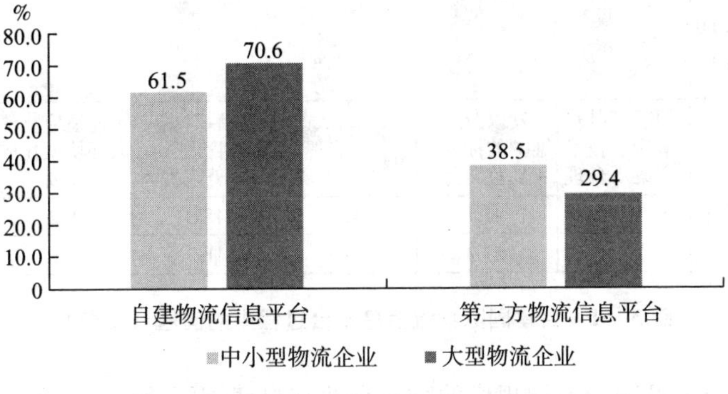

图 3-59　实际应用国际物流信息平台的主要类型（细分）

首先，在自建物流信息平台方面，物流企业遇到的最大的问题是开发环境落后、技术方案不合理（63. 9%）；其次较大的障碍是开发以及运行维护的标准、规范混乱（47. 2%）以及开发资源短缺、投入少（47. 2%）；再次是建成后对企业物流管理并无显著改善，并未发挥出真正的价值（44. 4%）；最后是使用人员的素质较低（13. 9%）以及现有自建物流信息平台不能适应物流大环境变化的需要（22. 2%），如图 3-60 所示。

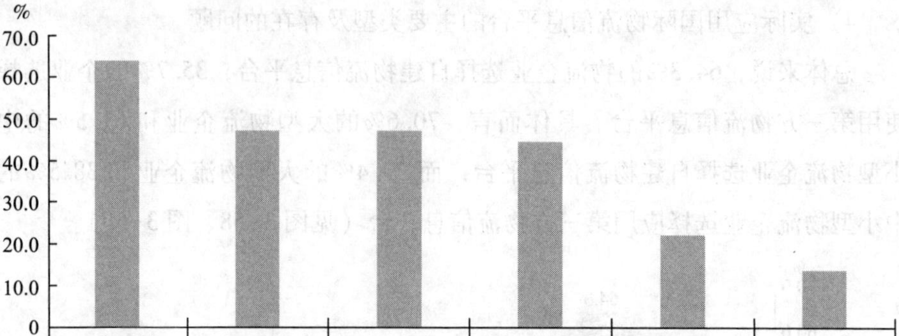

开发环境落后、技术方案不合理	开发以及运行维护的标准、规范混乱	开发资源短缺、投入少	建成后对企业物流管理并无显著改善	不能适应物流大环境变化的需要	使用人员的素质较低
63.9	47.2	47.2	44.4	22.2	13.9

图 3-60　自建国际物流信息平台过程中的问题

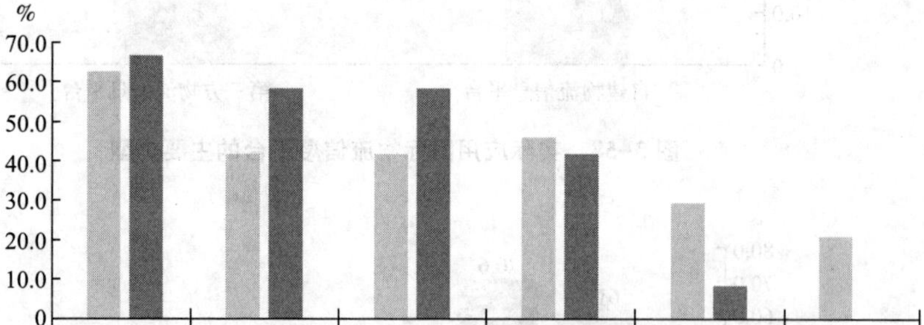

	开发环境落后、技术方案不合理	开发以及运行维护的标准、规范混乱	开发资源短缺、投入少	建成后对企业物流管理并无显著改善	不能适应物流大环境变化的需要	使用人员的素质较低
■中小型物流企业	62.5	41.7	41.7	45.8	29.2	20.8
■大型物流企业	66.7	58.3	58.3	41.7	8.3	0.0

图 3-61　自建国际物流信息平台过程中的问题（细分）

由图 3-61 可知，不同规模的物流企业在自建国际物流信息平台过程中遇到的问题不尽相同。更多的大型物流企业和中小型物流企业均认为开发环境落后、技术方案不合理，开发以及运行维护的标准、规范混乱，开发资源短缺、投入少，并且平台建成后对企业物流管理并无显著改善，并未发挥出真正的价值等是最为关键的障碍。而在使用人员素质较低以及现有系统不能适应物流大环境变化的需要这两个问题方面，中小型物流企业所占的比例远高于大型物流企业。值得一提的是，大型物流企业不曾遇到使用人员素质较低的问题。

而在使用第三方国际物流信息平台过程中，总体来说，物流企业遇到的最大的问题是信息不全或信息更新不及时（80.0%）；其次较大的障碍是平台的服务稳定性差（65.0%）；再次是平台的响应速度慢（55.0%）以及灵活性差、不能满足临时需求（55.0%）等问题；最后是服务价格高（35.0%），如图3-62所示。

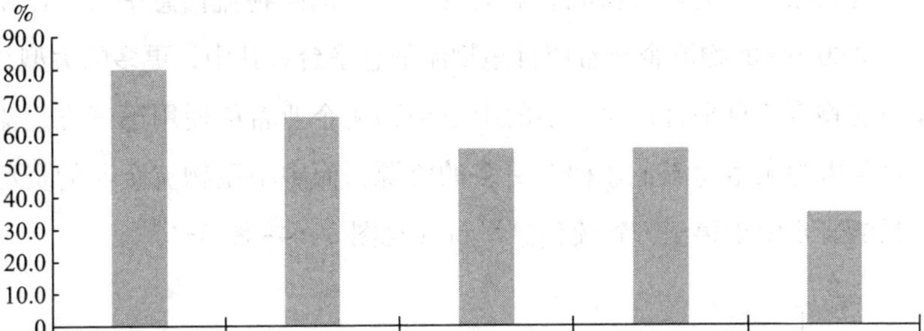

信息不全或信息更新不及时	服务稳定性差	响应速度慢	灵活性差、不能满足临时需求	服务价格高
80.0	65.0	55.0	55.0	35.0

图3-62　应用第三方国际物流信息平台过程中的问题

具体而言，大型物流企业认为最大的问题在于第三方国际物流信息平台响应速度慢和服务价格高，两者占比均为80%；而中小型物流企业却认为信息不全或信息更新不及时为最核心的问题，占比为86.7%。由此可见，不同规模的物流企业在使用第三方国际物流信息平台中的关注点有明显差异（见图3-63）。

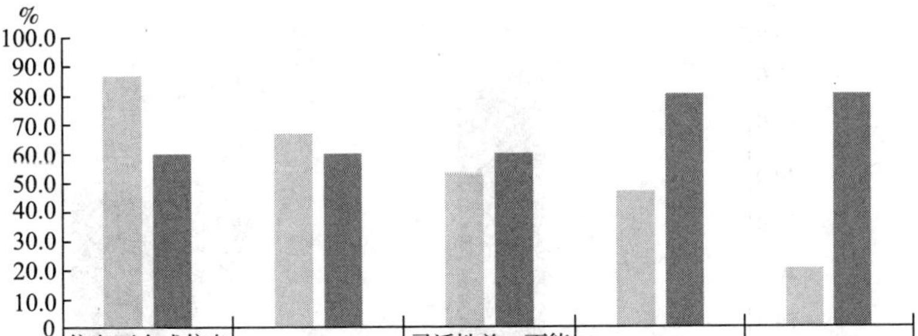

	信息不全或信息更新不及时	服务稳定性差	灵活性差、不能满足临时需求	响应速度慢	服务价格高
中小型物流企业	86.7	66.7	53.3	46.7	20.0
大型物流企业	60.0	60.0	60.0	80.0	80.0

图3-63　应用第三方国际物流信息平台过程中的问题（细分）

（2）需求分析

1）物流企业对应用国际物流信息平台的需求情况

令人惊奇的是，高达54.0%的物流企业对应用国际物流信息平台没有需求，只有46.0%的物流企业需要应用国际物流信息平台。其中，无应用需求的中小型物流企业占比高达59.0%，无应用需求的大型物流企业占比为38.7%。这可能是由于部分物流企业没有开展外贸业务，所以对国际物流信息平台没有需求。此外，与现状相反，更多的物流企业需要第三方国际物流信息平台，比率高达59.1%，而40.9%的物流企业希望自建物流信息平台。其中，更多的大型物流企业希望自建物流信息平台，而更多的中小型物流企业希望使用第三方物流信息平台。这是因为大型物流企业拥有更多的资源，而中小型物流企业的资源相对匮乏，只能寄希望于第三方物流信息平台（见图3-64~图3-67）。

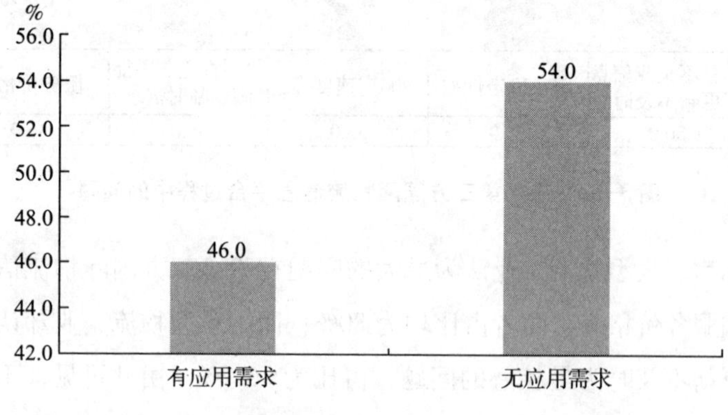

图3-64　对国际物流信息平台的需求情况

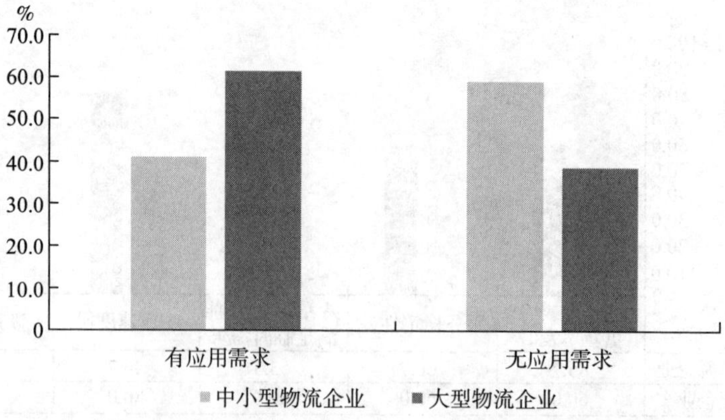

图3-65　对国际物流信息平台的需求情况（细分）

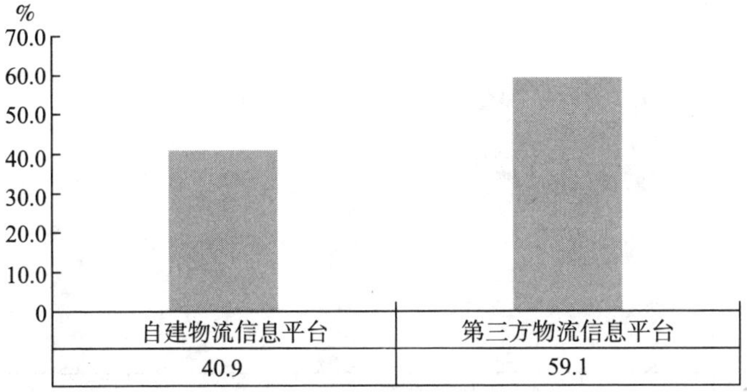

图 3-66　对平台具体类型的需求

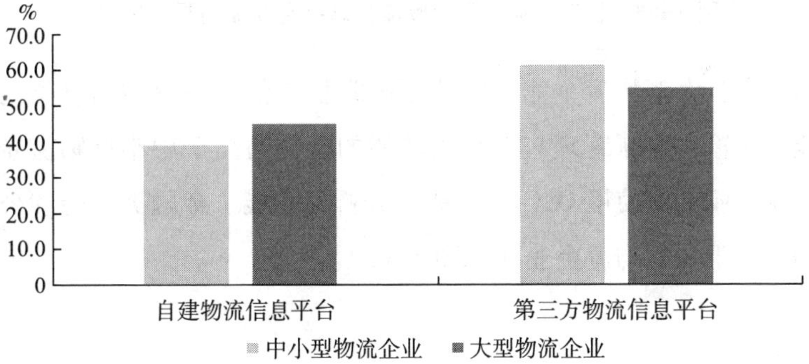

图 3-67　对平台具体类型的需求（细分）

2）物流企业对国际物流信息平台功能的需求情况

由图 3-68 可知，物流企业对国际物流信息平台上的信息类功能最为需要（75. 7%），如信息查询、信息发布、信息撮合等；其次为联络类功能和运输、仓储管理与追踪类功能，两者占比相同，均为 67. 8%；企业也较为关注 O2O 类功能（45. 2%），如上门提货/卸货/分拨/发货、载具/设备维护、通报关服务等，同时也较多关注分析类功能（40. 9%），如生产/库存/需求信息分析、行业数据挖掘、物流方案策划咨询等。此外，物流企业也比较重视金融类功能（如保险、存货担保、质押融资、融资租赁、在线结算等）和公益类功能（如获取/发布物流行业政策信息、行业动态信息、物流资讯等），占比分别为 35. 7%和 30. 4%。

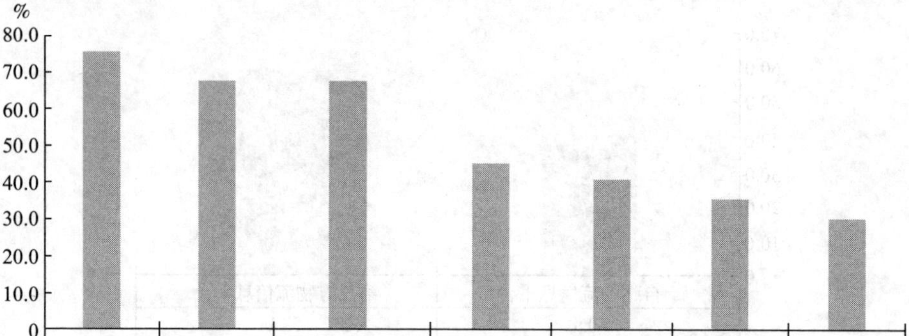

信息类功能	联络类功能	运输、仓储管理与追踪类功能	O2O类功能	分析类功能	金融类功能	公益类功能
75.7	67.8	67.8	45.2	40.9	35.7	30.4

图 3-68　物流企业对国际物流信息平台功能的需求情况

具体而言，大型物流企业希望使用国际物流信息平台的信息类功能、联络类功能和运输、仓储管理与追踪类功能的比例略高于中小型物流企业，而中小型物流企业希望使用 O2O 类功能、分析类功能、金融类功能和公益类功能的比例则高于大型物流企业（见图 3-69）。

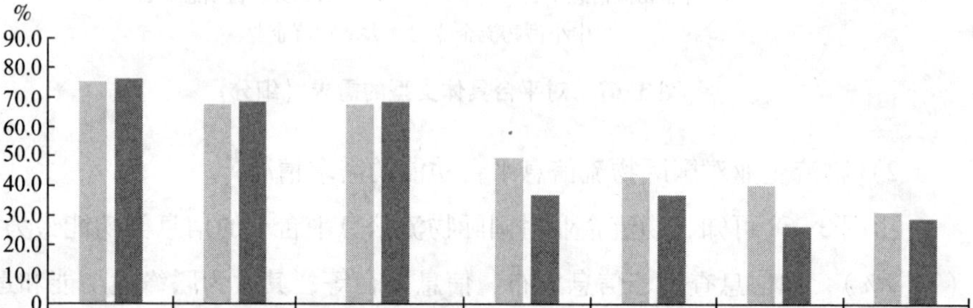

	信息类功能	联络类功能	运输、仓储管理与追踪类功能	O2O类功能	分析类功能	金融类功能	公益类功能
■中小型物流企业	75.3	67.5	67.5	69.4	42.9	40.3	31.2
■大型物流企业	76.3	68.4	68.4	36.8	36.8	26.3	28.9

图 3-69　物流企业对国际物流信息平台功能的需求情况（细分）

（3）小结

总而言之，在应用现状方面，目前已应用国际物流信息平台的物流企业占比不高。使用最多的功能是信息类功能、联络类功能和运输、仓储管理与追踪类功能。这些功能主要能够帮助企业改善运营现状，优化决策，提供更好的服务以及进行风险管理。

在应用过程中，因为自建平台和使用第三方平台的差异，企业所遇到的应用问题也不相同。总体而言，在自建平台方面，物流企业遇到的最大的问题是开发环境落后、技术方案不合理；其次较大的障碍是开发以及运行维护的标准、规范混乱以及开发资源短缺、投入少；再次是平台建成后对企业物流管理并无显著改善，未发挥出真正的价值；最后是使用人员素质较低以及现有平台不能适应物流大环境变化的需要。在使用第三方平台方面，最大的问题是信息不全或信息更新不及时；其次较大的障碍是平台的服务稳定性差；再次是平台的响应速度慢以及灵活性差、不能满足临时需求；最后是服务价格高。但是不同规模的物流企业所遇到的问题也呈现出巨大的差异，因此，这要求政府及其相关机构要制定有针对性的举措来解决上述问题。

在需求方面，虽然目前物流企业对国际物流信息平台的应用水平不高，但是随着国家政策、地方政府战略规划向国际化、国内国际双循环靠拢，物流企业国际化的业务水平也会随之上升，进而对国际物流信息平台的需求也会越来越迫切。具体而言，目前物流企业更多的是使用自建的国际物流信息平台，但实际上大部分企业更希望使用第三方国际物流信息平台，这反映出未来物流企业对第三方国际物流信息平台的迫切需要。企业未来所需要的第三方国际物流信息平台所提供的功能主要为信息类功能，如信息查询、信息发布、信息撮合等；其次为联络类功能和运输、仓储管理与追踪类功能；然后为O2O类功能，如上门提货/卸货/分拨/发货、载具/设备维护、通报关服务等，同时也较多使用分析类功能，如生产/库存/需求信息分析、行业数据挖掘、物流方案策划咨询等。这些功能主要能够帮助企业改善运营现状，优化决策，提供更好的服务以及进行风险管理。针对以上现状和问题，重庆拟建设的国际物流与运营组织中心需要建立一个权威和完善的官方第三方国际物流信息平台，除信息类功能和O2O类功能以外，还需要提供分析类功能、金融类功能和公益类功能，并且需要全面的资源基础来维护该平台的正常运行，争取实现物流企业对第三方国际物流信息平台信息全面、更新及时、服务稳定性高、响应快、灵活性高且实惠的迫切需求。而政府应快速推进官方物流信息平台建设，以提供权威、准确、及时的物流信息，并且加快出台相应的法律法规，提供全面且严谨的规范准则，规范第三方国际物流信息平台的交易行为，抑制行业内“收费乱”“信息乱”等现象。另外，政府可加强“信息化技术”和“互联网+”人才培养规划，为物流行业制订相应的人才引进/人才培养方案，秉持“专项人才引进来，内部人才走出去”的原则，内部优化“信息化技术”和“互联网+”人才储备、培训和培训机制，让具有潜质的后备人才“走出去”，开阔眼界，并且引进专项“信息化技术”和“互联网+”的高端人才，作为国际物流信息平台的搭建和后续运营维护的坚实后盾。

6. 物流大数据的应用和需求分析

物流大数据就是海量的物流数据，即在运输、仓储、搬运装卸、包装及流通加工等物流环节中涉及的数据、信息等。通过大数据分析，可以提高运输与配送效率，减少物流成本。

首先，物流大数据可以提高物流的智能化水平。通过对物流数据的跟踪和分析，物流大数据的应用可以根据情况为物流企业作出智能化的决策和建议。

其次，物流大数据可以帮助物流企业降低物流成本。利用大数据技术，优化配送路线、合理选择物流中心地址、优化仓库储位，从而大大降低物流成本，提高物流效率。

最后，物流大数据可以提高物流企业的客户服务水平。通过对数据的挖掘和分析，物流企业可以为客户提供最合适的服务，提供物流业务运作过程中的商品配送的所有信息，进一步巩固和客户之间的关系。

由此可见，物流大数据具有诸多好处，它不仅是帮助物流企业实现“智慧物流”和“物流现代化”的重要工具，还会对未来整个物流行业的发展产生深远影响。因此，有必要评估和分析物流企业对物流大数据的应用水平和未来的需求情况，为后续的政策建议和行业指导奠定基础。

（1）物流大数据的应用现状

1）物流企业对物流大数据的应用情况

目前有56.3%的物流企业已经使用了物流大数据，计划未来一年内应用物流大数据的企业占比为38.0%，而剩余5.7%的物流企业暂无应用物流大数据的计划。其中，已经应用物流大数据的大型物流企业比例高于中小型物流企业；而计划未来一年内应用物流大数据和暂无应用物流大数据计划的大型物流企业比例均低于中小型物流企业（见图3-70、图3-71）。

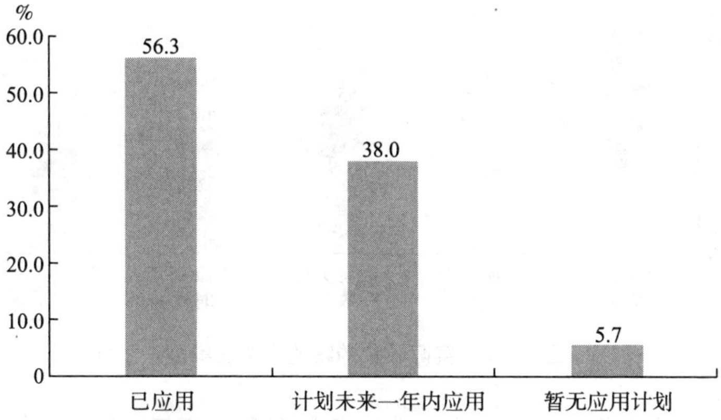

图3-70　物流大数据的应用情况

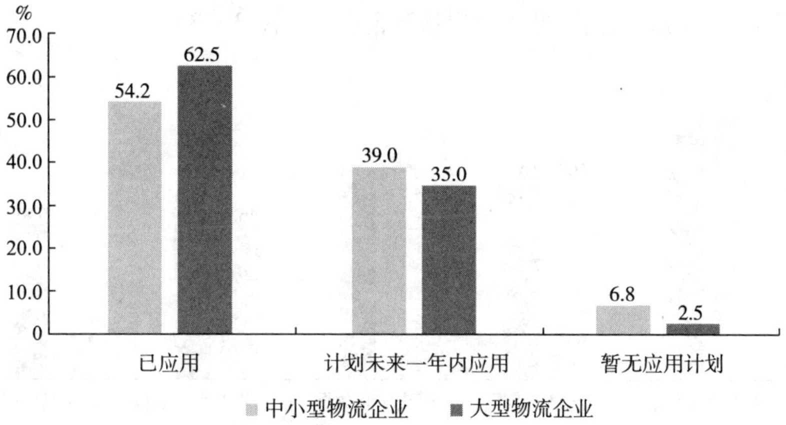

图3-71　物流大数据的应用情况（细分）

2）实际收集的物流大数据类型

已经应用物流大数据的物流企业主要热衷于收集更多的企业运营数据，占比为76.4%；其次是收集商流静态数据（如与某客户的历史交易数据等），占比为60.7%；然后是商流实时数据（如货物的实时状态、流向等），占比为55.1%；另外，物流企业也颇为关注物流节点实时数据（如仓库的实时仓位分布、温度、湿度等）和运输工具实时数据（如货车、飞机、船舶、集装箱的空/载状态、位置、速度等），占比分别为48.3%和41.6%（见图3-72）。

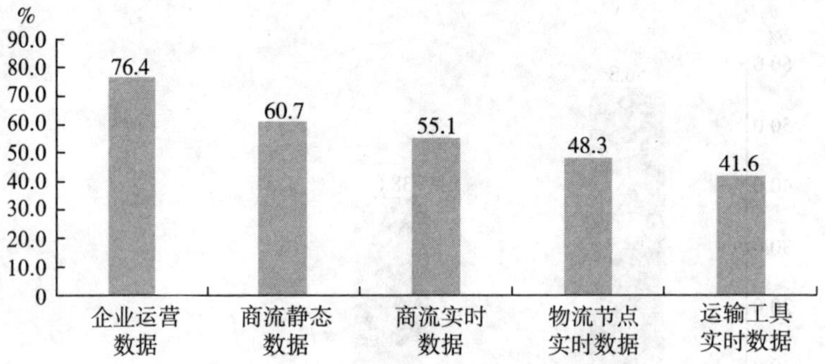

图3-72 实际收集的物流大数据类型

其中，中小型物流企业收集企业运营数据和商流静态数据的比例高于大型物流企业；而中小型物流企业收集商流实时数据、物流节点实时数据和运输工具实时数据的比例则低于大型物流企业（见图3-73）。

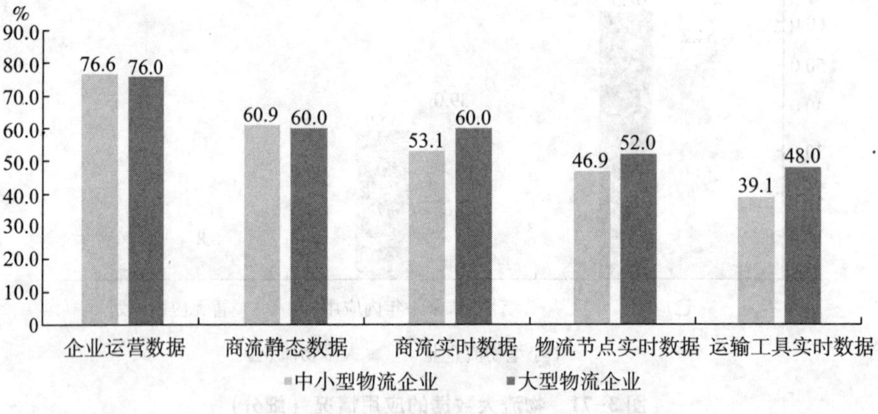

图3-73 实际收集的物流大数据类型（细分）

3）物流大数据的主要用途

物流企业应用物流大数据的主要用途包括四类。①运营管理：通过分析大数据来改善企业自身运营状况，降低运营成本，提高运营效率；②决策优化：通过分析大数据来帮助企业实现智能决策（包括且不限于需求预测、客户画像、智能定价、仓储优化、物流网络设计、网点及路径规划、智能配送等)；③服务创新：通过分析大数据来改进原有的客户服务，或拓展新的服务领域（如物流金融)；④风险管理：通过分析大数据来更好地控制业务风险。由图 3-74 可知，物流企业主要将物流大数据应用于运营管理方面（占比 83.1%），其次应用于决策优化（占比 79.8%）和服务创新（占比 66.3%）方面，相对较少应用于风险管理方面（占比 53.9%）。

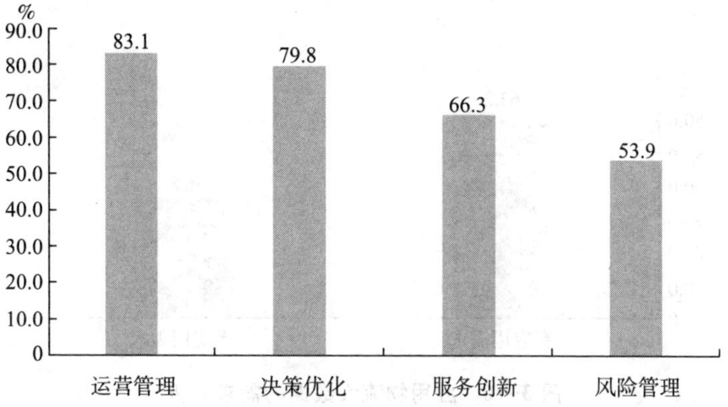

图 3-74　物流大数据的主要用途

具体来说，在用途方面，不同规模的物流企业应用物流大数据的目的非常相似。不过与中小型物流企业相比，大型物流企业明显更少将其应用于风险管理方面，占比仅为 40%，而中小型物流企业应用于风险管理的占比高达 59.4%（见图 3-75）。

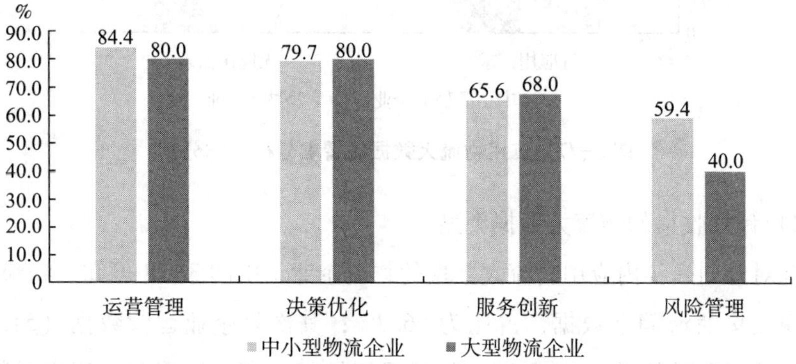

图 3-75　物流大数据的主要用途（细分）

(2) 需求分析

1）总体需求分析

目前物流企业对物流大数据的应用的需求比率较高，达到 63. 2%，而剩余 36. 8%的企业对物流大数据无应用需求。其中，有 64. 5%的大型物流企业和 62. 8%的中小型物流企业对物流大数据有应用需求，而 35. 5%大型物流企业和 37. 2%的中小型物流企业对物流大数据无应用需求（见图 3-76、图 3-77）。

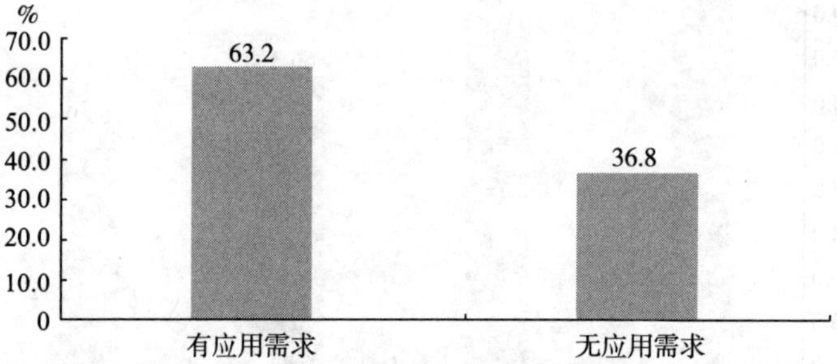

图 3-76　应用物流大数据的需求分析

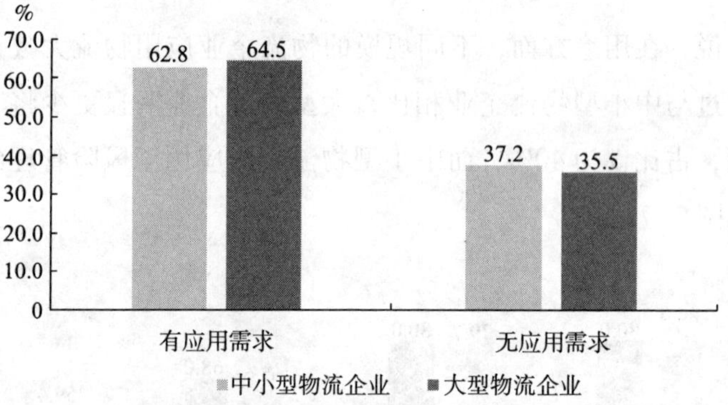

图 3-77　应用物流大数据的需求分析（细分）

2）计划收集的物流大数据类型

针对计划一年内应用物流大数据的物流企业，由图 3-78 可知，物流企业最重视收集商流静态数据，占比为 56. 7%；其次是企业运营数据（51. 7%）和物流节点实时数据（50. 0%）；最后是运输工具实时数据和商流实时数据，占比分别为31.7%和30.0%。

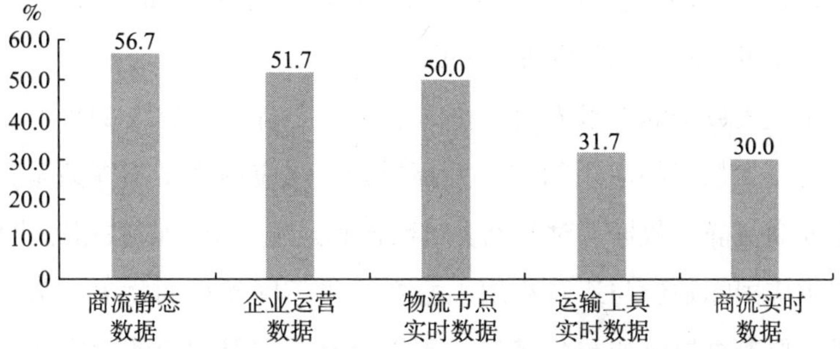

图3-78　计划收集的物流大数据类型

3）计划应用物流大数据的主要用途

调研结果显示，计划应用物流大数据的主要用途与已应用物流大数据的主要用途有差异。已应用大数据的物流企业主要将其应用于运营管理，其次是决策优化；而计划应用大数据的企业更加关注在决策优化（48.3%）方面的作用，其次才是运营管理（45.0%）；在服务创新和风险管理方面，计划应用物流大数据的企业和已应用物流大数据的企业目标相似（见图3-79）。

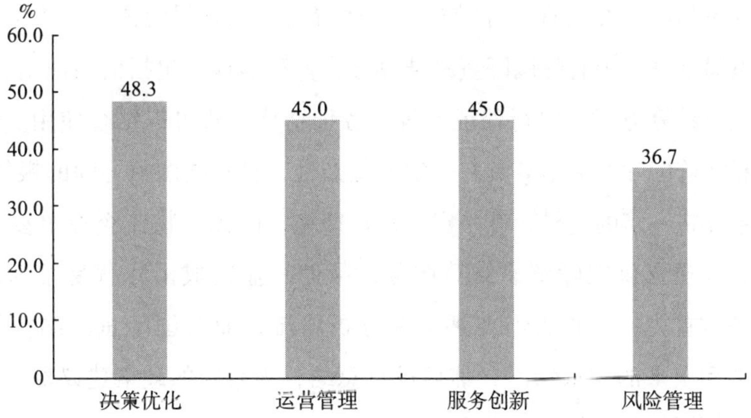

图3-79　计划应用物流大数据的主要用途

（3）小结

就物流大数据的应用现状而言，物流行业目前应用大数据的比例并不算高，应用水平有待提升。在具体的物流大数据类型方面，大部分企业会收集企业运营数据、商流静态数据和实时数据、物流节点实时数据以及运输工具实时数据，并主要用于企业日常的经营管理活动之中，如应用于运营管理、决策优化、服务创新和风险管理等方面。

在对物流大数据的需求方面，在国家建设“智慧物流”的号召之下，物流企业对物流大数据的应用的需求大幅提升。与应用现状不同的是，物流企业更加需要商流静态数据，对商流实时数据和运输工具实时数据需求则较低。这意味着重庆国际物流与运营组织中心在提供不同类型的物流大数据时，要有所侧重，要着重提供如与某客户的历史交易数据等的商流静态数据、企业运营数据和物流节点实时数据，再辅之以运输工具实时数据、商流实时数据。此外，政府应加快建立健全物流数据采集、管理、开放、应用等相关标准规范，为实现政府、企业间更高层次的物流大数据共享交换和共享协作奠定基础。政府需要重视引进和培养既懂数据挖掘、数据分析技术，又熟悉物流企业运营的数据管理技术人才，保证大数据的质量，并充分发挥物流大数据的价值。

7. 国际贸易结算服务的应用情况分析

国际贸易经常发生贷款外结算，以结清买卖双方间的债权债务关系，称为国际贸易结算。现有的国际贸易结算方式多种多样，包括信用证结算方式、汇付和托收结算方式、银行保证函等，各种结算方式可以结合使用。多种结算方式意味着国际贸易结算具有一定的复杂性，且不同国家之间的银行政策、金融体系存在一定的差异，有一定的知识壁垒，因此，物流企业需要专业的机构或者人员提供国际贸易结算服务，帮助企业完成国际贸易结算，维持国际业务。首先，本报告需要评估和分析物流企业对国际贸易结算服务的应用水平和未来的需求情况，然后进行总结，为后续的政策建议奠定基础。

（1）国际贸易结算服务的应用现状

1）目前采用的国际贸易结算方式

对于已经应用国际贸易结算服务的物流企业，汇付是最主要的贸易结算方式，占比为66.7%；其次是信用证和托收，占比均为48.5%；再次为银行保证函，占比为35.4%。此外，备用信用证、国际保理以及福费廷（包买票据业务）的采用比率较低（见图 3-80）。

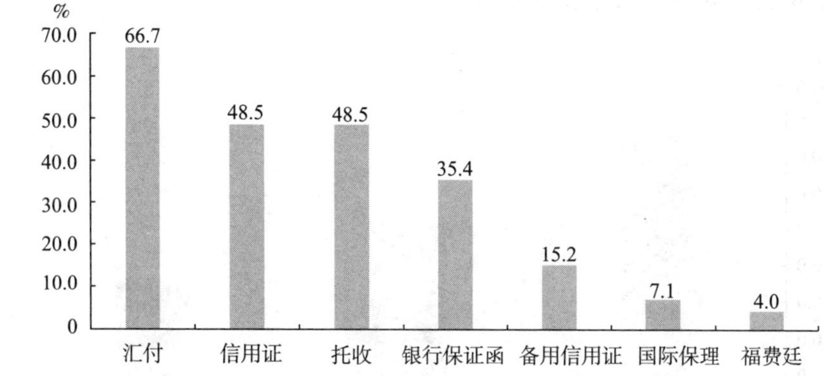

图 3-80　目前采用的国际贸易结算方式

由图 3-81 可知，大型物流企业采用托收和银行保证函的比例高于中小型物流企业，比例均高达 50%；而其他贸易结算方式均是中小型物流企业采用的比例更高。

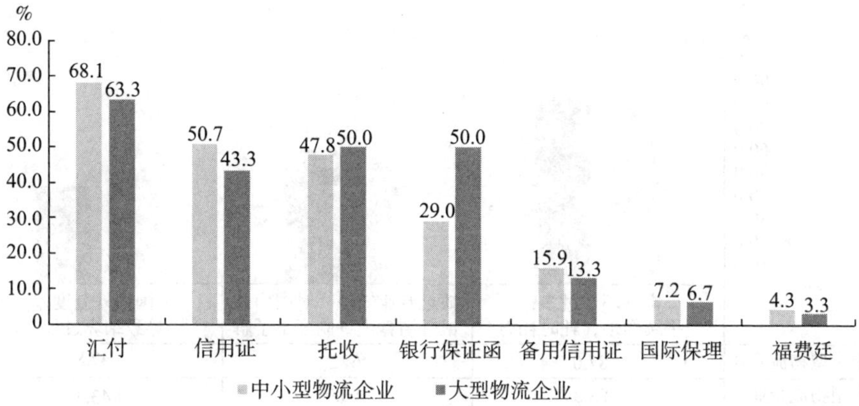

图 3-81　目前采用的国际贸易结算方式（细分）

2）国际贸易结算过程中遇到的问题

总体而言，物流企业在国际贸易结算过程中遇到的最大的问题是审核环节过多，手续烦琐，耗时耗力（85.9%）；其次较大的障碍是缺乏专业知识，对国内外银行结算规章制度不了解（61.6%）；最后是国内外制度差异导致结算过程曲折（如国外银行不能使用电子信用证），占比为 46.5%。此外，在结算过程中，不同规模的物流企业所遇到的问题并无较大差异，并且与总体情况非常相似（见图 3-82、图 3-83）。

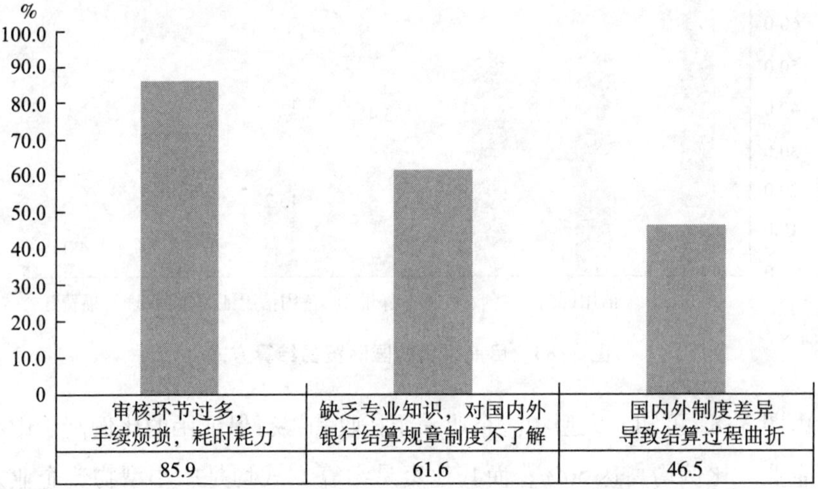

图 3-82　国际贸易结算过程中遇到的问题

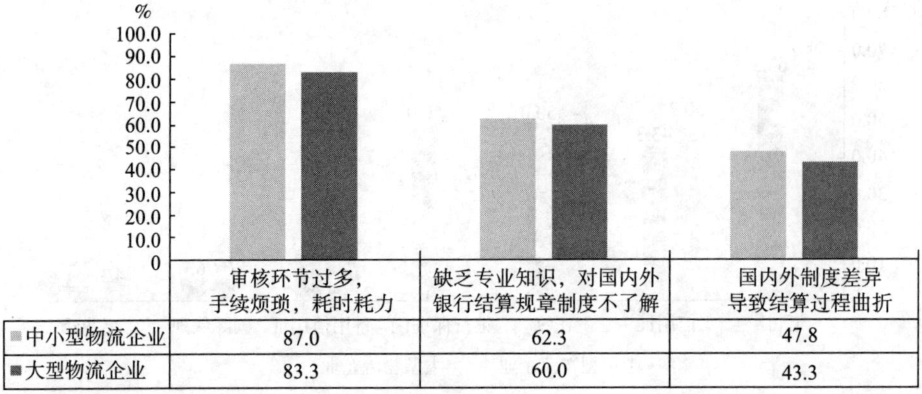

图 3-83　国际贸易结算过程中遇到的问题（细分）

（2）需求分析

1）对国际贸易结算服务的应用需求

39.6%的物流企业对国际贸易结算服务有需求，而高达 60.4%的物流企业对国际贸易结算服务没有需求。其中，有 48.4%的大型物流企业和 36.7%的中小型物流企业有需求，而 51.6%的大型物流企业和 63.3%的中小型物流企业无需求。导致这一现象的原因之一可能是部分企业没有海外业务，所以并不需要国际贸易结算服务（见图 3-84、图 3-85）。

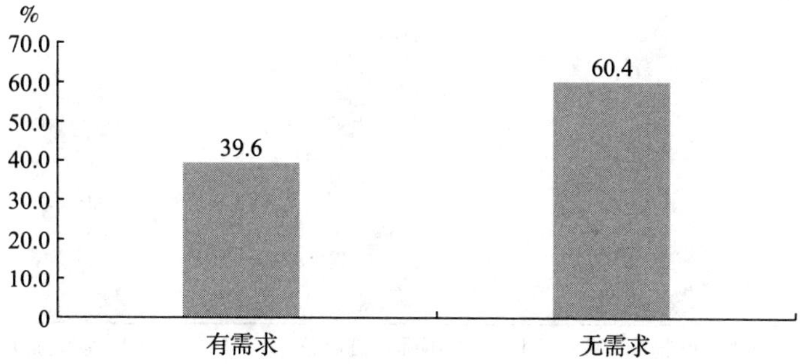

图 3-84　国际贸易结算服务需求情况

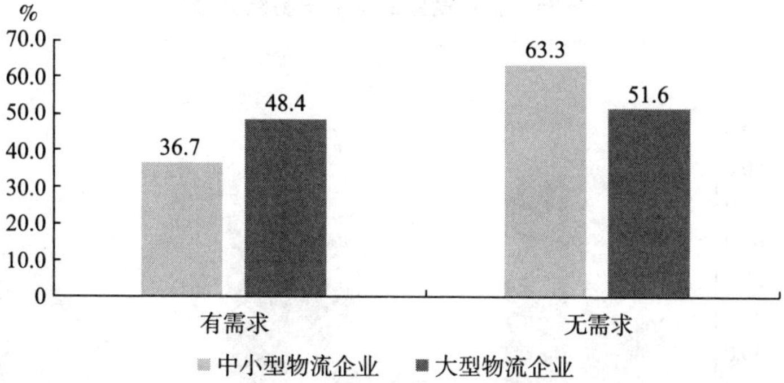

图 3-85　国际贸易结算服务需求情况（细分）

2）企业期望的国际贸易结算服务

企业期望的国际贸易结算服务包括三类。其中，企业最希望能够开通办理国际物流业务绿色通道（占比 76.8%），以加快业务办理流程，节省时间成本；其次是国际物流业务一体化服务，占比为 66.7%；最后是国际物流业务专人专项服务（占比 59.6%），从而避免因为缺乏专业知识、对国内外银行结算规章制度不了解而造成结算失败（见图 3-86、图 3-87）。

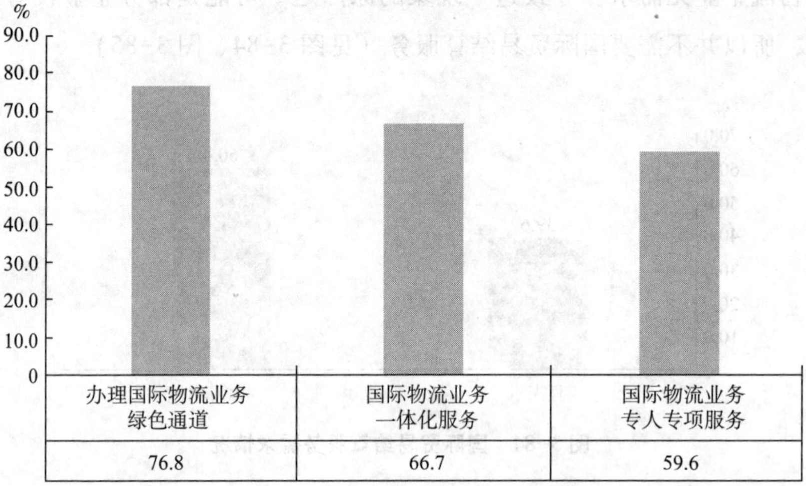

图 3-86　企业期望的国际贸易结算服务

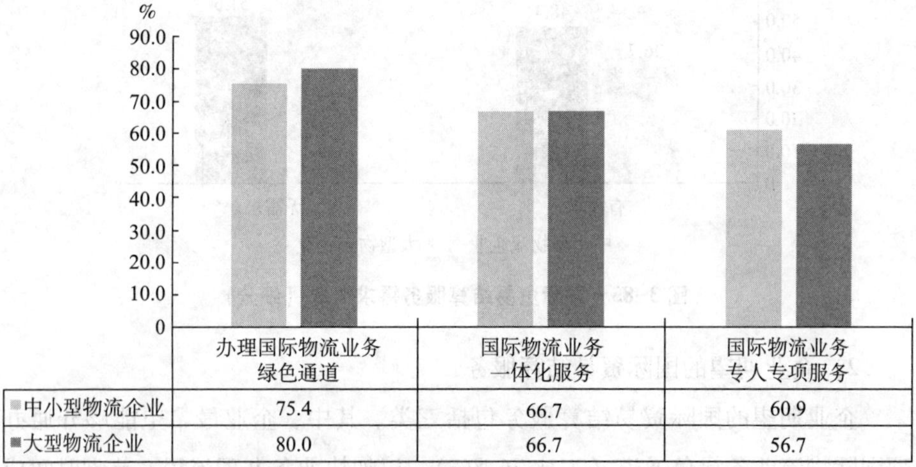

图 3-87　企业期望的国际贸易结算服务（细分）

（3）小结

目前物流企业所采取的国际贸易结算方式多种多样，包括汇付、信用证、托收、银行保证函、国际保理等，其中汇付为最主要的贸易结算方式；另外，不同规模的物流企业的结算方式存在一定的差异。物流企业在国际贸易结算过程中会遇到以下问题：第一，审核环节过多，手续烦琐，耗时耗力；第二，缺乏专业知识，对国内外银行结算规章制度不了解；第三，国内外制度差异导致结算过程曲折。重庆市“十四五”规划中明确提出：需要创新行政管理和服务方式，深入开展“互联网+政务服务”，最大限度精简行政审批事项和环节。为响应重庆市政府号召和解决物流结算中的实际问题，重庆物流运营中心需要改善目前的服务流程、增加服务通道、优化国际贸易结算方式，进一步减少办事环节、压缩办事时间，使办事程序更加科学高效、服务效率进一步提速，切实为各物流企业提供方便、快捷、高效的服务。为了给物流运营中心提供强有力的支撑，政府应当出台一系列配套的政策和法规，设立专门的国际贸易结算服务机构，并将该国际贸易结算服务机构与重庆市物流运营中心深度融合，增加绿色通道服务、专人专项服务等，提高结算中心的运行效率。此外，政府还应加强电子口岸建设，实行联动服务和 24 小时预约通关、查验，压缩通关时限，实现与沿海、内地和边境主要口岸的互联互通。

8. 政府监管环境及商业创新环境

由于企业外部的政府监管环境及商业创新环境会影响物流行业的发展水平和物流企业的运营水平，从物流企业所感知到的政府监管环境及商业创新环境水平不仅可以反映出企业对外部环境的认知，也可以为后续本项目提出针对性的分析和建议提供数据支撑。因此，本项目也针对政府监管环境及商业创新环境进行了问卷调研（“1”表示“完全不同意”；“7”表示“完全同意”）。

（1）政府监管环境

由图 3-88 可知，物流企业非常认可目前政府对物流产业的发展支持力度（均值为 5.952），较为认可政府所提供的贸易结算服务支持、财政支持和技术支持。而在网上信息平台支持方面，政府需要作出一定的改进。

（2）商业创新环境

物流企业认为目前的物流行业内具有多种商业模式（如第三方物流整体外包模式、一体化全包服务模式、物流金融服务模式等），均值为 5.936；也认为物流信息技术更新速度快和物流行业协会对行业技术创新提供了有效的

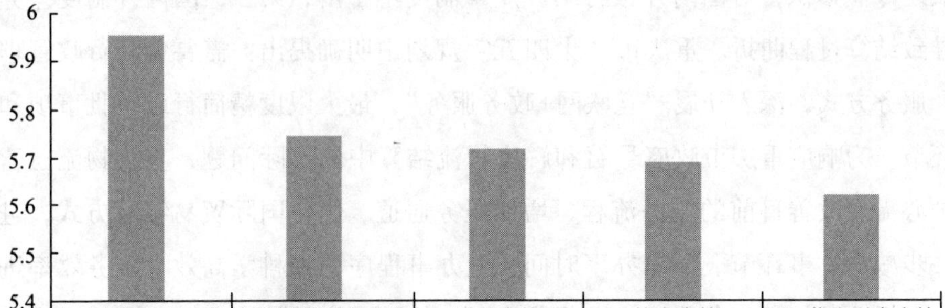

物流产业发展支持	贸易结算服务支持	财政支持	技术支持	网上信息平台支持
5.952	5.744	5.716	5.688	5.620

图 3-88　政府监管环境

支持和辅助；同时，物流企业也认为可以比较容易地获取最新的物流信息技术信息。但在物流基础设施方面，设施的功能可以进一步完善（见图 3-89）。

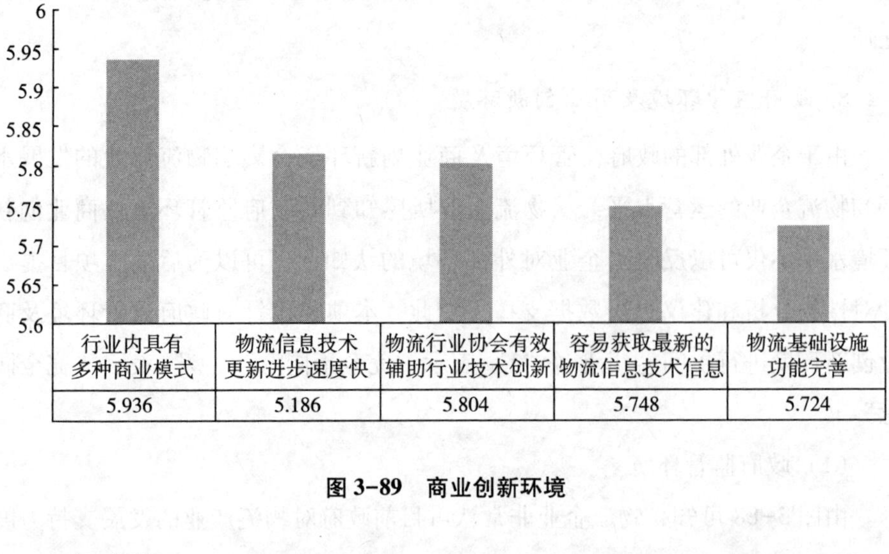

行业内具有多种商业模式	物流信息技术更新进步速度快	物流行业协会有效辅助行业技术创新	容易获取最新的物流信息技术信息	物流基础设施功能完善
5.936	5.186	5.804	5.748	5.724

图 3-89　商业创新环境

（3）小结

物流企业对目前的政府监管环境和商业创新环境的认可度较高，认为整个政策环境、行业环境和技术环境都较为良好。但在提供网上信息平台支持方面，政府需要进一步完善和改进，这也意味着重庆物流运营中心需要建设更加完善的网上信息平台，如国际物流信息平台和物流大数据平台等。此外，在物流基础设施功能方面，政府也需要加快完善和改进，如加快建设铁路、机场、港口等，加快实现公路、铁路、港口、机场高速互通，交通基础设施一体化等。

（二）重庆市国际物流与运营组织中心建设需求分析及政府保障

根据此次调研结果，可知目前物流企业乃至物流行业的发展对重庆物流运营中心的建设需求，也对政府的未来保障工作提出了诸多新期望、新要求、新建议。

1. 重庆国际物流与运营组织中心的建设需求

（1）物流基础设施体系方面

目前，物流企业主要采取的货物配送方式为陆运，长期来看，物流企业将主要采用铁路运输、空运、海运等方式配送货物。同时，多式联运的建设与发展是西部陆海新通道战略的重要一环。在这一背景下，实现公路、铁路、港口、机场等基础设施互联互通、完善运输场所的配套设施建设迫在眉睫。为尽可能满足西部陆海新通道的物流企业乃至整个物流行业的发展，重庆国际物流与运营组织中心在空间布局方面，需要统筹交通物流设施、产业空间布局，并处理好与城市的关系，在综合交通网络中发挥衔接作用，帮助实现各种交通方式一体化融合发展；在功能组织方面，运营中心内部需要统筹规划铁路专用线、专业化仓储、区域分拨配送、多式联运转运等的空间资源，提高配套设施间的协同效应。在未来，国际物流与运营组织中心可结合信息化、智能化技术，构建区域产业数据交换中心和智慧物流信息平台，进一步提升物流保障能力。

（2）国际物流信息平台建设方面

目前，国际物流信息平台的应用在物流企业中的普及度还不高，但在国家和地方政府倡导企业“国际化”、建设“国际物流大通道”的利好政策的背景下，企业的国际化业务会大量增加，随之对国际物流信息平台的需求会呈增长趋势，国际物流信息平台的重要性将日益凸显。为满足物流企业的长短期需求，并推动区域内及跨区域物流资源的协同运作，重庆国际物流与运营组织中心需重视国际物流信息平台的规划建设。一方面，针对园区内有自建国际物流信息平台需求的物流企业，物流中心在平台开发、数据信息规划、资源应用等方面应提供技术支持和方向指导，鼓励应用成熟的骨干物流企业对后进企业提供帮扶；另一方面，园区可吸引网络科技公司或相关产业企业入驻园区，共建物流信息平台，为在园区内进行经营和管理的企业提供信息、联络、运输及仓储配送管理的支持。

长期来看，国际物流与运营组织中心需要积极规划公共国际物流信息服务平台的搭建，加强与有关地区、有关企业合作，整合物流贸易有关信息平台的资源，充分发挥衔接作用，解决未来国际贸易活动各方之间信息流通不畅的问题。

(3) 国际贸易结算服务方面

为更好地落实国家“一带一路”倡议，推进西部陆海新通道、中欧班列等建设，重庆国际物流与运营组织中心有必要建立国际贸易结算服务中心，强化区域物流合作。虽然目前拥有国际贸易业务的物流企业并不多，但是随着国家、省、自治区和直辖市的国际贸易战略推进，越来越多的物流企业势必会涉及国际贸易业务。因此，国际物流与运营组织中心需要改善其服务流程、增加服务通道、优化国际贸易结算方式，进一步减少办事环节，压缩办事时间，使办事程序更加科学高效，服务效率再提速，切实为各物流企业提供方便、快捷、高效的服务。首先，物流企业在国际贸易结算过程中遇到的最大的问题是审核环节过多，手续烦琐，耗时耗力。国际物流与运营组织中心可开通办理国际物流业务绿色通道，加快业务办理流程，节省时间成本。其次，物流企业在处理国际贸易结算事项时，较大的障碍是缺乏专业知识，对国内外银行结算规章制度不了解。国际物流与运营组织中心可提供国际物流业务专人专项服务，避免因此造成结算失败。另外，国内外制度有所差异，结算过程可能较为曲折且存在一定的交易风险，这要求国际物流与运营组织中心建立推行国际物流业务一体化服务，减少国内外信息差，推行互通有无、互惠互利结算业务的协同办理。

(4) 物流大数据方面

“智慧物流”是国家“十四五”规划中提出的物流行业的发展目标，而大数据能够支撑智慧物流的发展，物流行业和企业通过利用大数据，能够更好地从变革中受益。当前，物流大数据的应用在物流企业中的普及度和需求都较高，且企业已经意识到物流大数据在运营管理、决策优化、服务创新等方面的重要作用。在这一背景下，国际物流与运营组织中心应当为物流企业的大数据采集、分析和应用提供支持和条件，帮助企业解决在数据质量、管理政策和资金投入等方面的问题。要在短期内实现重庆市国际物流与运营组织中心内部基于5G的高智能、自决策和一体化等智慧的物流装备、系统和平台等的完善，使得国际物流与运营组织中心作业或经营所产生的数据、信息和知识，可以在全产业链过程中以极低的近零成本实现授权性共享或支持协同决策。从长期来看，国际物流与运营组织中心可吸引网络科技公司或相关产业企业入驻园区，发展以大数据应用为标志的智慧物流服务板块，协同产业发展，同时帮助物流企业降本增效。

2. 政府的保障工作

（1）物流基础设施体系方面

在交通基础设施方面，政府及其附属机构应响应物流企业的需求，改善交通基础设施情况，进一步建设公路和铁路、开设航线、修建机场、搭建码头。

首先，交通基建事关企业运营命脉，事关物流产业的长期发展。由于目前多数物流企业采用陆运（包括公路和铁路）为主要的货物配送方式，政府应将公路、铁路的修建和维护工作提到规划建设中的首位，与城市规划局、交通道路建设单位进行联动，共同维护和建设物流基础设施；还可以多单位共同规划和完善出合理的货物配送路线，并将其推送至物流企业，以节省企业配送时间和运输成本。

其次，虽然目前物流企业并不频繁使用河运、海运和空运的货物配送方式，但是企业期望未来可以增加以上配送方式。这就要求政府快速推进开设新航线、维护改善旧机场和旧码头、规划建设新机场和新码头，为物流企业乃至物流行业的未来发展奠定扎实的基础；并且需不断完善和优化国内、国际航线网络布局，大力发展航空物流，打造地区航空货运和快件集散中心，实现机场向专业化、产业化、社会化转型发展。

最后，物流企业迫切希望公路、铁路、港口、机场高速互通并提供相应的配套硬件设施，这要求政府要强化交通规划引领，主动对接国家战略，把握“十四五”规划编制机遇，统筹考虑“西部陆海新通道”全域发展需要，超前设计交通建设专项规划，实现交通顺畅互通，协同发展，构建交通一体化网络格局。政府可打通航空港、高铁站、火车站、高速公路的连接通道，在运营中心内建设集民航、铁路、公路客货站场于一体的综合化、立体化交通枢纽和换乘体系。

在推进物流基础设施体系建设方面，政府应当落实土地政策，保障通道交通基础设施、国家物流枢纽等项目建设用地，优先保证重庆市国际物流与运营组织中心批地用地，保证国际物流与运营组织中心有地可用。同时，加大资金支持力度，确保国际物流与运营组织中心有充足的资金支持。此外，政府需要强化督导考核，追踪规划和建设任务的进度情况和工作推进情况、政策机制建立情况，时时检验实施成效和取得成果。

（2）国际物流信息平台建设方面

在国际物流信息平台建设方面，政府需制定相应的企业应用信息化平台的规范和优惠政策，也应加快推进官方物流信息平台建设。目前大部分企业选择自建物流信息平台，少部分企业选择使用第三方物流信息平台，但物流企业对第三方物流信息平台的未来需求程度较高。

首先，自建物流信息平台存在开发环境落后，技术方案不合理，开发以及运行维护的标准、规范混乱以及开发资源短缺、投入少，使用人员素质较低等问题。针对以上问题，一方面，针对大型物流企业，政府可加强“信息化技术”和“互联网+”人才培养规划，为物流行业制订相应的人才引进/人才培养方案，秉持“专项人才引进来，内部人才走出去”的原则，内部优化“信息化技术”和“互联网+”人才储备、培训和培训机制，让具有潜质的后备人才“走出去”，开阔眼界，并且需引进专项“信息化技术”和“互联网+”的高端人才，作为国际物流信息平台的搭建和后续运营维护的坚实后盾，全面解决大型物流企业尤为关注的专业人才少、企业人员素质低的问题；另一方面，政府应加快推进物流行业信息化建设，对物流企业增加相应的财政支持和政策支持，帮助其跳出开发环境落后、资源短缺、规范混乱等困境。

其次，在使用第三方国际物流信息平台过程中，信息不全或信息更新不及时、平台的服务稳定性差、平台的响应速度慢以及灵活性差、不能满足临时需求、服务价格高等问题尤为突出。一方面，政府应快速推进官方物流信息平台建设，以提供权威、准确、及时的物流信息，解决众多中小型物流企业遇到的信息更新不及时和信息不全的问题；另一方面，政府应加快出台相应的法律法规，提供全面且严谨的规范准则，规范使用第三方国际物流信息平台过程中的交易行为，抑制行业内“收费乱”“信息乱”等现象。

（3）国际贸易结算服务方面

随着“一带一路”倡议的进一步推进，为加强处于西部陆海新通道区域内的物流企业的区域合作，重庆国际物流与运营组织中心应建立国际贸易结算服务中心。为了给结算中心提供强有力的支撑，一方面，政府应当出台一系列配套的政策和法规，增加绿色通道服务、专人专项服务等，减少办事环节，压缩办事时间，提高结算中心的运行效率。并且着力实现与沿海、内地和边境主要口岸的互联互通，完善通关联络协调机制，打造网络化协同监管模式和服务体系。另一方面，政府应当做好人才调配和储备工作，新的国际贸易结算服务中心的设立意味着对高素质的专业人才的迫切需要。政府机关可以从目前的贸易结算单位中抽调专业人员支持新贸易结算中心的运营，同时加强专业性的人才培养和人才引进，在重庆市内建立一套国际贸易结算服务的专业人才的内部培养体系，为新的贸易结算中心提供充足的新鲜血液；并且需引进国际贸易结算方面相关的顶尖人才，探讨、交流、制定和开发高效率的国际贸易结算服务过程，为后续国际贸易结算服务中心的落地运营以及后续发展提供有益指导。

（4）物流大数据方面

以大数据应用为标志的智慧物流，在极大地促进物流产业优化和管理的透明度，实现物流产业各个环节信息共享和协同运作，以及社会资源的高效配置等方面有重要作用。为了给智慧物流产业的发展提供强有力的支撑，一方面，政府逐步完善交通运输物流公共信息平台，推动多式联运公共信息系统建设，促进多种运输方式间的数据交换共享。此外，加快建立健全物流数据采集、管理、开放、应用等相关标准规范，研究制定货运物流单据电子化相关技术标准，为实现政府、企业间更高层次的物流大数据共享交换和共享协作奠定基础。另一方面，政府需要重视引进和培养既懂数据挖掘、数据分析技术，又熟悉物流企业运营的数据管理技术人才，保证大数据的质量并充分发挥其价值。引导建立综合物流大数据智库，创新物流大数据人才培养机制和激励机制。此外，为保证物流大数据充分发挥作用，政府及其相关机构还应推动管理体制改革。加强与机构编制部门沟通，争取基于现有内设机构，研究设立或明确综合物流大数据发展管理部门，负责统筹推进综合物流大数据发展；并且完善技术管理体系，研究明确统一、权威的官方物流大数据管理与应用机构，负责综合物流大数据技术统筹。

政策建议一

新发展格局下加快建设重庆国际物流与运营组织中心的重要性和建议①

编者按：受中国工程院、中国工程科技发展战略重庆研究院共同委托，中国工程院孙永福院士和重庆市综合经济研究院院长易小光研究员共同担任“重庆建设国际物流与运营组织中心研究”项目组长，研究人员由中国宏观经济研究院、重庆大学、重庆市综合经济研究院等有关专家学者组成，课题组多次组织召开论证会，中国工程院孙九林院士、中国宏观经济研究院原院长白和金研究员、中国宏观经济研究院王昌林院长、国务院发展研究中心张立群研究员、中国铁路经济规划研究院林仲洪副院长、市委黄朝永副秘书长、市政协王济光副秘书长、市发展改革委原副主任马述林、重庆大学原副书记陈德敏教授等市内外十余位院士、专家对课题进行了指导。院士、专家认为，在新发展格局下，重庆应基于西部陆海新通道物流和运营组织中心建设，进一步推动国家建设综合性的“重庆国际物流与运营组织中心”，打造西部陆海新通道物流和运营组织中心的升级版，有效统筹国际铁路、航空、水运、公路、管道等通道、物流资源，全面发挥对外开放大通道、大枢纽、大口岸综合优势，支撑重庆建设内陆开放高地，建成国际化大都市、国际消费中心城市，成为国内国际双循环的重要枢纽。为全面反映院士、专家及课题组研究人员的智慧和建议，课题组现推出《新发展格局下加快建设重庆国际物流与运营组织中心的重要性和建议》《借鉴国内外先进经验，构建重庆国际物流与

---

① 本成果主要观点及主要内容出自 2020 年度中国工程院和重庆市人民政府共同委托重大项目“重庆建设国际物流与运营组织中心研究”。

运营组织中心主体功能定位》《建设重庆国际物流与运营组织中心的政策建议》3 篇专题研究报告，供领导参阅。

内容提要：推动国家建设重庆综合性国际物流与运营组织中心，是适应国家构建新发展格局的战略需要、联动"一带一路"发展的客观需要、建设国际消费中心城市的现实需要、引领西部地区发展的内在需要。当前建设重庆国际物流与运营组织中心已有一定基础，但仍有较多短板和不足，为更好地推进建设重庆国际物流与运营组织中心，建议：一是抢抓西部陆海新通道、成渝地区双城经济圈等战略机遇，争取形成各方共识，推动上升为国家战略；二是深化国际物流与运营组织中心功能内涵研究，强化顶层设计支撑，明确发展目标路径；三是积极争取国家政策支持，强化区域政策协调联动，加强市内统筹保障。

建设重庆国际物流与运营组织中心，有助于统筹中西部地区对外通道和物流资源，改善长期以来制约内陆地区经济发展的物流成本高问题，降低交通物流成本，进一步优化营商环境，对形成"一带一路"与中西部地区、长江经济带联动，加快推动成渝地区双城经济圈建设，助力我国形成以国内大循环为主体、国内国际双循环相互促进的新发展格局具有重要意义。

一、建设重庆国际物流与运营组织中心的重要性与必要性

2019 年 8 月，国家发布《西部陆海新通道总体规划》，明确提出重庆牵头组建西部陆海新通道物流和运营组织中心。在新发展格局下，有必要在西部陆海新通道物流和运营组织中心的基础上，推动国家支持建设综合性重庆国际物流与运营组织中心，打造西部陆海新通道物流和运营组织中心的升级版，发挥重庆在融入新发展格局中的支撑作用。

（一）适应国家构建新发展格局的战略需要

在百年未有之大变局下，国家加快构建新发展格局，迫切需要在西部打造区域性战略枢纽，发挥在成渝地区双城经济圈建设、新时代西部大开发等国家战略实施中的重要支撑作用，对优化稳定产业链供应链、扩大内需、畅通经济循环等具有重要意义。重庆作为国家战略腹地，国家重点打造的水陆

空立体大交通网的“交通四极”之一，通过建设重庆国际物流与运营组织中心，打造西部陆海新通道物流和运营组织中心的升级版，有助于提升城市综合服务功能，增强在区域经济发展中的集聚辐射带动能力，加快城市人流、资金流、物流等资源要素集聚，引领带动周边城市发展，更好地发挥国际、国内循环的桥梁纽带作用。

（二）联动“一带一路”发展的客观需要

西部陆海新通道以铁路为主，运营中心主要是统筹铁路物流资源，服务区域主要是东南亚国家和我国的西部地区，通道、物流资源统筹能力和服务区域范围相对有限。重庆作为国家“一带一路”倡议支点，要在“一带一路”建设中发挥带动作用，有必要通过打造西部陆海新通道物流和运营组织中心升级版，更好地发挥长江经济带、中欧班列、西部陆海新通道联结点的区位优势，在更广范围、更宽领域统筹通道、物流等开放资源，联动国际、国内市场发展，推进通道带物流、物流带经贸、经贸带产业，有效发挥重庆在国家“一带一路”建设中的引领示范作用，助力我国形成陆海内外联动、东西双向互济的开放格局。

（三）建设国际消费中心城市的现实需要

重庆跻身全国首批、中西部地区唯一国际消费中心培育城市，迫切需要发挥国际物流枢纽、通道的支撑作用，提升国际国内消费的承载力、集聚力和辐射力。建设重庆国际物流与运营组织中心，有利于发挥重庆陆港型、空港型国际物流枢纽及口岸的作用，提升国际、国内消费资源集聚辐射能力，更好地联动国际、国内消费市场，进一步扩大高品质商品和服务供给，对重庆打造成为国际消费目的地，带动周边地区高质量发展、创造高品质生活具有重要意义。

（四）引领西部地区开放发展的内在需要

为加快落实习近平总书记关于重庆发挥“三个作用”指示要求，发挥重庆在西部地区带头开放、带动开放作用，有必要建设重庆国际物流与运营组织中心，进一步扩大对外开放，增强对西部开放开发的支撑作用。重庆是西部开放平台最多、开放功能最完善的城市，通过建设重庆国际物流与运营组织中心，能够更好地统筹通道、口岸、平台等开放资源，提升西部地区物流运营组织效率，有效降低物流成本，优化区域营商环境，更好地发挥重庆作为内陆开放桥头堡的作用，加快将重庆打造成为西部地区重要的经济增长极。

二、重庆具备的发展基础和潜力

重庆地处“一带一路”倡议和长江经济带、西部陆海新通道、成渝地区双城经济圈等国家战略交会点，是西部地区唯一拥有空铁公水多式联运资源条件的国家中心城市，历来在国家改革开放中承担着先行先试的功能作用，为建设重庆国际物流与运营组织中心提供强有力的支撑。

（一）联动国内外通道体系基本形成

重庆是全国唯一兼有港口型、陆港型国家物流枢纽的城市，已初步构建起“通道+枢纽+网络”高效立体的物流运行体系。一是国际物流通道辐射影响力不断增强。依托中欧班列（重庆）、西部陆海新通道、长江黄金水道、国际航空等出境出海大通道，构建了空铁公水四式联运、东西南北四向协同的综合立体对外大通道体系，形成连接欧亚、直达东盟、通江达海、畅行全球的物流网络格局。截至2020年底，中欧班列（重庆）累计开行班列7600班，在全国位居前列；西部陆海新通道铁海联运辐射96个国家和地区及260个港口；江北机场国际（地区）航线101条，通达33个国家74个城市，基本构建起覆盖五大洲的国际航线网络。二是国际物流枢纽的集聚能力显著提升。依托中欧班列（重庆）、西部陆海新通道等境外分拨点，构建了通达中亚、欧洲、东南亚及国内多个城市和地区的灵活分拨体系，吸引着越来越多的西部物资向重庆中转集聚，成为连接中国西部与欧洲、中亚、东盟市场的战略中转枢纽。目前，周边地区货物经重庆港中转比重超过45%。

（二）口岸平台功能设施相对完善

重庆是西部地区开放平台最多、开放功能最完善、开放环境最优、开放经济最发达的城市。近年来，全力推进平台、口岸、主体建设，持续丰富完善口岸平台功能，为建设重庆国际物流与运营组织中心提供优质、高效、便捷的服务保障。一是开放平台体系不断完善。开放平台功能不断完备，发展能级不断提升，形成“战略平台+园区平台+功能平台+活动平台”的平台体系，进出口总额、外商直接投资分别占全市 GDP 的 80%、60%，对全市开放型经济和产业发展引领带动作用不断增强。二是口岸服务功能更加丰富。重庆是西部地区口岸、海关特殊监管区域（场所）数量最多的城市，功能日益齐全，基本形成水陆空立体口岸体系。目前，已建成 7 个对外开放口岸、11 个口岸功能场所和 9 类进口特殊商品指定口岸，获批保税航油、出入境免税商店、过境 144 小时免签证、跨境贸易电子商务综合试验区等多项重大改革试点，实现口岸“7×24”小时通关全覆盖和国内关区通关一体化。

（三）区域物流协作机制初步构建

以西部陆海新通道建设为契机，区域交流与合作不断深化，探索建立常态化合作机制，物流运营组织协调能力不断增强。一是争取国家支持取得积极突破。已建立起国家发展改革委牵头，商务部等 14 个国家部委和重庆、广西、四川等 5 个省（区、市）共同组成的“14+5”西部陆海新通道建设省部际联席会议制度，初步搭建起西部陆海新通道沿线省（区、市）协商共建合作机制。同时，与中国国家铁路集团有限公司等合作不断深入，在铁路班列运营线路、班列调配、铁路运价等方面给予重庆重点支持。二是区域合作机制不断完善。积极组织召开省部际协商合作联席会议，牵头组建西部陆海新通道物流和运营组织中心、陆海新通道运营有限公司等跨区域合作平台，形成“13+1”省（区、市）共建格局。与阿拉山口、霍尔果斯、满洲里、凭祥、防城港、钦州港、舟山港等沿边沿海城市开展跨区域多维度合作示范，形成了南上北下、内外联动的开放格局。

（四）国家战略叠加优势日益显现

重庆作为中西部地区唯一直辖市，在国家总体战略和区域发展格局中具有重要地位，历来是国家重大战略的主要承载地，为重庆建设国际物流与运营组织中心提供了重大的战略机遇和强有力的顶层制度保障。一是拥有国家重大战略聚焦优势。《国家综合交通立体规划纲要》《成渝地区双城经济圈建设规划纲要》均明确提出要将重庆、成都打造成为国家物流枢纽、国际货运中心。当前重庆正加快推动内陆国际物流枢纽和口岸高地建设，国际国内物流集聚分拨能力不断增强，对于建设重庆国际物流与运营组织中心具有较好的发展潜力。二是拥有先行先试发挥政策叠加优势。重庆历来在国家改革开放中承担着先行先试的功能作用，拥有中新（重庆）战略性互联互通示范项目、中国（重庆）自由贸易试验区等制度型创新平台，有助于重庆建设国际物流与运营组织中心，形成软硬件兼具和拥有强大的区域性集聚、辐射和服务功能，增强集聚货物、吸引要素和平台服务的能力。

三、有关建议

目前，针对推动国家建设重庆国际物流与运营组织中心，打造西部陆海新通道物流和运营组织中心升级版，特提出以下建议。

（一）抢抓发展战略机遇，争取形成各方共识

积极抢抓新时代西部大开发、成渝地区双城经济圈、西部陆海新通道、中欧班列等战略机遇，引导在国家、区域和市内各层面形成发展共识，共同推进重庆国际物流与运营组织中心建设。一是争取上升为国家战略。围绕重庆建设国际物流与运营组织中心需要，加强与国家发展改革委、交通运输部、海关等国家部委的对接沟通，争取得到国家相关部门的支持，让重庆国际物流与运营组织中心建设上升为国家战略。二是争取兄弟省市支持。依照合作共赢的原则，争取其他省市支持参与，共同打造合作平台，提升与兄弟省市在产业合作、物流信息、通关等方面的协作水平。三是在市内形成合力。在市内加强对建设重庆国际物流与运营组织中心重要性的认识和宣传，制订各阶段建设任务并纳入各年度全市工作计划，推动形成全市一盘棋、共使一股劲的发展氛围。

（二）深化内涵功能研究，明确发展目标路径

围绕全市战略定位，深入开展国际物流与运营组织中心功能研究，明确重庆国际物流与运营组织中心建设的目标与路径，强化顶层设计支撑。一是积极开展国际物流与运营组织中心功能研究。从宏观（战略定位）、中观（功能定位）、微观（运营组织）3个层面深入剖析国内外物流与运营组织中心的相关功能，总结其建设的成功经验。在此基础上，立足服务新发展格局，精

准对接国内国际产业链、供应链发展需求，系统谋划战略定位，研究提出内陆地区建设国际物流组织与运营中心切实需要的相关功能支撑。二是明确发展目标路径。结合重庆打造内陆国际金融中心、国际会展中心、内陆国际物流中心等功能定位，以创建“通道+枢纽+网络”的现代物流组织体系和“大平台、全链条、新业态”的新型运营组织体系为重点，从货源组织、运输组织、多式联运、金融服务、信息服务、区域协同等维度，谋划发展路径与具体举措，推动形成资源要素优势互补、发展功能有机衔接、经济循环内通外畅、产业体系高效运转的开发开放新格局。

（三）争取多方支持协作，强化政策引导作用

积极争取国家对重庆改革创新、重大项目建设等方面的支持，建立市内财税支持政策体系，发挥政策赋能作用。一是争取国家给予政策支持。积极争取国家赋予重庆多式联运、一单制、智慧物流发展、通关便利化等方面的先行先试权，加大对重庆国家物流与运营组织中心建设的政策、资金、项目等方面的倾斜，为重庆国际物流与运营组织中心建设营造良好环境。二是加强区域物流政策协同。加大通道沿线各省（区、市）物流政策协调力度，在通关便利化、物流运价、政府支持等方面制定统一标准，推动形成良性的市场竞争关系，优化区域物流发展生态。二是强化市内资金政策保障。积极出台融资、税费、项目建设等方面的支持政策，加强土地、劳动力、资本、技术、数据等要素的保障，发挥政策的引导作用。建立物流、产业、开放的政策联动机制，推动形成物流引领产业聚集、开放扩大物流能级、产业反哺物流发展的良性循环。

本文执笔：苟文峰、张　超、贾静涛

政策建议二

借鉴国内外先进经验，构建重庆国际物流与运营组织中心主体功能定位[①]

内容提要：重庆具有突出的国家战略地位、交通区位优势及良好的经济、开放等基础，但当前仍面临着物流通道及运输组织、沿线资源整合及共享机制、物流领军企业和多式联运三个关键支撑方面的短板。借鉴国内外先进经验，结合重庆实际及战略需要，建议：重庆国际物流与运营组织中心功能定位应对标对表、发挥优势、补齐短板，锚定“国际物流中转集结中心、国际供应链产业链组织中心、高层次全方位开放平台”三大战略性功能，加快夯实“货源组织、运输组织、多式联运、议价机制、金融服务、信息服务”六大具体功能，积极争取国家支持，早日实现国家赋予重庆的战略使命。

《西部陆海新通道总体规划》提出“充分发挥重庆位于‘一带一路’和长江经济带交会点的区位优势，建设通道物流和运营组织中心”，借鉴发达国家（地区）物流与运营组织中心发展经验，加快建设并拓展西部陆海新通道物流和运营组织中心，积极推动重庆建设国际物流与运营组织中心，明晰其功能定位，对重庆完成国家赋予的重大战略使命，推动高质量发展意义重大。

一、国内外主要物流与运营组织中心的经验启示

上海航运中心、新加坡航运中心战略层面的功能定位，郑州“四路协

① 本成果主要观点及主要内容出自2020年度中国工程院和重庆市人民政府共同委托重大项目“重庆建设国际物流与运营组织中心研究”中由国家发展改革委运输所研究团队牵头完成的专题一《重庆国际物流与运营组织中心的功能及目标研究》。

同”①、南京“枢纽经济”② 功能层面的定位及建设内容，对明晰重庆国际物流与运营组织中心的功能定位有重要的借鉴意义。

（一）战略层面

1. 打造内陆生产、消费和物流组织中心，推动重庆成为国内大循环战略支点

上海在我国新发展格局中战略地位突出，“五个中心”③ 建设成效显著，上海国际航运中心、国际航空枢纽排名均居全球前三位，在全球生产、消费和物流组织中的枢纽位势凸显。由此可知，重庆国际物流与运营组织中心需要强化在新发展格局中的战略位势，发挥好引领新时代西部大开发的战略平台功能，尤其是加强对成渝地区双城经济圈建设国家战略的支撑，通过西南、西北、东向通道联系中西部省份，加快形成服务新发展格局的中西部战略支点。同时，加快强化服务中西部国内市场能力，推动重庆“通道物流和运营组织中心”、成都“国家重要商贸物流中心”、广西北部湾“国际门户港”等重要枢纽建设，并依托物流组织衔接好生产和消费，形成西部地区生产供给和消费需求高效适配的组织中心，成为重庆现代产业体系、现代流通体系以及国际消费中心城市建设的重要支撑。

2. 打造国际产业链供应链配置中心，推动重庆成为国内国际双循环战略链接中枢

新加坡依托马六甲海峡特殊区位，其航运中心多年来综合排名全球第一，已成为全球物流和贸易组织中枢，其打造国际航运、贸易、金融枢纽的战略定位对于建设重庆国际物流与运营组织中心具有重要的借鉴意义。重庆是“一带一路”倡议和长江经济带、西部陆海新通道、成渝地区双城经济圈等国家战略交会点，具备打通内陆、面向全国、联动全球的通道和枢纽优势。建

---

① 郑州“四路协同”指空中、陆上、海上和网上四条“丝绸之路”，主要依托郑州空港、郑州陆港和跨境电商集聚区实现其基本功能和协同发展。

② 南京“枢纽经济”指依托长江航运主轴和高铁、空港枢纽，建设了一批枢纽经济集聚区，着力推动枢纽、产业和城市的融合发展。

③ “五个中心”指国际经济中心、国际金融中心、国际贸易中心、国际航运中心和具有全球影响力的科技创新中心。

设重庆国际物流与运营组织中心，应发挥好国内国际双循环战略链接优势，以中西部广阔的国内市场为发展基点，把握西部陆海新通道沿线各地区现代化发展的设施建设、产业培育和消费增长前景机遇，强化运营中心聚集国内国际两种资源的能力，深化东南亚、欧盟等国际市场的贸易物流、产业经济交流合作，打造依托国内、面向国际的，更有韧性的战略链接中枢。

（二）功能层面

1. 统筹物流组织、产业服务和开放平台功能

进入新发展阶段，增强产业链供应链价值链水平、强化关键产业领域和环节控制能力成为国家和区域经济发展中补短板的重要方向。上海航运中心通过经济效应外溢形成了长三角区域一体化发展的产业组织枢纽，郑州航空港实验区推动劳动密集型产业链向周边市县配置，南京则发挥物流枢纽吸引辐射效应实现了关联产业要素聚集。因此，建设重庆国际物流与运营组织中心，要重点优化西部陆海新通道沿线产业组织配置，创新与西南、西北、国外不同区域产业分工方式，优化铁铁、铁海、铁公、铁空、空公等多式联运组织方式，畅通物流通道、降低物流成本，推动长距离交通物流走廊下的通道经济、枢纽经济、口岸经济发展。重庆建设国际物流与运营组织中心，要突出夯实跨区域物流组织能力、补足沿线产业组织配置和开放载体平台等功能，服务支撑成渝引领的中西部地区形成国际竞争力的现代开放型产业集群。

2. 积极争取制度性、战略性先行先试功能

上海航运中心利用上海自由贸易试验区政策先行先试，不断引领国内开放模式和业态升级，制度性开放组织中心的作用不断强化。目前，重庆依托中欧班列进行了一系列国际陆路贸易提单使用、金融结算等方面的探索并取得了较好成果，重庆国际物流与运营组织中心要强化各类要素资源聚集能力，进一步在陆路贸易和陆海贸易规则衔接等方面创新突破，实现跨区域通关物流数据共享共用，加强跨区域物流协作和产业链上下游衔接，建立涵盖国际国内物流组织、产业链供应链运行服务的完整服务系统。借鉴郑州航空物流和航空经济发展源于和卢森堡建立的“郑—卢空中丝绸之路”经验，重庆国际物流与运营组织中心应围绕成渝地区双城经济圈和西部陆海新通道等国家

战略，积极谋划推出一系列服务国家、成渝地区高质量发展的战略性举措，完善先行先试的功能体系和政策支撑。

（三）地位作用及内涵要求

1. 发挥规模经济和网络经济效益

全球化大生产作为规模经济活动的表现之一，依托低成本、高效率、广辐射的现代交通和物流网络使规模经济效应得以进一步放大。重庆地处“一带一路”、长江经济带和西部陆海新通道的交通联结点，是打通内陆、面向全国、联动全球的重要物流枢纽节点。重庆依托长江黄金水道、中欧班列（渝新欧）、西部陆海新通道多式联运、国际航空货运等运输方式打造综合立体交通网络，建设国际物流与运营组织中心，将进一步放大规模经济效应，扩大区域内物流、经贸、产业、贸易发展规模。依托重庆内陆国际物流枢纽和口岸高地建设，将更好地促进区域内、国际间产业规模经济和网络经济的发展，进一步引领西部地区高水平高层次开发开放，进一步为重庆打造国际物流与运营组织中心打下坚实基础。

2. 集聚资源要素辐射带动周边

经济要素资源由区域外围向中心聚集并发展壮大，然后向外围区域溢出辐射的“极化—辐射”模式是产业发展空间演化的经典范式，必须重视区域资源要素的有效配置才能推动区域间产业共同发展。重庆市依托良好的区位优势，叠加国家战略要求，通过打造国际物流与运营组织中心将有力促进资金、人才、技术和信息等资源要素在本地区集散，通过强大的集聚功能效应反向带动西部陆海新通道沿线经济发展壮大。同时，通过发挥国际物流与运营组织中心作用，形成枢纽、通道品牌效应，叠加产业资源要素聚集效应，衍生出国际物流分拨中心、临空经济产业、临港经济产业等新型产业类型以及跨境贸易、口岸服务等新型服务功能，将为重庆现代产业体系发展和创新注入新内涵。

3. 探索区域协同创新体制机制

在新发展阶段，落实新发展理念、融入新发展格局要求各区域打破分割壁垒协同发展，建立区域协同发展机制。探索区域协同创新体制机制有利于鼓励大型企业参与通道建设运营，逐步建立跨区域、跨产业、跨国家的企业互动机制，探索构建省际间、区域间、国际间产业合作交流机制。建设重庆国际物流与运营组织中心，有利于加快建立国际多式联运调拨中心、战略性新兴产业示范基地、产业转移合作园区等发展平台，推动国家级示范项目在重庆落地实施，健全协同人才发展、金融、经贸、信息等要素资源保障机制，在加快西部地区更好更快开放的同时，提升重庆对外服务能力和辐射能级。

二、建设重庆国际物流与运营组织中心的短板和不足

重庆面临着我国构建新发展格局、国家战略地位不断提升、交通区位优势明显等重大机遇，自身综合经济实力、对外开放水平、物流发展水平西部领先，为建设国际物流与运营组织中心奠定了坚实的基础。但对照发达国家和地区发展经验及要求，重庆还存在一些制约和短板，亟待明晰、提升相关功能加以弥补或巩固。

（一）沿线物流通道建设及运输组织尚需完善

一是沿线物流通道建设不足。对外通道沿线硬件骨架支撑尚待完善，如西部陆海新通道沿线地区的交通互联互通不足，目前除中越班列已开通外，中老、中泰、中缅等连接中南半岛、东南亚市场的铁路建设进展缓慢。二是多式联运硬件网络及仓储配套设施布局不足。西部陆海新通道和中欧班列（渝新欧）沿线地区在多式联运设施、分拨集散中心、仓储物流设施等方面建设较为不足，尤其缺少需求较大的冷链物流仓储设施布局。三是运输组织及议价机制尚不统一。目前通道沿线各省（区、市）之间存在通道运输标准不统一、运作模式不统一、服务规则不统一等问题，如在运输议价方面，各地运价政策不同，造成物流组织运营困难。

（二）沿线资源整合及共享机制尚不完善

一是各类功能平台信息化建设共享不足。目前，各省市尚未搭建统一的公共物流信息平台，西部陆海新通道物流信息平台正在建设过程中，贸易结算平台、金融服务平台等重要功能性平台建设相对滞后。不同平台之间数据互联共享交换通道并未完全建立，业务规范体系、技术标准体系等缺乏统一

标准，制约国际物流与运营组织中心组织、协调功能的发挥。二是各省（区、市）资源整合及共享机制尚不健全。目前，在国家层面对国家物流枢纽建设进行了引导，但在国际贸易通道等方面的组织协调力度还需加强。通道沿线岸线资源、市场运营主体等资源尚未充分整合，存在一定的国内业务重叠，造成了同类竞争和资源内耗。随着中欧班列、西部陆海新通道等加快发展，全国多个城市陆续开通相应班列，并竞相压价、拼抢货源，各地围绕通道在招商引资、争取项目等方面的竞争更加激烈。

（三）物流运营与组织功能的关键支撑不足

一是物流供应链上缺乏有控制能力、资源整合能力的领军企业。目前，渝新欧供应链管理有限公司、陆海新通道运营有限公司等市内在国际上较有影响力的物流企业均是轻资产模式，企业资产运作能力、物流供应链控制能力和资源整合能力亟待提升。二是多式联运、冷链物流等重点领域突破仍待深化。多式联运仍面临多重障碍，目前铁公水空多式联运仍面临着运输方式规制要求不同的现实障碍，多式联运规则、票证单据、承运人识别、责任划分、保险赔偿等方面的规定尚未统一。冷链物流发展相对滞后，目前冷链物流存在集装箱设备老化、供给不足以及新兴冷链技术开发较慢等问题，难以满足大量生鲜类货物的运输需求。三是金融生态环境不优，投融资能力受限。针对物流行业的金融创新和支持政策尚需完善，物流行业重大项目投融资仍十分受限，难以支撑运营中心通过多渠道融资提升发展动力。四是国家政策支持不足。目前国家尚未建立西部陆海新通道基金等措施，缺少对铁路、港口等利益主体以及土地等要素资源协调调配的政策支持，导致国际物流和运营组织中心资源统筹能力较弱。

三、重庆国际物流与运营组织中心功能定位

（一）战略性功能

对标发达国家和地区国际物流与运营组织中心功能及作用，结合重庆优势及短板，重庆国际物流与运营组织中心应围绕物流组织、产业链供应链组织、开放协作三个方面明晰战略性功能。

1. 国际物流中转集结中心

一是重庆市内物流枢纽载体功能提升。依托重庆港口型物流枢纽、重庆陆港型物流枢纽、重庆江北国际机场航空物流枢纽、南彭公路物流基地、中欧班列（渝新欧）集结中心等重要载体，完善铁路货场、航空货运、公路货运等物流集散中心建设，提升国际物流集散、存储、分拨、转运等功能。

二是各类开放通道物流设施功能完善升级。完善各类开放通道内物流基础设施建设，补齐多式联运转运设施短板，创新多式联运体制机制，营造低成本、高效率、广辐射的国际物流运营环境。

三是综合立体交通网络系统建设及功能提升。建设铁路、公路、水路、航空相衔接的综合立体交通网络，推动形成国际国内运输大通道，提升骨干通道“点对点”运输能力，完善辐射周边的集疏运网络，打造面向西部、联通国际的干支仓配物流网络系统，形成体系完善、功能完备的国际性集散分拨中心和枢纽。

2. 国际供应链产业链组织中心

一是对内发挥好现代物流打造供应链、串接产业链、提升价值链的关键作用。通过物流带贸易、贸易带产业，形成以物流引领全产业生态优化的要素配置环境。引导西部地区传统流通企业向供应链服务企业转型，大力培育新型供应链服务企业和龙头领军企业，提升供应链产业链服务水平。推动建立供应链产业链综合服务平台，拓展质量管理、追溯服务、金融服务、研发设计等功能，并重点发展采购执行、物流服务、分销执行、融资结算、商检报关等一体化服务。对标全球高端产业链供应链发展，加快供应链产业链数字化、信息化、智能化发展，培育和扶持一批高端制造业创新项目，提升重庆市供应链产业链国际竞争力。

二是对外创新与相关国家（地区）互联互通合作领域及体制机制。积极推进重庆与“一带一路”沿线国家（地区）互联互通，推动国际产能和装备制造合作，鼓励在渝企业深化对外投资合作，设立境外分销和服务网络、物流配送中心、海外仓等，建立本地化的供应链体系。加强产业链供应链资源要素配置，在人员流动、资格互认、标准互通、认可认证、知识产权等方面，加强与主要贸易国家和“一带一路”沿线国家磋商与合作，探索建立供应链利益联结机制，推动重庆形成具有更强创新力、更高附加值、更安全可靠的产业链供应链。

3. 高层次全方位开放平台

一是加快融入国内大循环。以水运港、国际内陆港、航空港、跨境电子商务港、综合保税区、出口加工区、空港保税物流中心（B 型）、对外经济合作服务平台“八大开放平台”建设为抓手，打造一体化对外开放平台，着力构建集水陆空及跨境电子商务于一体的开放体系，集聚西部地区、国内及全球资源要素、市场主体在渝集聚，融入国内经济大循环。

二是加快融入国际经济循环。利用国际国内两个市场两种资源，推动科技、高端装备等产业合作示范区加快落地，积极承接举办各类大型国际会议，抓住 RCEP 落地等机遇，利用中国国际智能产业博览会、中国西部国际投资贸易洽谈会、“一带一路”陆海联动发展论坛等合作平台，加强与东盟等通道沿线国家和地区的合作，支持开展通道相关的物流、金融、海关、信息互联等专题论坛和研讨会，打造国际交往平台，加快建设中西部国际交往中心，融入国际大循环。

（二）具体功能

在三大战略性功能的指引下，结合重庆实际，强化六大具体功能，加快重庆国际物流与运营组织中心建设，助力重庆、区域和国家高质量发展。

一是货源组织功能。充分发挥重庆作为国际物流枢纽节点的集聚辐射作用，依托中欧班列（渝新欧）、西部陆海新通道等国际贸易通道和各类口岸，集聚外贸进出口企业，加大国内短缺产品进口，引导重庆及周边优势和特色货源加快集结，形成规模效应，成为国际货源的组织集结中心。

二是运输组织功能。结合重庆向东南西北以及空中通道的实际运输能力，精准对接国内外市场需求，强化线路、货源、箱源、车源、劳动力等方面的组织，科学选用运输组织方式，合理开通和动态调整运输线路，促进运输线路资源集约利用。同时，要加大与国外相关运输主体协调力度，提升运输全程调度能力，保障运输时效。

三是多式联运功能。发挥重庆拥有公铁水空各种运输方式的优势，强化各种转运设施和通道建设，构建集疏运网络，推动通关便利化，促进公路、铁路、水运、空运等各种运输方式高效无缝衔接，打通运输组织“微循环”，进一步提升物流运营效率。

四是议价机制功能。加快提升协调机构层级，深度参与国际运输通道规则标准制定和修订，推动规则、标准体系协同创新发展。继续在陆路贸易规则、多式联运“一单制”等方面创新突破，加强陆路和陆海贸易规则衔接，加强通道宣传和品牌运营，强化通道整体对外谈判，提升重庆在国际物流方面的议价能力。

五是金融服务功能。强化与银行、保险等金融机构协作，稳步探索“物流+金融”业务，利用区块链、物联网等先进技术，加快贸易金融基础设施建设，推动商品交割、贸易结算、融资担保、运输保险、融资租赁、供应链金融等服务和产品创新，推动物流运输与国际贸易结算一体化发展。

六是信息服务功能。加大大数据、云计算、物联网、移动互联等新一代信息技术在物流运输上的创新应用，构建通道综合信息服务平台，推动物流运输通道沿线海关信息互换、监管互认、执法互助，扩大中欧“安智贸”试点范围，推动智慧便利大通关。积极建设中欧班列、西部陆海新通道班列、国际航空运输等信息平台，打造数字班列，提高物流信息化、智能化水平。

本文执笔：余贵玲、李　权、赵炜科

政策建议三

建设重庆国际物流与运营组织中心的政策建议①

内容摘要：建设重庆国际物流与运营组织中心，需要系统性的政策设计，建议：在国家层面，要积极设立央地联动、区域协同的组织运营架构和机制，统筹加快多式联运顶层设计，支持国际物流公共信息和服务平台建设；在区域合作层面，要深化主要通道联动合作，依托口岸深化产业合作，加强跨区域通关、数据、金融合作，促进中欧班列、西部陆海新通道与长江经济带有效衔接，实现物流通道加速向经济通道转变；在市级层面，统筹全市力量，加大财政资金、金融税收等政策的支持力度，支持提升港口型和陆港型物流枢纽功能，支持提升国际航空枢纽功能，支持冷链技术和冷链物流信息化建设，提升国际物流与运营组织中心综合承载力。

建设重庆国际物流与运营组织中心，源于西部陆海新通道规划中国家赋予重庆的战略枢纽功能要求，但要更好地发挥好“一带一路”枢纽节点作用，真正将中欧班列通道与西部陆海新通道以及长江经济带联动起来，国际物流与运营组织中心的建设远不能仅局限于西部陆海新通道的发展需求。因此，围绕建设好具有“国际物流中转集结中心、国际供应链产业链组织中心、高层次全方位开放平台”三大战略性功能的国际物流与运营组织中心，不仅要加快基础设施建设，更需要研究突破体制机制障碍、创新政策制度规则的政

---

① 本成果主要观点及主要内容出自 2020 年度中国工程院和重庆市人民政府共同委托重大项目“重庆建设国际物流与运营组织中心研究”。

策体系；不仅要依靠地方努力和跨省合作，更需要争取国家层面的政策支持。

一、国家层面

（一）设立央地联动、区域协同的组织运营架构和机制

围绕建立面向海外国家或地区的统一对话平台的目的，加强国家领导、省际协同，创新组织形态，打造服务平台，实现跨区域、跨产业、跨部门、跨市场主体间协同建设。

1. 建议国家设立国际物流和运营组织中心建设领导小组

在国家层面成立国际物流和运营组织中心建设领导小组，统筹西部地区协同发展。国家发展改革委、交通运输部、商务部、外交部、市场监管总局、海关总署、检验检疫局、人民银行、民航局、铁路局、国铁集团、中远海运集团、招商局集团等中央部门、企业以及西部省份作为领导小组成员单位参加。建议在重庆设立国际物流和运营组织中心建设领导小组办公室为常设办事机构，作为协调建设跨区域通道物流和运营组织中心的实体机构。常设机构可依托重庆于2020年设立的西部陆海新通道物流和运营组织中心，将协调内容由西部陆海新通道拓展到中欧班列以及航空、港口、公路等领域，主要职责包括落实跨区域省部际联席会议议定事项、协助推进跨区域的运输通道运营组织、协调推动跨国跨区域合作等。出台政策文件，支持建设国际物流与运营组织中心的“三大战略性功能”和“六大具体功能”。

2. 构建国家、地方、企业间三个层面的重大机制

一是建立国家元首及高层间协商对话机制。以“一带一路”政策为统领，通过国家间元首及高层间的对话和协商，为沿线国家、区域内、城市间经济、贸易、投资提供政策倾斜以及便利的会议机制。在持续放宽外资准入、改善外商投资环境等方面带动相关国家共商共建共享通道。二是建立省际联席会议机制。在党中央、国务院领导下，建立由国家发展改革委、重庆市政府牵头，通道沿线各省份为组成单位的，旨在加强对重庆国际物流与组织运营中心指导、协调和服务的会议机制。研究拟定重大政策措施，协调解决政策实施、项目安排、机制创新等方面存在的困难和问题，协调数据共享。三是建

立企业间战略联盟机制。积极制定鼓励企业签订战略联盟的相关扶持政策，支持西部陆海新通道上龙头企业发展，鼓励有条件的企业兼并重组。

3. 建立两个服务平台和一个运营公司

一是建立物流信息服务平台。依托中国—东盟信息港，建设中新等沿线国家和区域间的国际数据通道，完善“多区域协同多式联运信息化平台”功能，鼓励海运、空运与铁路运输企业之间建立信息平台互联互通机制，实现物流订单、储运能力、货物追踪等信息及时共享。二是建立中国物流交易所。由重庆牵头整合现有国内外市场资源，支持大型物流企业与供应链上下游企业加强信息标准对接，建设市场化物流信息与交易平台。打造“一带一路”大宗货物运输交易、联结国际国内两个市场的重要平台，促成全国物流大市场。三是优化拓展陆海新通道运营有限公司功能。拓展总部位于重庆的陆海新通道运营有限公司功能，按照在“一带一路”、西部陆海新通道和长江经济带联动中应发挥的西部组织运营枢纽功能进行设计，坚持“统一品牌、统一规则、统一运作”，构建以重庆为核心的组织运营体系，通过股权合作、战略联盟、平台对接、资源共享等市场化方式，吸引铁路、海运等大型企业及相关省（区、市）平台公司，乃至全球重点国家和地区的龙头物流运营集团，参与通道建设和组织运营，设立区域公司。

（二）统筹加快多式联运顶层设计

1. 建立沿线国家基础设施建设协调机制

跨境交通基础设施建设进度不一致、建设和运营标准不统一以及国内外公铁水空不同口岸的基础设施建设水平差异较大是制约多式联运的主要因素。一是建立跨境交通基础设施建设重大项目清单制。通过国家元首及高层间协商对话机制，商议确定年度跨境交通基础设施建设重大项目清单。目前重庆国际铁路联运还未打通越南以外的其他东盟国家，要加快推动中老铁路、中缅铁路等重大项目建设。二是推动多式联运设施设备标准化。建立跨境运输和场站转运设备的国际技术标准体系，协调推动集装箱、半挂车等运载单元、技术标准化，集装化装载机具、大型转运吊装设备的标准化，以及多式联运拴固设备标准化。构建公铁水空场站设施、运载工具、装载设备等技术标准体系，降低换装率，提升物流周转效率。

2. 创新建立多式联运协调机制

重庆是我国内陆唯一拥有公铁水空中转能力的地区，目前政策制约是内陆地区转运成本高、多式联运难以实现的主要问题，需要推动多式联运运营服务标准化，制定统一的多式联运运单，开展基于“一单制”的单证、通关、金融业务流程试点。一是赋予内陆国际物流和运营组织中心综合开放口岸试点政策。依照沿边沿海铁路、公路、水运、空运一类口岸政策赋予重庆多式联运口岸改革试点功能，改革海关监管制度，实行“一次报关”“一次查验”“一次放行”。明确团结村站作为中欧班列、西部陆海新通道重要起点站和集结中心，南彭公路基地作为中国—东盟线路内陆重要起点站和集结中心，赋予类似凭祥铁路口岸、友谊关口岸的政策，明确重庆果园港水运进口转关“离港确认”和启运港退税政策，给予机场国际货运更大的时刻保障。二是争取国家相关部委加快推行多式联运“一单制”“一费制”。加强铁路运输与海运规则对接，统一多式联运单证、承运人识别、计价基数、商品品名、危险货品、运输标准、交货结算、责任理赔等标准规范，落实国际货运班列和海运监管互认、信息共享、执法互助，建立健全跨境多式联运标准、运量、运价、运力、安全等方面的协调机制。三是争取建立“门到门”一体化多式联运服务规则。在欧洲、东盟、中亚等区域布局海外仓，建立冷链物流分拨中心，强化公路分拨功能。推动国内尽快修订完善《收费公路管理条例》，保障高速公路正常运营。国外依托大湄公河次区域行车许可证，探索设立中国—东盟便利化货物运输许可证等区域性政策，发证到车到人，简化境外海关验车、行驶证和车辆运营程序，推动跨境班车直通。明确国际物流与运营组织中心与其他主体之间的关系，推动国际物流运营组织中心与承运人、运输公司、快递公司、铁路局等协同互动。

3. 探索陆上贸易等规则创新

依托重庆自贸区先行先试制度优势，支持开展制度创新和法律体系创新，支持重庆探索创新铁路单证及其配套规则，积极参与由商务部牵头的“铁路运单物权凭证工作机制”相关工作，推动修改国内立法，实现物权化，推动并完善国际铁路提单融资工程，稳步拓展单证境内外区域和货物应用范围。积极参与国际标准化工作，推动铁路、海运、空运集装箱、电子运单的标准化建设，实现国际规则突破。加强与“一带一路”沿线国家和地区标准化沟通与合作，推动修改国际铁路货物联运协定，推动运输规则、法律标准等与国际接轨。推动跨境班车打通境内、境外规则制度，实现我国与越南等邻国公安、交通、海关、边防等部门标准的一体化。

（三）支持国际物流公共信息和服务平台建设

1. 建设和提升区域国际数据通道服务能力

依托中国—东盟信息港、中新（重庆）国际互联网数据专用通道，推动工业互联网标识解析国家顶级节点（重庆）扩容增能，提升互联网间互联互通能力。争取在渝开展全业务国际通信出入口局试点和国际数据中心服务试点，畅通与东盟等国家和地区的国际物流数据互联互通渠道。加强与外管局、商务部等信息互联互通，加强对物流信息平台的监管。

2. 加快通道运输电子化智能化改造

推动实现“一带一路”沿线5G网络基站全覆盖，推动班列、班车、班轮、货机以及口岸、单证电子化智能化改造，建设智能物流、智慧口岸。一是推动国际通关电子化标准化。加强沿线国家和地区海关电子通关合作，推行电子报关和电子舱单系统，推进国际运输单证电子化、信息标准化，统一信息数据格式，制定多式联运信息数据传输和交换标准，探索口岸数据交换新模式，建立并完善与国际接轨的口岸数据交换接口，提高国际物流通关时效。二是深入开展“关铁通”试点。以创新型、高性能智能电子关锁为载体，与海关大型查验设备进行智能化联动，推动在途运营管理的“数字化、智能化、安全化、可视化”。三是深化“物流+北斗”的融合创新。探索拓展北斗导航系统的国际物流场景应用，增强去程、回程全过程监测、跟踪水平。

3. 建设国际物流公共服务云平台

围绕西部地区铁路、航空、水运、公路等多类型口岸，建设跨区域国际物流公共信息平台和国际物流中转集结中心、国际箱管中心、出口拼箱中心、公共订舱平台、共同配送平台，加强数据实时交换，实现商检报关、物流订单、分销执行、储运能力、货物追踪、融资结算等信息即时共享，探索与中国—东盟信息港、新加坡港口网等系统开展数据交换，争取国家级离岸数据业务试点，开展物流资源、集装箱、物流线路、货代、货主等的统筹运营、货源调配，提升对货物的控制力和调节效率。

二、区域合作层面

加大区域合作力度，在国家指导下积极落实细化国家层面的统一协调机制，强化西部相关省份合作，促进西部地区在通道、口岸、通关、数据、金融、谈判等领域加强合作，共建共享。

（一）深化主要通道联动合作，促进中欧班列、西部陆海新通道与长江经济带有效衔接

围绕促进国内国际双循环，促进外贸和内贸的联动转换，要重点突破“一带”和“一路”与长江经济带的有机衔接问题。一是促进形成“一带一路”经中国西部地区完整环线。进一步深化西部陆海新通道与中欧班列、长江经济带和西部大开发等国家重大战略直连直通，依托城市群、都市圈等重点区域和重点开发开放平台，助力构建新发展格局。二是加强省际合作，共同推动三峡新通道建设。三峡船闸设计通行能力已提前达峰，目前仅能优先满足外贸集装箱运输需求，而其他货船待闸时间较长，严重影响长江黄金水道优势发挥，要促进中国与欧洲、日本、东南亚、澳大利亚之间的货物在西部地区更有效率地周转联动，亟须强化长江与中欧班列、西部陆海新通道互联互通。三是完善沿线省份各方利益分享机制，建立健全一体化对外谈判共商机制。联合通道沿线西部省市（区），构建利益共享、风险共担、统筹协同发展体制机制，确保对外合作利益最大化。针对涉及共同利益、同一产业链条、同类型产品、同一出口（进口）国家地区，统一开展对外谈判，增强话语权、定价权和涉外谈判能力。

（二）大力发展口岸经济，依托口岸深化产业合作

1. 建立健全口岸合作机制

西部沿边口岸基础设施建设滞后，通关和换装能力不足，已成为制约西

部陆海新通道运输的重要因素。重庆要发挥组织运营功能，主动加强与边境口岸合作，共同争取跨区域、跨部门、跨领域的口岸创新政策，建设智慧口岸、智能边境、智享联通。一是加强与沿边沿海口岸合作。西向重点加强与新疆阿拉山口、霍尔果斯、吐尔尕特等铁路、公路口岸合作，北向探索加强与阿拉善盟口岸合作，南向加强与广西、云南口岸合作，东向加强与上海口岸合作，建立集装箱的循环共享共管机制，共建公共属性的集装箱调度管理中心，优化集装箱物流效率。二是协同建设无水港和城市货站。在西部地区铁路枢纽、空港枢纽、公路枢纽优化布局无水港，实现与果园港政策联动。在中西部主要城市布局城市货站，加强货物集结。鼓励西部地区铁路、港口、航运企业在重庆主辅枢纽设立集装箱堆场，推动重庆进出口货物在沿海沿边口岸优先作业、优先通关。三是积极探索口岸通关模式创新。在符合相关监管政策和有效管控风险的前提下，探索特定货物进出口口岸直通。

2. 深化重点开发开放平台合作

重庆建设国际物流与运营组织中心，不仅仅依托于本地的外向型产业的物流需求，还要立足于我国中西部地区市场和产品进出，依托口岸，做强转口贸易，推动国际物流和运营组织中心建设。一是依托重点开发开放平台做强规模效应。依托国家级新区、高新区、经开区、自贸区、港口等重点开发开放平台，强化与四川、广西、贵州、云南等省（区、市）及通道沿线地区合作，积蓄并释放中欧班列（渝新欧）、西部陆海新通道等国际贸易通道服务能力和整合功能，整合区域货源需求，引导优势和特色货源加快在重庆集结，形成规模效应，着力打造国际货源的组织集结中心。二是围绕西部地区进出口贸易和产业发展，加强货源组织。强化跨省际产业协作分工，聚焦电子信息、高端装备、消费品等加工贸易、一般贸易产品大进大出，围绕推动和欧洲、日本、东南亚、澳大利亚之间的货物周转，在重庆集拼中转后通过空运、铁海联运抵达目的地，有利于支撑重庆国际物流和运营组织中心建设，提升通道货源组织和集聚能力。

（三）加强跨区域通关合作，提升物流综合效率

1. 加强跨区域海关协调合作

加强跨省级行政区海关对接合作，整合优化监管和通关流程，提升通关效率。一是加强单一运输方式的海关协调合作。深化拓展区域合作领域和合作层次，利用全国通关一体化、中欧班列舱单归并等便利化举措，大力推动运输单证电子化，提高通关效率。建立跨部门、跨区域、跨关区“信息互换、监管互认、执法互助”协作机制，搭建电子口岸平台。在电子产品快速通关模式基础上，建立多样化货物快捷通关模式。二是加强多式联运运输方式的海关协调合作。适应多式联运发展趋势，推动跨区域物流与监管场区融合交互、互联互通，构建“一次交付、一次申报、一单到底”的多式联运物流监管新模式，实现公铁水空多式联运。完善海关监管中心和监管场所功能，探索用科技手段推动监管链条的“前伸后延”，实现对多式联运“门到门”的全链条监管。

2. 加强地方检验检疫合作

立足于提升通道运行效率效益、促进通道协同联动融合发展，着力强化跨区域检验检疫全方位合作，不断提高贸易便利化水平。一是加强通道沿线地方检验检疫合作。协同制定政策措施，保障跨境电子商务、市场采购贸易、国外设备租赁经营等新型业态的跨境贸易质量安全和快速通关。共同建立口岸安全联防联控及应急处置协作机制，积极建设通道出口工业品、农产品质量安全示范区，整体提升产品质量水平。二是建立“大通关”信息化合作机制。全面推动口岸信息化建设和检验检疫监管模式改革。优化通道沿线检验检疫资源配置，推动检验检疫跨区协同执法监管，加强检验检疫机构协调联动，提升贸易便利化水平。建立企业诚信和产品质量信息共享共用机制。

三、市级层面

积极对接国家《“十四五”推进西部陆海新通道高质量建设实施方案》及财政资金、金融税收等相关政策，尤其是加大对货物转运优惠政策的支

持力度，支持提升港口型和陆港型物流枢纽功能，支持提升国际航空枢纽功能，支持冷链技术和冷链物流信息化建设，提升重庆国际物流与运营组织中心综合承载力。

（一）强化财政、金融、税收组合设计，加大政策支持力度

1. 加强财政资金支持

持续优化市级财政保障方式，聚焦通道和枢纽建设的重点和薄弱领域，强化财政引导和支持。一是优化市级专项资金支持。积极对接《西部陆海新通道总体规划》《“十四五”推进西部陆海新通道高质量建设实施方案》，重点围绕港口型和陆港型物流枢纽功能发挥、集装箱调拨服务体系建设等领域，完善对通道运营的市级专项资金支持。二是强化多式联运降成本政策支持。持续深化多式联运体制机制创新突破，切实研究出台针对多式联运货物转运相关税费的优惠支持政策，规范降低中间转运环节货运收费标准，显著降低制度性物流成本。三是支持运营中心数字化平台和人才队伍建设。围绕国际物流和运营组织中心的数字化平台和系统建设、复合型人才队伍建设等，加大财政资金支持力度，壮大运营组织中心的“大脑”。

2. 加强金融资金支持

积极拓展境内外、股权债权等多渠道多方式金融支持，吸引金融资本参与国际物流和运营组织中心建设。一是争取“一带一路”基金支持。积极争取亚洲基础设施投资银行、丝路基金等金融投资机构以股权投资、债务融资等方式支持国际物流和运营组织中心建设。二是引导市内金融机构开展多元化金融服务。引导和支持市内银行、证券、保险等金融机构深度参与通道和枢纽建设，在跨境贸易结算、物流金融、融资租赁等方面提供多元化金融服务。三是争取多渠道资金支持。争取设立重庆国际产能合作基金，依托自贸区和中新示范项目打通国外债券和基金融资渠道，通过出资入股、收购股权、认购可转债、股权置换等多元化方式引进战略投资者，为西部陆海新通道建设提供资金支持。

3. 加强税收政策支持

在落实优化现有税收政策的基础上，进一步研究扩大税收政策试点，支

持通道和枢纽建设。一是落实优化现有税收政策。进一步落实国际货代免税业务，延续转口贸易补贴、口岸服务费用补贴等税收专项补贴，继续执行现代物流重点企业和物流项目的税收优惠政策，配合国家有关部门研究优化物流业增值税政策。二是扩大税收政策试点。进一步扩大查验没有问题外贸企业吊装移位仓储费用免除试点范围，争取从水运口岸扩大到铁路口岸、保税港区和综合保税区。积极响应海关总署提出的“关铁通”合作倡议，增加保税监管场所布局，为企业开展进口保税业务提供便捷服务。

（二）加强物流枢纽能力建设，提升综合承载力

1. 支持提升港口型和陆港型物流枢纽功能

持续推动团结村、果园港、小南垭等口岸物流枢纽功能提升，助力国际物流和运营组织中心建设。一是支持团结村铁路枢纽扩能改造和口岸功能拓展。针对目前团结村铁路集装箱中心站饱和问题，积极统筹协调团结村用地指标和建设参与方利益，共同支持推动团结村铁路枢纽扩能改造。争取将西永综合保税区功能延展至重庆国际物流枢纽园区，支持团结村铁路口岸申请争取肉类、粮食等指定口岸功能。二是合理统筹物流枢纽功能布局。适度推进团结村铁路枢纽功能向果园港、江津小南垭疏解转移，有序增加果园港、江津小南垭货运班列开行数量。针对货物转关困难，争取在果园港实施出口货物离港确认、出口报关和启运港退税等业务。

2. 支持提升国际航空枢纽功能

加快推动航空出境通道建设和国际航空物流枢纽功能提升，增强航空运输能力。一是大力推进国际机场建设。加快推动江北国际机场 T3B 航站楼及第四跑道建设，加快璧山正兴机场建设，推动正兴机场以国际货运为主加快货物快进快出，与江北国际机场实现错位发展。二是加强国际航空通道建设。大力建设欧洲—重庆—东南亚、东北亚—重庆—非洲、南亚—重庆—北美三大航空中转通道，以国际直达为重点增加和拓展国际航线，重点连通国际商务城市、国际旅游城市、国际新兴市场。三是增强航空物流枢纽功能。加快培育主基地航空公司，扩大面向“一带一路”沿线国家和地位的航权开放，

推广应用第五航权，加快培育空中中转、陆空联运模式，打造国际航空中转集结中心。

（三）强化集中攻关，支持冷链技术和冷链物流信息化建设

1. 支持新型冷链装备开发应用

中欧班列、西部陆海新通道在水果、肉类、医药、化妆品等冷链产品运输方面存在大量需求，但总体上，全国货运设备和技术都受到较大制约，重庆应率先大力推进新型冷藏装备研发应用，发挥区域性冷链组织运营功能。一是加大新型冷藏箱研发。加大对铁路冷藏设备研发的政策支持力度，支持铁路物流枢纽运营主体协同科研院所、设备制造商，开展新型铁路冷藏集装箱研发，积极推动新型油电混合冷藏箱应用，支持单节冷藏车、冷藏箱等单元化冷藏设备研发。二是统筹冷藏箱使用。扩大独立机组冷藏箱保有量，科学统筹深冷、保鲜集装箱的配置、调度和使用，提升冷藏集装箱使用效率。

2. 提升冷链物流信息化水平

加快冷链物流信息化建设，推动提升冷链物流运输效率。一是提升冷链物流全过程信息化水平。积极开行冷链混合班列，加快完善铁路枢纽及沿线重要节点的冷藏、冷冻仓库配置，着力建设冷链物流分拨中心，依托冷链物流信息服务平台，统筹冷链物流运输、仓储、配送等各环节组织和分拨流程，全方位提升冷链物流的信息化水平和运输效率。二是加强冷链食品大数据信息平台建设。依托北斗导航系统以及大数据、云计算、区块链等信息技术，着力搭建冷链食品大数据信息平台，加强冷链物流对冷藏冷冻类食品生产、贮藏运输、销售到消费前的各个环节以及冷链环境数据的全程追溯信息采集，构建完善的冷链食品全生命周期追溯体系。

本文执笔：邓兰燕、李　林、张　佳

参考文献

[1] 王济光. 高质量建设西部陆海新通道国际物流与运营组织中心 [J]. 中国物流与采购, 2022 (6): 23.

[2] 张晓东. 国家物流枢纽规划和建设思路的分析 [J]. 物流技术与应用, 2020 (7): 104-106, 108.

[3] 李旭宏, 张永, 等. 基于增长极理论的区域物流枢纽城市规划方法研究 [J]. 公路交通科技, 2005 (9): 150-154.

[4] 汪鸣. 国家物流枢纽高质量建设与发展探讨 [N]. 现代物流报, 2019-09-04.

[5] 李国旗, 金凤君, 等. 物流枢纽形成的驱动力与演化机理 [J]. 经济地理, 2015, 35 (4): 84-89.

[6] 易小光. 努力在推进新时代西部大开发中发挥支撑作用 [N]. 重庆日报, 2019-08-27.